KB263658

딥테크 딥퓨처

# 딥테크 딥퓨처

**초판 1쇄 인쇄** 2026년 01월 05일    **초판 1쇄 발행** 2026년 01월 12일

**글** 파블로스 홀먼

**펴낸이** 이상순    **주간** 서인찬    **영업지원** 권은희    **제작이사** 이상광

**펴낸곳** (주)도서출판 아름다운사람들    **주소** (10881) 경기도 파주시 회동길 103
**대표전화** 031-8074-0082    **팩스** 031-955-1083

**이메일** books777@naver.com    **홈페이지** www.book114.kr

생각의길은 (주)도서출판 아름다운사람들의 교양 브랜드입니다.

ISBN 978-89-6513-829-7   03220

---



이 도서의 국립중앙도서관 출판예정도서목록(CIP)은 서지정보유통지원시스템 홈페이지(http://seoji.nl.go.kr)와
국가자료종합목록시스템(http://www.nl.go.kr/kolisnet)에서 이용하실 수 있습니다.
 (CIP제어번호 : CIP2019023407)

파본은 구입하신 서점에서 교환해 드립니다.

# 딥테크 딥퓨처

글 **파블로스 홀먼**  옮김 **샘 리**

# 차 례

블레이크에게


나와 결혼해 줄래?

네가 없었다면 내 미래는 결코 깊어지지 못했을 거야.

기술을 연구하거나 투자하는 이들에게 이 책은 내 눈을 통해 세상을 바라볼 기회다. 나는 여러분을 설득하고 싶다. 딥테크(Deep Tech)가 여러분의 경력과 자본을 투자할 만한 가치가 있는 분야라는 것을.

이 책을 읽는 데 박사학위가 필요하지는 않다. 나는 인류가 직면한 가장 큰 문제를 하나씩 짚어가며, 그 문제들을 어떻게 분석하고 이해할 수 있는지를 보여줄 것이다. 이 책은 내가 직접 참여했거나 투자한 영감을 주는 기술 사례로 가득하다. 우리는 복잡하고 두려워 보이던 기술을 파헤쳐, 그것들이 단순한 공상에서 실질적 도구로 바뀌는 과정을 살펴볼 것이다. 나는 누구나 이해할 수 있도록 설명하려 노력했다. 여러분이 이 책을 가족과 친구에게도 공유할 수 있기를 바란다.

이 여정이 제대로 작동하려면, 먼저 당신이 나를 알아야 한다. 내가 어떻게 생각하고, 왜 이런 생각을 하게 되었는지를 알아야 한다. 내가 세상을 어떻게 바라보는지를 보여주어야 당신도 내가 보는 것을 함께 볼 수 있을 테니까. 그래서 이 책에는 나에 관한 이야기가 제법 많다. 하지만 약속하건대, 이 책은 나에 관한 것이 아니다.

책의 모든 문장은 내가 직접 썼지만, 대부분은 다른 이들의 업적과 노력에 관한 이야기다. 누군가는 놀라운 돌파구를 만들어냈고, 누군가는 자신의 아이디어를 현실로 만들기 위해 견디기 힘든 희생을 감수했다. 또 어떤 이들은 지금, 이 순간에도 인류 전체의 잠재력을 확장시키는 문 앞에 서 있다. 나는 그 공을 가로채려는 것이 아니다. 다만 그들의 프로젝트에 빛을 비추고 싶을 뿐이다.

나는 종종 낙관주의자라 불린다. 그건 맞는 말일지도 모른다. 어떤 이들은 미래의 문제를 예측하는 능력에는 낙관적이면서, 정작 해결책을 상상하는 데는 능력이 부족하다. 또 어떤 이들은 미래 문제를 알 수 없다고 하면서도, 그럼에도 불구하고 그것을 해결할 수 있다고 믿는다. 낙관주의자든 비관주의자든, 그 둘 모두 결국 '관객'에 머무를 수 있다.

나는 미래가 반드시 더 나아질 것이라고 믿지는 않는다. 나는 가능주의자다. 미래가 더 나아질 수 있는지는 우리가 선택하고, 창조할 수 있는 의지의 문제다. 결국, 미래는 우리가 어떤 세상을 만들기로 결심하느냐에 달려 있다.

이 책은 가능성에 대한 이야기다. 우리가 진정으로 해결해야 할 문제, 그 문제를 풀어줄 수 있는 의미 있는 기술, 그리고 그 기술을 세상에 구현하는 방법에 관한 책이다. 나는 운 좋게도, 그 희망적인 기술의 탄생 초기 순간을 가까이에서 지켜볼 수 있었다. 그것은 곧, 더 나은 미래를 만들기 위해 사용할 도구 상자를 미리 들여다보는 경험이었다. 그 경험을 공유함으로써, 독자 여러분이 가능성에 대한 감각을 더 크게 갖고, 미래를 함께 만들어갈 공모자가 되길 바란다.

서론

## 기술이란 무엇인가?

『옥스퍼드 영어사전』의 정의는 여전히 충분하지 않다.

"과학과 지식을 응용하는 것."

나는 여기에 한 단어를 더 붙이고 싶다. "새로운 과학과 지식을 응용하는 것."

물론, 여기서 "새로운"이란 단어가 뜻하는 바는 당신이 리틀 리그에서 뛰고 있는가, 메이저 리그에서 뛰고 있는가에 따라 달라진다. 즉, 단순히 이미 존재하는 기술을 조합하는 것인지, 혹은 완전히 새로운 원리를 세상에 꺼내는 것인지, 그 차이가 '기술'의 깊이를 결정한다.

12

### 딥테크(Deep Tech)란 무엇인가?

사람들은 우리가 기술로 가득한 세상에 살고 있다고 생각하지만, 사실은 대부분 소프트웨어로 가득한 세상에 살고 있을 뿐이다. 누군가가 아이폰 앱을 만들어서 드론을 이용해 기숙사 방으로 대마초를 배달받는다고 해보자. 그걸 '기술'이라고 불러야 할까? 아니, 그것은 이미 잘 발달한 기술을 더 많은 용도에 단순히 '적용'한 것에 불과하다. 그런 건 '혁신'이라고 부르자. '텍스트와 사진이 섞인 피드 대신, 사진만 스크롤하는 앱을 만들었다'고 해서 굳이 '기술'이라 부를 필요는 없다.

나는 딥테크(Deep Tech)가 그런 '얕은 기술'과 어떻게 다른지를 설명할 방법이 필요했다. 그래서 이런 소규모 개발을 '얕은 기술'이라고 부르기 시작했다. 실리콘밸리의 가장 큰 성과는 옐로우 캡(Yellow Cab: 택시 회사)을 흔든 것이다. 그렇다면 제너럴 모터스(General Motors: 자동차), 제너럴 밀(General Mills: 식품), 제너럴 일렉트릭(General Electric: 전기·전자) 같은 거대한 산업은 누가 흔들 수 있을까?

딥테크는 바로 그런 세계에 도전한다. 딥테크는 인류가 사용할 새로운 도구를 창조하고, 인간의 가능성을 확장하는 기술이다. 딥테크인지 아닌지를 구분하는 건 의외로 간단하다.

그것이 인간이 하던 일을 이전보다 더 잘하게 만드는가? 더 빠르게? 더 저렴하게? 더 깨끗하게? 더 인간적으로 만드는가?

딥테크는 인류에게 새로운 '초능력'을 만들어주는 기술이다. 우리가 마주한 지구적 규모의 문제, 에너지, 식량, 자원, 질병, 기후 등의 거대한 도전에 맞설 '도구 상자'를 만드는 일이다. 딥테크는 결국, 진짜로 의미 있는 기술을 만드는 일이다. 우리가 디스토피아에 맞서 싸울 수 있도록 필요한 도구, 즉 저항 운동의 무기를 만드는 것이다.

### 딥퓨처(Deep Future)란 무엇인가?

『딥테크(Deep Tech) 딥퓨처(Deep Future)』는 단순한 책 제목이 아니다. 그것은 하나의 비전이며, 팟캐스트이고, 벤처펀드이며, 동시에 이 책 자체이기도 하다. 나는 미래를 최대한 멋지게 만드는 것을 사명으로 삼고 있다. 세상에서 가장 큰 문제를 이해하고, 그것을 해결하는 데 도움이 될 수 있는 기술을 찾는 것이다. 우리가 모든 문제의 '바닥'까지는 닿지 못할지라도, 도달 가능한 만큼 '깊이' 내려가 보려 한다.

나는 놀라운 사고력과 성취로 나를 감탄하게 만든 똑똑하고 흥미로운 사람들에게서 배운다. 그리고 그들과 나눈 대화를 팟캐스트[PODCAST]를 통해 공유한다. 이 책도 내가 그 대화에서 배우는 것을 함께 배울 수 있도록 하기 위해서다. 또한 나는 마이클 리드와 함께 딥퓨처 벤처 회사를 운영하며, '더 멋진 미래'를 만드는 데 실제로 도움이 될 발명에 투자하고 있다. 이 책 속에 소개하는 여러 프로젝트 중 상당수는 내가 직접 참여하거나 투자한 것들이다.

나는 편향되어 있고, 이해관계가 얽혀 있고, 어쩌면 자기 이익을 추구하는 사람일지도 모른다. 다른 방식으로 말하면, 나는 직접 몸을 담그고 있다는 뜻이다. 나는 내 돈, 그리고 다른 사람의 돈까지도 실제로 걸었다. 말뿐이 아니라, 내 행동과 자본으로 증명한다. 나는 당신도 그 대열에 합류하길 바란다.


### 하이퍼링크에 대하여

전자책에서는 링크가 자연스럽게 작동한다.

하지만 이 종이책에서는 링크를 대괄호 [ ] 안에 표시했다.

예를 들어 [PODCAST]라고 되어 있다면, 딥퓨처 웹사이트 주소 뒤에 그것을 붙이면 된다.


예시:

http://deepfuture.tech/PODCAST


일부 링크는 내가 계속 업데이트할 수 있는 페이지로 연결되어 있고, 다른 링크는 외부 웹페이지로 연결된다. 전체 링크 목록은 [LINKS] 페이지에서 볼 수 있다.

# AI가 향하는 곳

내 딸은 다섯 살 때, 방바닥에 인형과 봉제 동물을 줄 세워 놓곤 했다. 그리고 그들 앞에 서서 수업을 '가르쳤다'. 주로 그들에게 무엇을 해야 하는지 말하고, 조용히 집중하지 않는다고 꾸짖곤 했다. 아이러니하게도, 내가 보기엔 그들이 잘하는 유일한 일이 바로 조용히 있는 것이었는데 말이다. 그녀의 제자들(인형)은 이후 특별한 삶을 살지 않았지만, 그녀는 그렇지 않았다. 그녀가 했던 일은 당시 자신의 삶에서 가장 중요한 맥락이었던 '교실'을 모델링하고 있었던 것이다. 선생님의 역할을 모방하며, 여러 상황과 결과를 상상 속에서 실험하고 있었던 것이다.

이야기란 것도 결국 그런 모델의 한 형태다. 당신이 지금 내 이야기를 읽는 동안, 당신의 뇌 안에는 하나의 장면이 그려졌을 것이다. 작은 방, 어린아이, 그리고 생명 없는 인형들. 하지만 사실 당신은 그 방이 어떤 상태였는지, 그녀가 방을 혼자 썼는지, 어떤 인형이 있었는지조차 모른다. 그녀의 이름도, 봉제 동물의 종류도 모른다. 그럼에도 당신 뇌는 스스로 가정한다.

"아마 유치원생이겠지." "곰 인형이랑 바비 인형 같은 게 있었을 거야." 그 모든 가정과 상상은 아무런 의식적 노력 없이 이루어진다. 비록 그 모델은 사실과 다를 가능성이 거의 100퍼센트겠지만, 그건 상관없다. 당신이 내가 전하려던 이야기를 이해하는 데에는 그 정도의 부정확함이면 충분하다.

이게 바로 인간이 하는 일이다. 우리는 세상의 모델을 만든다. 엑셀 스프레드시트도 하나의 모델이다. 현실의 복잡한 비즈니스를 단순화한 하나의 세계. 한 칸의 숫자만 바꿔도, 당신은 수많은 미래를 시뮬레이션할 수 있다.

예를 들어 스타벅스가 이런 상상을 한다고 하자.

"'슈퍼 벤티 골든샤워 스키틀스 프라푸치노'를 한 잔에 3달러 더 받으면 어떨까?"

모델 속의 숫자는 충실히 반응한다. 비현실적인 가정에도 불구하고, 화면에는 더 많은 매출이 '생겨난다.' 그게 바로 모델이 만드는 환상이다. 꿈과 백일몽 또한 이런 모델 안의 시뮬레이션이다. 우리의 뇌는 끝없이 시나리오를 돌려보며, 지금까지 모아온 이야기의 조각을 어떻게 정리할지 탐색한다. 그 과정에서 뇌가 하는 중요한 일 중 하나는, '진행 중인 이야기'에 받아들일 만한 결말을 붙이는 것이다. "만약 내가 여기서 절대반지를 던져버리면 어떻게 될까?" 이런 식이다. 우리가 '트라우마'라고 부르는 감정의 상당 부분은 바로 그 이야기가 끝나지 못했거나, 끝을 도무지 받아들일 수 없을 때 생긴다.

예를 들어 전쟁터에서 부상당한 동료를 두고 억지로 끌려 나온 군인을 생각해보라. 그 순간은 뇌가 받아들일 수 있는 결말을 허락하지 않는다. 그래서 그 기억을 끝나지 않은 이야기로 남아 마음속에서 계속 재생된다. TV 드라마, 지도, 소설, 보드게임, 비디오게임 이 모든 것도 결국 '모델'이다. 그리고 이 점을 이해하는 것이 중요하다. 왜냐하면 지금 우리는 컴퓨터를 통해 세상의 계산 가능한 모델을 만들어내는 시대에 살고 있기 때문이다. 그리고 이 컴퓨터 모델 중 다수는, 이미 인간의 단일한 뇌가 상상하거나 계산할 수 있는 수준을 훨씬 능가한다. 인간은 이야기로 세상을 모델링하고, 기술은 그 모델을 수학으로 확장한다. 그리고 그 둘이 만날 때, 우리는 '현실을 다시 쓰는 힘'을 얻게 된다.

## 전염병 박멸

2008년부터 우리는 인텔렉추얼 벤처스 랩(Intellectual Ventures Lab: 이후에 더 설명할 예정)에서 말라리아 확산을 막을 방법을 발명하려고 했다. 말라리아와 같은 전염병은 반드시 해결해야 할 문제라고 보았다. 하지만 사람들이 이동하면서 병을 다시 옮겨오기 때문에, 많은 문제 해결 노력 대부분은 문제를 없애기 보다는 단지 병을 다른 곳으로 '옮기는' 결과만 만들곤 했다.

우리는 필립 벨코프(Philip Welkhoff)[1] 라는 똑똑한 수학 괴짜를 고용해, 주로 사하라 이남 아프리카에서 전염병이 어떻게 확산되는

---

[1] 당시 필립 에크호프(Eckhoff).

지에 대한 컴퓨터 모델을 만들게 했다. 그곳은 이런 문제가 가장 심각한 곳이었다. 필립은 그 지역 몇몇 나라에서 자라며 말라리아에 12번 넘게 걸려 살아남았기 때문에, 이 문제를 반드시 해결해야 한다는 확신을 갖고 있었다.

그 후 10여 년 동안 필립의 팀은 질병 모델링 연구소(IDM: Institute for Disease Modeling) [IDM][2]라는 이름으로 성장했다. 60명이 넘는 과학자와 연구자들이 모여 기후, 강수량, 인간의 이동 패턴, 감염 경로 등 가능한 모든 데이터를 수집하고, 감염병 확산을 예측하는 모델을 만들어갔다. 이런 모델 덕분에 우리는 현실에서 시도하기 전에 수천 번의 개입 실험을 소프트웨어 안에서 실행할 수 있었다. 이 덕분에 질병 박멸은 그 어느 때보다 가능해지고 있다. 하지만 마무리는 여전히 어렵다. 이미 일어난 곳이 아니라, 앞으로 퍼질 곳을 겨냥해야 하기 때문이다. IDM 팀의 예측 모델은 이제 다음 감염 지역을 미리 가리킬 수 있게 되었고, 예방 백신과 방역 자원을 보다 전략적으로 배치할 수 있게 되었다.

이 방법은 효과가 있었다. 예를 들어, 나이지리아에서 소아마비를 [POLIO] 최종적으로 박멸할 수 있었던 것도 이 덕분이다. 이전까지의 소아마비 대응은 이미 발병 사례가 확인된 곳을 뒤쫓는 식이었다. 하지만 바이러스는 계속 봉쇄망을 뚫고 다른 지역에서 번져 나갔다. 필립의 팀은 예측 위험 지도를 만들어 바이러스보다 앞서 움직일 수 있게 했고, 그 결과 2016년 이후 나이지리아에서는 야생형 소아마비가 발생하지 않았다.

---

2  현재는 게이츠 재단으로 소속이 옮겨졌다.

IDM 팀의 목표 목록에는 에볼라, 결핵, 말라리아, HIV가 포함되어 있다. 이런 질병 중 하나가 아이의 생명을 위협한다면, 개인이 직접 아이를 구하기는 어려울 수 있다. 하지만 그 기술로 수없이 많은 생명을 구할 수 있고, 구해진 생명 하나하나는 분명히 의미가 있다. 이런 기술을 활용한다면 결국 모두를 살릴 수 있다.

흥미롭게도, 이들은 주말마다 '팬데믹 시뮬레이션'을 하며 여가를 보냈다. 하지만 곧 그것은 우리를 두렵게 만들었다. 현대의 항공 여행은 병원체에, 거의 하룻밤 사이에 전 세계로 퍼질 자유로운 통로를 제공한다는 사실을 깨달았기 때문이다. 항공 여행을 제외하면 신종 바이러스는 비교적 쉽게 억제될 수 있었다. 그러나 항공 여행이 포함되면, 시뮬레이션은 용납할 수 없을 정도로 파괴적인 시나리오를 보여주었다. 우리는 인류에게 다른 어떤 위협도 전 세계 팬데믹만큼 심각하지 않다는 사실을 금세 깨달았다.

필립의 연구가 가능했던 것은 빌 게이츠가 직접 관여해 자금을 지원했기 때문이다. 빌 게이츠는 2015년 TED 강연에서 [BILL-TED-TALK] 팬데믹의 위험을 경고하려 했다. 내가 2020년 2월에 그 영상을 찾아봤을 때, 5년 동안 고작 600만 명만 시청했었다. 그때 우리는 차라리 카다시안을 강연자로 세웠어야 했다고 농담했다.

나이지리아에서의 소아마비 대응 방식은, 코로나19에도 적용할 수 있었을 것이다. 이 바이러스는 충분히 '봉쇄 가능한' 전염병이었다. 하지만 결국 필립의 모델이 경고한 그대로 흘러갔다. 인류에게 주어진 '연습용 팬데믹'이라 불러도 될 이 사태는, 전 지구를 뒤흔들었다. 한 친구가 최근 내게 말했다. "2020년 3월에 너랑 얘기할 때, 네가 이 팬데믹은 몇 년은 갈 거고 600만 명 정도가 사망할 거라고 했던 게 기억난다"라고. 나는 그런 말을 했던 기억이 없지만, 어쩌면 필립과 그의 팀으로부터 들은 예측을 무심코 옮겼던 것 같다.

## 의사결정

코로나19가 닥쳤을 때 세계가 준비되지 못했던 것은 인간 의사결정의 실패였다. 사회는 우리를 진짜 안전하게 지켜줄 우선순위를 제대로 세우지 못했다. 우리는 여전히 우리 부모를 임신시킨 그 '원숭이 두뇌'로 대부분의 결정을 내리고 있다. 우리는 여전히 두려움에 휩싸인 동굴 인간처럼, 어둠 속에서 창을 휘두르며 우리에게 손전등을 건네려는 이들을 공격하고 있다.

하지만 '계산 모델링'은 인류가 새롭게 얻은 초능력이다. 이런 모델은 우리가 맞이할 수 있는 여러 미래를 보여주고, 그중 어떤 길을 선택할지 스스로 결정하게 해준다. 인류 역사에서 우리는 단 한 번의 거대한 실험만 할 수 있었다. 현실 세계에서 실제로 실행한 그 실험 말이다. 그러나 이제 우리는 수많은 시뮬레이션 속에서 실험을 반복하고, 그 결과를 바탕으로 더 나은 결정을 내릴 수 있는 시대에 들어섰다.

이제 이런 미래를 상상해 보자. 미국 의회가 단 한 사람도 제대로 읽지 않은 법안을 통과시키기 전에, 러시아가 또 다른 이웃 나라를 침공하기 전에, 독일이 핵발전소 가동을 전면 중단하기 전에, 우리가 먼저 컴퓨터에게 묻는 것이다.

"이 결정이 실제로 어떤 결과를 낳게 될까?"

컴퓨터가 인간 대신 결정을 내리게 하자는 게 아니다. 우리가 내리는 결정이 무엇을 의미하는지, 스스로 이해할 수 있도록 돕기 위함이다.


### 인공지능은 어떻게 작동하는가?

그렇다면 이런 모델은 어떻게 작동할까? 로켓 과학처럼 복잡하게 들리지만, 사실 그리 어려운 일은 아니다. 그럴듯한 전문 용어를 잔뜩 만들어서 우리가 아주 똑똑한 것처럼 보이게 했을 뿐이다. 하지만 계산 모델링의 원리는 단순하다. 당신도 충분히 이해할 수 있다.

인스타그램 사진을 떠올려보자. 그 사진은 수많은 '픽셀(pixel)', 즉 아주 작은 색 점들로 이루어져 있다. 각 픽셀은 컴퓨터 안에서 하나의 숫자로 표현된다. 그 숫자가 바로 색깔을 뜻한다. 이건 사실 엑셀 스프레드시트와 거의 같다. 픽셀 대신 셀(cell)이 있고, 그 안의 숫자는 색깔 대신 청구서 금액이나 판매량, 온도 같은 다른 값을 의미할 뿐이다. 인스타그램에서 필터를 씌우는 과정을 생각해보자. 그건 바로 사진의 모든 픽셀에 알고리즘을 적용하는 일이다.

예를 들어, 컬러 사진을 흑백으로 바꾸고 싶다면, 컴퓨터는 하늘색에 가장 가까운 회색 숫자를 찾아내어 하나씩 바꿔준다. 아래는 실제로 '푸른 하늘' 픽셀 하나가 가진 데이터의 예시다.

Red =12
Green =47
Blue =223

컴퓨터는 이런 방식으로 특정한 파란색 음영을 기록한다. 이걸 회색으로 바꾸고 싶을 땐? 간단하다. 실제 알고리즘은 세 수의 평균을 내는 것이다:

12 + 47 + 223 = 282, 3으로 나누면 94.

Red = 94

Green = 94

Blue = 94

이게 중간 톤의 회색이다. 컴퓨터가 회색을 표시할 때는 항상 빨강, 초록, 파랑 값을 동일하게 둔다.[3]

이제 이 알고리즘을 사진의 모든 픽셀에 적용하기만 하면 흑백 사진이 된다. 이건 우리 같은 사람이 수작업으로 하면 하루 종일 걸릴 수도 있지만, 컴퓨터는 이런 계산을 위해 태어난 존재다. 거의 모든 사람이 지출 내역을 엑셀로 정리해 본 적이 있을 것이다. 셀에 합계 수식을 넣는 건 알고리즘과 똑같다. 다만 아주 단순한 버전일 뿐이다.

계산 모델로 돌아가면, 알고리즘은 닐 스티븐슨의 장편소설만큼 길어질 수도 있다. 게다가 이들은 상상할 수 없을 만큼 방대한 데이터로 훈련된다. 요즘은 가능한 모든 이미지, 유튜브에 올라온 모든 영상, 인류가 인터넷에 쓴 모든 글, 테슬라가 주행한 모든 거리, 닐 스티븐슨의 모든 소설까지 데이터로 훈련된다.

---

**3**　알비 레이 스미스(Alvy Ray Smith)는 픽셀에 대해 나를 가르칠 수 있겠지만 [PIXEL], 다른 사람은 그냥 넘어가 주면 된다.

말라리아를 위한 전염병 모델을 기억하는가? 파란 하늘의 픽셀 대신 아프리카의 특정 영토 픽셀이 들어 있다. 색을 기록하는 대신 그 땅의 강수량을 기록한다. 이는 모기의 개체 수의 밀도와 대응하고, 다시 말라리아에 감염될 확률과 연결된다. 누군가 모기에 물려 말라리아 기생충이 혈액에 주입될 가능성을 나타내는 것이다.

이제부터가 정말 흥미로운 부분이다. 아프리카의 어떤 픽셀 한 칸에 해당하는 마을에 모기장 몇 개를 보급했다고 상상해보자. 그 모기장을 사용한 사람들은 밤마다 사냥하듯 날아드는 모기에 물리지 않을 것이다. 그 결과 몇몇 사람의 목숨을 구하고, 이제 우리는 그 주변 여덟 개의 픽셀까지 다시 계산해야 한다. 왜냐하면 모기에 물리지 않은 사람들은 이웃에게 말라리아를 옮기지 않기 때문이다. 그리고 그 이웃의 이웃까지 영향을 받으니, 다시 그 주변 픽셀도 계산해야 한다. 결국 연쇄적이고 기하급수적인 계산량이 발생한다. 이쯤 되면 머리가 어지럽지만, 컴퓨터에게 이런 일은 아무렇지 않다. 컴퓨터는 수학을 사랑하니까!

모델의 종류는 다양하지만, 모든 모델의 기본 구성요소는 데이터와 알고리즘이다. 예술을 만들고, 소설을 쓰고, 자동차를 모는 등 인류의 영역을 점점 잠식하고 있는 인공지능(AI)도 원리는 같다. 이 알고리즘은 엄청난 양의 데이터를 학습하며 '무엇을 해야 하는지'를 스스로 찾아낸다.

물론, 여기에 그럴듯한 전문 용어가 덕지덕지 붙는다. 뉴럴넷(neural nets), 딥러닝(deep learning), 텐서(tensor), 트랜스포머(transformer), 행렬곱(matrix multiplication) ⋯ 이 모든 건 사실상 복잡한 말장난에 불과하다. 본질적으로는 컴퓨터가 수많은 알고리즘을 무작위로 만들어 테스트하고, 잘 작동하는 것만 남기는 과정이다. 이걸 충분히 반복하면, 꽤 괜찮게 작동하는 녀석이 남는다. 대부분의 경우말이다. 거의 NBA 드래프트(프로 농구 신인 선수 선발 절차)랑 비슷한 원리다.

우리 인간도 비슷하다. 우리는 삶 속에서 머릿속에 수많은 모델을 만들어 훈련한다. 이걸 '트레이닝'이라고 한다. 그리고 실제 상황이 닥쳤을 때, 그중 가장 적절한 모델을 꺼내 쓰는 것이 '추론'이다. 특히 새로운 일을 할 때 이 과정이 두드러진다.

예를 들어 헬리콥터를 몰아본 적이 없다면, 당신의 손은 본능적으로 운전대부터 찾을 것이다. 하지만 헬리콥터에는 운전대가 없다. 대신 두 무릎 사이에 조이스틱이 있다. 마치 옛날 아타리 게임을 하던 기억이 떠오를지도 모른다. 뇌는 이 조작방식에는 꽤 빨리 적응한다. 그리고 왼쪽에 있는 레버, '콜렉티브'라 불리는 장치를 잡아야 한다. 만약 땅이 눈앞으로 다가오고 있다면, 그 레버를 위로 당겨라. 이처럼 뇌는 새로운 상황에서 이미 가지고 있던 모델부터 꺼내 써보고 실패를 경험하면 새로운 모델로 빠르게 전환한다. 이게 실시간 추론이다.

사람마다 다른 모델을 갖고 있다. 어떤 사람은 특정 과제에 아주 최적화되어 있기도 하다. 우리는 흔히 체스 선수를 천재라고 부르지만, 사실 그들은 엄청난 양의 게임을 보고, 연구하고, 암기한 고도로 훈련된 패턴 인식 모델일 뿐이다. 체스를 둔다는 건 결국 서로의 정신적 모델이 누가 더 뛰어난 추론을 하는지를 겨루는 일이다.

프리스타일 래퍼들도 마찬가지다. 그들은 수많은 단어와 운율을 학습해 머릿속 모델에 저장한다. "five point oh(파이브 포인트 오)"
와 "hair can blow(머리칼이 흩날려)"를 잇는 것은 식은 죽 먹기다. 하
지만 "palms are sweaty(손바닥에 땀이 나)"와 "mom's spaghetti(엄마
의 스파게티)"를 이어 붙여내면, 그건 곧 랩의 신이 되는 순간이다.
[RAP-GOD]

인간은 공으로 할 수 있는 모든 것에 집착한다. 던지고, 받고,
튀기고, 덩크하고, 투구하고, 툭 치고, 볼링 치고, 베어내고, 쪼개고.
뭐든 간에, 공으로 뭘 하든 잘하려면 모델을 훈련해야 한다. 그리고
정확한 순간에, 제대로 추론해서 행동할 수 있다면, 스포츠 영웅이
될 수도 있다.

진짜 문제는 우리가 어떤 모델을 훈련해서 그걸로 좋은 결과
를 내는 데 익숙해졌을 때, 그 모델을 엉뚱한 데에 적용하려 할 때
생긴다. 인간은 지적으로 이런 짓을 늘 한다. 조지 클루니가 대통령
정치에 대해 말한 게 신문 1면에 실리고, 사람들이 나에게도 다른
나라 전쟁에 대해 어떻게 생각하냐고 묻는다. 내가 똑똑하다고 생각
하기 때문이다. 하지만 이건 마션 린치(Marshawn Lynch)[4]에게 발레를
시키는 것과 같다. 아름다움보다 괴력을 더 많이 보게 될 것이다.


## 인공지능이 향하는 곳

지금 대규모로 같은 일이 벌어지고 있다. 마치 모든 컴퓨터 괴
짜들이 철학자인 척하며, 이맥스에서 《공화국》을 쓰는 역할놀이를

---

4  "비스트 모드(beast mode)"로 유명한 전 NFL(미국 프로 미식축구 리그) 선수.

하는 것 같다. 물론 "제발 자기 분야에서만 놀자"는 불평을 하려는 건 아니다. 지금 당신이 읽고 있는 이 책도 그런 괴짜 중 한 명이 쓴 것이니까. 다만 하나는 분명히 해두고 싶다. 역할만 바꾼다고 전문성이 생기지는 않는다. 하지만 이렇게 말해보자. NFL(프로 미식축구 리그)이 실제 선수 대신 판타지 풋볼 매니아를 내보낸다고 해서 경기력이 더 좋아지진 않는다. 마찬가지로 마션 린치가 드래프트(스포츠에서 새로운 선수를 뽑는 제도) 전략을 짠다고 해서 팀 성적이 올라가지 않는다. AI 모델도 마찬가지다.

우리가 나아가야 할 방향은, 각 모델을 '다윈식 과정(Darwinian process)'으로 발전시키는 것이다. 즉, 최고의 모델이 서로 배우고, 경쟁하고, 진화하고, 실패하며 사라지는 순환 말이다. 결국 빅토리아 시크릿의 슈퍼 모델조차 런웨이에 서기 전에 반드시 훈련해야 하듯 AI 모델들도 각자 잘하는 영역에서 훈련되고 평가되어야 한다. 그러니 ChatGPT에게 출근길 운전을 맡기지 마라. 구글 지도는 15년 넘게 이 문제를 푸는 데 특화된 모델이다. 마찬가지로 ChatGPT는 당신 차를 운전할 수도 없다. 이건 테슬라, 웨이모가 전문적으로 해결해 온 문제다. 결국 핵심은 이것이다. 유명한 모델, 사람들이 많이 쓰는 모델, 조지 클루니가 좋아하는 모델을 쓴다고 해서 더 나아지는 게 아니다. 당신이 해야 할 일은 단 하나, '내 목적에 가장 잘 맞는 모델을 선택하는 것'이다.


그동안 그 모든 '계산 모델'은 몇 년 전 '머신러닝'으로 재브랜딩되었다. ChatGPT가 등장하자 이번엔 'AI'로 재브랜딩되었다. 내년에는 'AGI(범용 인공지능: Artificial General Intelligence)'로 또 새로 포장될 것이다. 나 역시 이런 과장된 유행어가 못마땅하지만, 잠깐은 유행에 타협하겠다. 그러니 앞으로는 나도 그냥 모두가 그렇듯 'AI'라고 부르겠다. 잠재력은 진짜니까. AI/AGI라고 화려하게 포장되었지만 결국 같은 기술(계산 모델) 얘기라는 걸 우리가 알았으니, 나도 그냥 마지못해 이걸 'AI'라고 부르겠다. 혹시 모를 사람을 위해 설명하자면, AGI란 인간이 할 수 있는 모든 일을 인간보다 더 잘 수행하는 '이론상의 인공지능'을 뜻한다. 이미 나보다 춤을 잘 춘다고 생각하는 사람들이 있다. 솔직히 나도 그들이 나보다 잘 춘다고 생각한다. 그렇다고 내가 춤을 멈출 이유는 없다. 누군가 나보다 잘한다고 해서 내가 그 일을 할 자격이 사라지는 것은 아니다. AGI 시대가 온다고 인간이 쓸모없어지거나 멈춰야 한다는 뜻은 아니다.

물론, 아직 모델링할 수 없는 세계의 영역들이 남아 있다. 예전에 나는 원자력 발전소의 핵 반응로 코어 안의 중성자 하나하나를 모델링할 수 있다고 제안했다가, 대니 힐리스에게 "그건 불가능하다"는 질책을 들었다. 그의 말이 맞았다. 그걸 시도하려면 지금 세상이 가진 페타플롭(petaflop: 1초에 1,000조 번 계산) 규모의 연산력을 훨씬 뛰어넘는, 엑사플롭(exaflop: 1초에 100만 조 번 계산) 단위의 계산이 필요하다. 빠른 중성자로 작동하는 원자로 내부에는 1제곱센티미터당 초당 $10^{15}$개의 중성자가 움직이고 있다. 우리는 아직 지구의 기후를 완벽히 모델링할 수 없다. 인간 세포 수준의 생물학도 모델링할 수 없다. 심지어 당신의 뇌조차 제대로 모델링하지 못한다. 이들 한계가 바뀌기 전까지는, 그 복잡한 시스템을 온전히 이해하기 어렵다.

지금, 이 글을 쓰는 시점에서, 전 세계 상위 500대 슈퍼컴퓨터를 모두 합쳐도 연산력은 약 7엑사플롭 수준이다. 이건 엄청난 수치다. 가장 큰 슈퍼컴퓨터 한 대가 약 1엑사플롭 정도의 성능을 내는데, 그걸 설치하려면 농구 코트 하나와 관중석, 탈의실, 주차장까지 합친 면적이 필요하다. 그런데 곧 엔비디아(NVIDIA)는 냉장고 크기의 서버 한 대로 그만한 연산력을 구현한다. 이미 수천 대의 주문이 들어와 있다. 인류 역사상 가장 큰 진화적 도약이 이미 시작된 것이다. 이 책이 출판될 즈음이면 우리는 제타플롭 시대에 진입해 있을지도 모른다.

제타플롭(zettaflop: 엑사플롭보다 1,000배 빠름) 시대가 되면, 우리는 핵 반응로 속 모든 중성자를 모델링할 수 있을 것이고, 대기권의 열 흐름, 북극의 빙하 융해, 아프리카 서쪽 해안에서 나비가 한 번 날갯짓하는 공기 흐름까지 계산할 수 있을 것이다. 심지어 당신 몸속 모든 세포와 뇌 속의 모든 뉴런을 시뮬레이션할 수도 있다. 이쯤 되면 머리 좋은 너드들(컴퓨터광)이 이렇게 말할 것이다.

"뉴런에 대해 우리가 아는 게 너무 적어서 모델링은 불가능하다."

"대기는 행성보다 더 크고 복잡한 시스템이다."

"우린 아직 세포가 어떻게 작동하는지도 모른다."

"파블로스는 망상에 빠진 기술 광신도다. 자기 차나 제대로 운전해라."

물론 한계는 있다. 모델의 해상도는 완벽하지 않을 것이다. 데이터는 결코 충분하지 않을 것이다. 우리는 언제나 더 나은 알고리즘을 원할 것이다. 그러나 우리가 추구하는 건 '완벽'이 아니라 '진보'다. 지금은 내가 틀릴지 몰라도, 몇 차례의 자릿수만 뛰어넘으면 내 말이 맞게 될 것이다.

우리의 뇌 속에서 만들어지는 모델이 바로 우리를 여기까지 이끌었다. 그 모델은 아름답고, 기적적이며, 저마다 다른 목적에 맞게 진화했다. 인간이 불완전한 모델을 믿으면 우리는 그것을 '미신'이라고 부른다. 인간이 뛰어난 모델을 쓰면서도 설명할 수 없을 때는 그것을 '직관'이라고 부른다.

AI에서는 그 관계가 뒤집힌다. 인과와 상관의 경계가 흐려진다. 우리가 점점 더 정교하고 거대한 모델을 만들수록, 그것들은 더 나은 답을 내놓겠지만, 우리는 그 이유를 이해하지 못할 것이다. 그래서 딥테크에 관한 책조차 AI부터 이야기할 수밖에 없다. 우리는 손에 쥘 수 있는 어떤 도구로든 미래를 만든다. 그리고 지금, 인류가 더 나은 미래를 창조하기 위해 가진 가장 강력한 도구는 바로 AI다.

# 미래를 보는 눈

2001년, 나는 일종의 우주 오디세이를 겪었다. 당시 나는 세계 최초로 주식시장용 AI를 개발하던 회사 중 하나에서 일하고 있었다. 그러던 중 실리콘밸리를 휩쓴 팬데믹 같은 사건, 소위 "닷컴 버블"이 터졌다. 그건 모든 걸 쓸어버렸고, 우리 회사도 함께 무너뜨렸다. 우리 팀은 놀라운 무언가를 만들어냈지만, 투자자들이 모두 패닉에 빠지면서 우리는 결국 인형 탈을 쓴 취객의 난폭운전에 치인 로드킬 신세가 되고 말았다.

그러던 어느 날, 느닷없이 닐 스티븐슨에게서 이메일이 왔다. 해커들은 대체로 무신론자지만, 그들 사이에도 몇몇 '너드 예언자'들이 있다. 그중 최고는 바로 『스노 크래시(Snow Crash)』의 저자 닐이다. [SNOW-CRASH] 1992년에 최초로 실용적인 가상현실 비전을 제시하며 '메타버스(metaverse)'라는 용어를 만든 인물이다. 이 책은 이후 수많은 프로그래머 세대에게 영감을 주었고, 그들은 그것을

실제로 어떻게 구현할지 고민하게 되었다.[5]

닐은 내 친구이자 위에서 언급한 회사 지고(Xigo)의 창립자인 제레미 본스타인에게서 내 이야기를 들었다고 했다. 그는 시애틀에서 〈블루 오퍼레이션스〉라는 연구실을 만들고 있던 자신과 키스 로즈마를 만나러 오라고 나를 초대했다.[6]

내가 시애틀의 공업 지구에 도착했을 때, 그들은 월마트만큼 거대한 건물을 가지고 있었는데, 안은 텅 비어 있었다. 다만, 몇 대의 오래된 기계공구가 막 설치되고 있었는데, 그 기계들은 마치 세트 상품처럼 함께 딸려온, 투박하고 고집스러운 노련한 기계공이 다루고 있었다. 그들은 몇 가지 실험을 하며 우주에 가는 방법을 알아낼 수 있는지 보려고 한다고 말했다. 그 말이면 충분했다. 그들은 제프 베이조스(아마존 창업자)가 〈블루 오퍼레이션스〉를 후원하고 있다고 알려 주었다. 그때 제프의 순자산은 무려 70억 달러였다. 우리의 임무는 그 중 약 10억 달러로 무엇을 할 수 있는지 찾아내는 것이었다. 다음 몇 년 동안, 우리는 로켓을 대신해 우주로 가는 온갖 기상천외한 아이디어를 실험했다.

우선 이런 생각부터 했다. 우리가 지상에서 우주선으로 에너지를 쏴서, 우주선이 연료를 실어 나를 필요가 없게 만들 수 있을까? 키스는 러시아제 클라이스트론(Klystron)을 구했는데, 간단히 말하면 강력한 전파를 만들어내는 장치였다. 우리는 직경 1미터짜리 접시 안테나를 만들어 빔을 형성하고, 전파로 에너지를 공중에 쏘아 보내

---

[5]  구글 맵스부터 오큘러스 리프트까지, 모든 곳에서 『스노 크래시(Snow Crash)』를 영감의 원천으로 꼽는다.

[6]  닐의 글을 좋아하는 팬들을 위해, 당시 그가 나에게 보냈던 이메일을 공유한다. [BLUE] 그때는 구글 맵스가 존재하지 않았다.

는 실험을 했다. 당시엔 기술이 미비했지만, 지금이라면 빔을 정교하게 조준하고 조향할 수 있는 수준이 훨씬 발전했으니, 오히려 지금이 더 가능성 있는 아이디어다.

또 이런 아이디어도 나왔다. '하늘에 거대한 채찍을 휘둘러 물체를 우주로 던질 수 있을까?' 닐은 실제 채찍을 하나 사왔고, 우리는 상상력을 불태우기 위해 실험실에서 채찍 휘두르는 연습을 했다. 결국 우리는 '에이컨에이터(Aitkenator)'라는 무시무시한 기계를 만들었다. 본질적으로 피자만 한 크기의 거대한 기어에 쇠사슬을 매단 장치였는데, 우리 팀의 거구 비건 기계공인 찰로가 직접 손으로 제작한 것이었다.

그 사슬은 기어에서 약 2미터가량 늘어져 있었다. 기어 아래로 늘어진 쇠사슬은 처음엔 평범해 보였다. 그런데 일정한 속도 이상으로 회전하자, 설명하기 어려운 물리현상이 나타났다. 사슬이 거꾸로 뒤집히더니, 마치 중력을 거스르듯 위로 솟아오른 것이다. 정말 경이로운 장면이었다. 적어도 그 사슬이 기어에서 미끄러지기 전까진. 관성에 떠밀린 사슬은 금속으로 된 태즈매니아 악마처럼 변해 실험실 안을 마구 휘젓고 다니며 눈앞의 모든 것을 파괴했다. 이건 의도한 행동이 전혀 아니었고, 너무 위험했기 때문에 우리는 급히 두꺼운 루사이트(Lucite: 방탄 투명 플라스틱)로 방탄 상자를 만들어 그 괴물을 가둬야 했다.[7] 이렇게 블루 오퍼레이션스의 첫 실험은 끝났다. 위험했지만, 그만큼 황홀했다. 그곳에서는 불가능을 '직접 손으로' 실험할 수 있었고, 세상 어디에도 없는 상상이 실제로 만들어졌다.

---

[7]  수년 후, 닐은 자신의 소설 『세븐 이브스(Seven Eves)』에서 이 개념의 가능성을 더욱 발전시켜 설명했다. [SEVEN-EVES]

높이 20킬로미터에 이르는 강철 타워를 세워, 그 꼭대기에서 물건을 우주로 던질 수 있을까? 에펠탑과 같은 격자 구조물이지만, 부르즈 칼리파(세계에서 가장 높은 건물)보다 스물네 배나 높은 구조물 말이다. 미친 소리 같고 엄청난 양의 강철이 필요해 보이지만, 이론적으로는 불가능할 이유가 없다. 강철로 지은 대규모 프로젝트 치고는 오히려 큰 편도 아니다. 예를 들어, 북미 대륙을 가로지르는 철도 선로에 쓰인 강철 양이 더 많다.[8]

물론 엄청난 강풍 문제가 있겠지만, 공기역학적 날개 구조를 활용하면 충분히 대응할 수 있을지도 모른다. 중앙에는 거대한 엘리베이터를 설치해 화물을 위로 실어 올리고, 그 꼭대기에서 발사하면 된다.[9]

또 다른 질문이 떠올랐다. 만약 우주선을 수직으로 이륙하고 착륙하게 만들어서 재사용할 수 있다면 어떨까? 이건 상대적으로 매력적이었다. 대부분 로켓은 일회용이기 때문이다. 비행기는 한 번만 날고 매립지에 버려야 한다고 상상해 보라. 재사용 우주선은 우주에 가는 비용을 극적으로 낮출 수 있다. 그래서 우리는 그것이 실제로 가능하다는 것을 증명하기 위해 시험용 우주선을 만들기로 했다. 롤스로이스 제트엔진 4기를 수직 방향으로 작동하도록 개조해, 본질적으로 초대형 쿼드콥터(수직 이착륙이 가능한 네 개의 프로펠러로 비행하는 드론 형태)를 만들었다. 요즘은 월마트에서 자동 비행하는 장난감 드론을 살 수 있지만, 그때는 모든 균형 제어와 비행 제어

---

[8] 북미 대륙을 가로지르는 철도는 약 30만 마일에 이르고, 수백만 톤의 강철로 만들었다.

[9] 닐은 결국 『히에로글리프(Hieroglyph): 더 나은 미래를 위한 이야기와 비전』이라는 멋진 단편 소설 선집에서 이 아이디어를 글로 풀어냈다. [HIEROGLYPH]

시스템을 직접 코딩해야 했다. 제트엔진의 방향을 조절해 추진력을 바꾸려 했지만, 엔진의 터빈이 만들어내는 거대한 자이로스코프 효과(회전하는 물체가 방향을 바꾸려 할 때 강하게 저항하는 물리 현상) 때문에 기체는 제어 불가능한 복합 회전력에 휘말렸다. 그때 프레드 보엘리츠가 말했다. "추진 방향 제어는 엔진이 아니라 '베인(vane: 조향판)'으로 해야 해." 그는 즉석에서 공식을 적어 문제를 풀어냈다. 2004년, 우리는 워싱턴주 모제스레이크에서 그 무시무시한 기체를 시험 발사했다. 그 기체는 곧장 수직으로 솟아올라 잠시 공중을 선회하더니, 출발했던 발사대에 정확히 착륙했다. 그날이 바로 블루 오리진(아마존 창업자 제프 베이조스가 2000년에 설립한 미국의 민간 우주기업)이 '로켓을 만들기로 결정한 날'이었다.

로켓의 구린 점은 연료를 조금만 더 얹어도 그 연료를 옮기기 위한 연료를 또 얹어야 한다는 데 있다. 우주로 가는 로켓의 사진을 보면, 대개 90%가 연료다. 주유소로 연료를 싣고 가는 대형 트레일러와 비슷하다. 그럼에도 로켓은 위대하다. 러시아와 NASA가 이 기술에 어마어마한 자원을 투자했기 때문이다. 우리는 그들의 어깨 위에 설 수 있었다. 그것이야말로 다른 실험적 기술 대신 로켓을 선택한 이유였다.


세월이 흐르면서, 나는 제프를 더 잘 알게 되었고, 블루 오리진에 대한 그의 비전을 내면화했다. 밈은 억만장자들이 거대한 로켓으로 '허세 대결'을 벌이는 모습으로 그들을 묘사하지만, 내가 배운 것은 훨씬 중요했다. 가끔 어떤 사람은 더 긴 시간 축에서 생각하는 법을 배운다. 이런 사고방식을 얻는 한 가지 길은, 아마도 다른 사람들처럼 당장의 걱정을 하지 않아도 될 만큼 부자가 되는 것일지 모른다. 대부분의 사람이 아는 현실은 생계를 꾸리느라 바쁘고 월세를 내야 하며 아이를 대학에 보내야 하는 걱정이다. 하지만 아주 드물게, 그런 걱정에서 벗어날 만큼 부유한 사람은 시야를 넓혀 훨씬 긴 시간 축에서 사고하고 무언가를 만들 수 있게 된다. 제프를 오래 알수록 나는 원인과 결과가 뒤집혀 있다고 확신하게 되었다. 그는 부자라서 장기적 사고를 하는 것이 아니라, 장기적으로 생각했기 때문에 부자가 된 사람이었다. 그렇다면, 이 사고방식은 우리도 배울 수 있는 것 아닐까?

블루 오리진의 진짜 비전은 우주 자체보다 지구를 위한 것에 더 가깝다. 만약 우리 생태계를 파괴하는 산업을 우주로 옮길 수 있다면 어떨까? 만약 지구보다 더 많은 사람이 우주 식민지에서 살아간다면 어떨까? 미친 소리처럼 들릴지도 모르지만, 이것은 중요한 발상이다. 인간 생명의 존엄을 믿고, 인간의 의식 안에 특별하거나 아름다운 무언가가 있다고 믿는다면, 그에 대한 백업 플랜에 투자하는 것도 가치 있는 일이다.

제프의 비전은 지구 전체를 일종의 거대한 자연보호구역으로 만드는 것이다. 이런 프로젝트는 소프트웨어 회사를 세우는 데 걸리는 시간 안에 끝낼 수 없다. 이런 거대한 도약에는 수천 년이 걸릴지도 모른다. 하지만 모든 위대한 도약은, 단 한 걸음에서 시작된다.

닐의 말처럼, '우리는 마치 하인라인(과학기술과 인간의 미래를 그린 미국 SF 작가)이 상상한 미래 과학소설 속 등장인물처럼 인간의 한계를 넘는 실험의 현장에 있었다.' 나는 블루 오리진의 '기원

(origin)'에 있었다. 그리고 그 경험은 내 삶을 완전히 바꿔놓았다. 나는 아직 태어나지 않은 세대를 위해 살아가는 법을 배웠다.

## 당신의 시간 지평은?

우리 각자에게는, 자신에게 중요한 시간 축을 의식하는 것이 정말 중요하다고 나는 생각한다. 대부분의 사람은 이 부분을 대충 넘기기 때문에, 비합리적인 우선순위를 정하거나 불필요한 갈등을 많이 만든다.

예를 들어, 점심시간이 한참 지나 저녁 시간이 가까워졌는데 아직 레드불을 마시지 못했다면, 내 시간 지평은 아주 빌어먹게 짧아진다. 나는 시야가 좁아지고, 레드불로 이어질 만한 방향이라면 닥치는 대로 뛰어다닌다. 딸한테 짜증을 내고, 친구들을 짓밟아서라도 카페인을 얻으려 할 거다. 그렇게 되면 다른 목적은 전혀 고려하지 않고 오직 카페인만을 위해 겉보기에 비합리적인 결정을 내린다. 그런 순간에 내게 우선순위를 묻는 건 좋지 않다. 그때의 나는 인류의 미래 따위는 전부 내팽개칠 수도 있다.

가끔은 전혀 다른 극단에 놓인 사람도 만난다. 예컨대, 핀테크 회사를 인튜잇(Intuit: '소프트웨어의 요양원'이라 불리는 곳)에 팔아넘긴 뒤, 안데스산맥에서 한 달간 아야와스카 명상에 빠져 있던 창업자 말이다. 그는 나에게 "미래 세대의 의식을 높이기 위해 침묵 명상 수련회를 함께 하자"고 권한다. 버섯과 북소리만으로 살아가는 세상을 꿈꾸는 그런 제안 말이다. 잘해보라고 하고 싶다. 하지만, 미안하게도 나는 이번 생에 뭔가를 '실제로' 이루고 싶다.

무엇을 할 가치가 있는지 알아내는 간단한 방법이 있다. 스스로에게 물어보라. '100년 뒤에도 우리가 지금처럼 할까, 아니면 새로운 방식이 더 나을까?' 답은 종종 자명하다. 100년 뒤에도 자동차가 휘발유를 태울까, 아니면 대부분 전기로 달릴까?

그리고 다시 물어보라. '그게 정말 100년이나 걸려야 할까, 10년이면 될까?' 이 질문이야말로 지금 인류가 다루기 좋은 시간의 범위다. 자금 조달, 경력, 계약, 기업, 정부, 그 어느 것도 100년 단위를 감당할 수는 없지만, 10년 단위라면 모두가 작동할 수 있다.

그래서 나도 주로 이 '10년에서 20년의 창(窓)' 안에서 생각한다. 문제를 이해할 때는 약 100년 규모로 사고한다. 1차 세계대전 이후의 인간 활동을 보면 우리가 지금 겪는 중요한 문제 대부분의 뿌리를 찾을 수 있다. 그 해결의 결과는 우리 손자 세대의 삶 안에서 나타날 것이다. 우리가 가장 깊이 신경 쓰는 세대 역시 바로 그들이다. 조부모보다 오래 살거나 손주 세대 이후까지 보는 일은, 인류 역사로 보면 아주 최근의 일이기 때문이다.

해결책을 모색할 때는 10년에서 20년 안을 바라본다. 위대한 일들 중 상당수가 그 안에 이루어졌다. 인텔, 애플, 마이크로소프트, 구글 같은 회사들만이 아니다. 후버댐,[10] 아폴로 계획,[11] 우주왕복선 계획,[12] 스페이스X,[13] 테슬라,[14] 대륙횡단철도,[15] 파나마 운하[16] 등등. 모두가 10년 남짓의 시간 안에 완성되었다. 한 사람의 인생 안에서도 그런 '큰 프로젝트'를 몇 개쯤은 해낼 수 있다. 실제로 많은 사람들이 그렇게 했다.

이게 무조건 옳은 사고법이라고 말하는 게 아니다. 다만 주의를 집중하게 돕는, 유용한 방식일 뿐이다. 당신만의 시간 눈금을 정하되, 그걸 분명히 하라. 훨씬 더 장기적인 일을 맡아 줄 사람들도 분명 필요하다. 나는 그런 일에 인내심 있게 투자하는 정부, 재단, 패밀리 오피스에 감사한다. 교사나 연구 과학자처럼 성과가 나오기까지 오래 걸리는 일을 하는 사람들에게 우리 모두 빚을 지고 있다.

그동안, 우주로 가는 일을 하는 사람들을 좀 너그럽게 봐 주기 바란다. 최선의 시나리오를 가정해도 지구는 약 45억 년 뒤 태양에 녹아들 것이다. '플랜B(지구 말고 다른 행성)'를 지금부터라도 시작하는 편이 낫다. 이 우주적 실험에 참여할지, 관객으로 남을지는 당신의 선택이다. 하지만 한 가지는 확실하다. 지켜보는 것만으로도, 멋진 장관이 될 것이다.

---

10    후버 댐은 5년 동안 진행된 프로젝트였다.

11    아폴로 계획은 8년 동안 진행된 프로젝트였다.

12    우주왕복선 프로그램은 9년 동안 진행된 프로젝트였다.

13    스페이스X는 첫 상업 발사까지 6년이 걸렸다.

14    테슬라는 첫 모델 S를 내놓는 데 9년이 걸렸다.

15    최초의 대륙횡단철도는 건설하는 데 6년이 걸렸다.

16    파나마 운하는 건설하는 데 10년이 걸렸다. 그 어마어마한 걸 실제로 본 적 있는가?

# 해커의 질문

1969년, 엄마와 엄마의 여자 친구는 뉴욕에는 제대로 된 남자가 없다는 결론을 내렸다. 그래서 남편감을 찾으러 알래스카로 차를 몰고 가기로 했다. 엄마는 자신의 폭스바겐 비틀을 몰고 길을 떠나 주유소마다 들러 "알래스카는 어느 쪽인가요?"라고 묻고, 흙길을 수천 마일 달려 도착했다. 당시 알래스카의 남녀 비율은 9대1이었다. 주(state)에서 제일 짧은 미니스커트로 무장한 그 둘은 남편감을 고를 수 있었고, 나는 아홉 달쯤 뒤에 태어났다. 알래스카가 49번째 주가 된 지 겨우 12년밖에 안 된 때였다.

그래서 나는 춥고, 어둡고, 지하실 같은 알래스카에서 자랐다. 이건 자서전은 아니지만, 나와 내 사고방식을 이해하려면 내가 열살 때 애플II 플러스를 손에 넣은 순간부터 시작해야 한다. 애플II 플러스는 집에서 가질 수 있었던 세계 최초급 컴퓨터 중 하나였다. 주전체에서 가장 정교한 물건이었고, 그보다 더 앞선 기술, 더 흥분되는 것, 더 강력한 것은 없었다.

컴퓨터는 바닥없는 호기심의 구덩이였다. 나는 그 모든 것을 배우고 싶었지만, 사방 1,000마일 안에는 나보다 더 아는 사람이 없었다. 내가 살던 곳 솔닷나라는 곳은 인구 3,600명의 작은 마을이었다. 알래스카 치고는 비교적 도회적이었는데, 자연밖에 없는 길을 3시간 달리면 대도시 앵커리지가 나왔다. 교사도 동료도 없이 외따로 무언가를 배우는 일은 정말 어렵다. 나는 그 물건을 수없이 다운(crash)시키고 리부트하는 방식으로 배웠다.

애플II 플러스는 일종의 지프차 같았다. 철판과 나사로 이루어져 있었다. 보닛을 열면 속을 들여다볼 수 있었다. 한참 응시하다 보면 각 부품이 무슨 일을 하는지 대강 짐작할 수 있었다. 그건 내부의 디지털 세계도 마찬가지였다. 수많은 1과 0이 화면에 흐르고 있었고, 처음엔 아무 의미도 몰랐지만 햇살이 하루 두어 시간밖에 들지 않는 겨울엔 그걸 들여다볼 시간이 충분했다. 나는 하나씩 건드리고, 하나씩 깨우치며, 제2외국어로 꿈을 꾸기 시작하는 이중 언어 화자처럼, 마침내 기계의 언어, 16진수 알파벳으로 쓰인 것을 이해하게 되었다.

이렇게 해서 나는 코딩을 배웠다. 6502 마이크로프로세서의 어셈블리 언어를 거꾸로 해석하며 익힌 것이다. 이건 아무도 하지 않는 방식이었다. 기계가 이해하도록 만들어진 언어이지, 사람이 배울 언어가 아니었으니까. 미리 알았더라면 나도 안 했을 것이다. 하와이 아이가 모래를 오븐에 구워 칩을 만드는 법을 알아내는 게 더 쉬웠을지도 모른다. 컴퓨터를 배우기엔 지독한 방법이었지만, 나는 몰랐다. 나는 맨손으로, 맨 뇌로, 컴퓨터 세계에 뛰어들었다.

애플II 플러스는 초당 약 1,000회 연산을 할 수 있었다. 초등 3학년 정도의 속도로 수학을 한다는 뜻이다. 스프레드시트는 아직 발명되지도 않았고, 아무도 이 물건을 어디에 써먹을지 몰랐지만, 나는 불이 붙었다. 붙잡히는 누구에게든 "언젠가 메모리가 늘고, 언젠가 더 빨라지고, 언젠가 쓸모가 생길 거야!"라고 떠들어댔다. 아무도 믿지 않았다. 나는 스케이트보드도 있었는데, 사람들은 그게 훨씬 '생산적으로 시간 낭비'하는 거라고 생각했다.

나는 초능력을 손에 넣은 느낌이었다. 동네 그 누구도 할 수 없는 일을 할 수 있었다. 여자애들을 집으로 불러 컴퓨터를 보여주곤 했다. 인상 깊어 하긴 했는데, 내가 노렸던 종류의 반응은 아니었다. 시골 알래스카 사람들은 컴퓨터를 본 적이 없었다. 컴퓨터 너드는 더더욱. 그들에게 컴퓨터도 컴퓨터 너드도 멋진 것과는 거리가 멀었다.


1982년 여름, 엄마는 대학생 두 명을 하숙생으로 받았다. 그들은 여름 동안 알래스카의 마이너 리그 야구팀에서 뛰기 위해 온 선수들이었다. 그 시절엔 이게 꽤 '핫한' 여름 알바였다. 왜냐하면 당시 미국 대부분의 야구장은 야간조명이 없었기 때문이다. 하지만 알래스카의 여름은 밤 12시까지 해가 지지 않는다. 즉, 그들은 미국 어느 리그보다 두 배나 많은 경기를 뛸 수 있었다. 그렇게 나는 어느 날, 우연히 팀의 배트보이로 끌려가게 되었다. 열한 살짜리 컴퓨터 너드가 대학 야구선수들 틈에 끼게 된 것이다. 나는 시도 때도 없이 컴퓨터 얘기를 늘어놓았고, 그들은 나를 '위즈(Wiz: 마법사)'라고 불렀다. 그곳에서 나는 욕을 배우고, 침 뱉는 법도 배웠다. 지금도 가끔, 여전히 한다.

결국 '너드의 역습', 내가 맞았다. 컴퓨터는 빨라지고 강력해졌고, 머지않아 쓸모도 생겼다. 나는 바닥부터 전부 배웠고, 어렵게 배운 건 오래 간다. 컴퓨터가 좋아질수록 나는 새로 나온 것만 배우면 됐다. 마흔 해를 이렇게 보내니, 이제 나를 따라잡기 꽤 어렵다. 그런데 그보다 더 중요한 걸 배웠다.

야구에는 이런 장면이 있다. 3루 코치가 타자에게 비밀 신호를 보낸다. 두 손가락으로 모자를 잡아당기는 건 "스윙하지 마" 볼넷을 노려 1루로 나가란 뜻일 수 있다. 나는 그 신호를 해독하는 법을 배웠다. 다른 팀이 절대 못 알아차릴, 완전히 새로운 신호 체계도 만들었다. 그런데 아무도 관심이 없었다. 그들은 신사처럼 옛 방식대로 경기하고 싶어 했다. 나는 시스템 전체를 분해하고 재조립하고 싶어 했다. 그때는 몰랐지만, 훗날 나는 깨달았다. 아마 그때가 암호학에 대한 내 첫 관심의 시작이었을 것이다.

1983년, 나는 커브볼보다 더 어려운 스크루볼을 던지는 법을 배운 뒤, 컴퓨터 앞에서 보낸 시간이 10,000시간을 넘었다. 그 무렵에는 DEC VAX 메인프레임(당시 대학·연구소에서 쓰던 32비트 대형 컴퓨터)에 접속하는 데도 성공했다. 300보드 모뎀(전화선을 통해 아주 느린 속도로 연결하던 초기 통신 장치)으로 알래스카 대학의 거대한 컴퓨터에 접속할 수 있었다. 처음으로 나보다 많이 아는 사람들과 '대화'할 수 있었다. 대부분 대학의 학생과 교수들이었다. 그 시절 컴퓨터는 사진을 보여줄 수 없었기에, 내가 꼬마라는 걸 아무도 몰랐다. 원시적인 이메일 시스템이 있어서, 나는 온라인에서 모든 이에게 질문을 퍼부었다. 그때만 해도 계정을 갖고 있다는 것 자체가 일종의

'비밀 클럽 회원증' 같은 의미였다. 스팸 메일이란 개념조차 없던 시절이었다.

메인프레임은 크고 비싸며, 동시에 여러 사용자가 함께 쓰는 시스템이다. 조금씩 나뉘진 메모리, 처리시간, 저장 공간을 할당받는다. 그래서 늘 답답했다. 더 많은 성능이 눈앞에 있는데, 시스템이 그걸 허락하지 않기 때문이다. 나는 생각했다. "조금만 더, 그 힘을 끌어올 방법이 없을까?" 그리하여 '스타트렉 게임' 같은 프로그램을 만들어 다른 사용자에게 돌렸다. 그런데 사실 그건 게임이 아니었다. 사용자의 계정을 잠가버리고, 그들이 쓰던 시스템 자원을 내가 전부 가져오는 프로그램이었다. 나는 그것을 '메일 폭탄'이라 불렀지만, 지금 기준으로 보면 그것은 바로 '바이러스'였다. 그게 내 인생 최초의 비대칭적 권력의 맛, 즉 '해킹'의 쾌감이었다.

## 이걸로 뭘 해낼 수 있지?

내가 좋아하는 해커 중 하나는 새미 캄카다. 그는 인터넷에서 여자애들을 만나려고 바이러스를 만든 것으로 유명하다. 물론 추천할 만한 방식은 아니다. 그는 마이스페이스(MySpace: 2000년대 초반 세계 1위였던 SNS) 자기 프로필에 코드를 심었다. 누군가 그 프로필을 보기만 하면 자동으로 새미의 친구로 추가되었다. 무해해 보였지만, 그 코드는 보는 사람의 프로필에도 복사되었고, 이제 누가 그 사람의 프로필을 보든 새미의 친구로 추가되었다. 게다가 그 사람 프로필 문구도 "하지만 무엇보다, 새미는 내 영웅이야"로 바꿔버렸다. 24시간 만에 새미는 마이스페이스에서 백만 명이 넘는 친구를 얻었

지만 결국 서버를 셧다운해야 했다.[17]

그 후 새미는 미연방 비밀경호국의 압수수색을 받았고, 몇 해 동안 컴퓨터를 못 쓰게 되었다. 하지만 그는 다시 일어섰다. 자동차, 드론, 신용카드, 자물쇠, 심지어 차고 문 리모컨까지 해킹하는 법을 알아내고 회사를 팔아 백만장자가 되었다. 아이에게 롤모델이 필요하다면, 새미를 보여줘도 된다. (적어도 흥미롭긴 할 것이다.) [SAMY]

예를 들어, 구글 지도에서 도로가 붉게 표시되는 교통 체증 표시 기능을 본 적 있을 것이다. 사실 그건 우리의 스마트폰이 구글에 위치와 속도를 실시간으로 보내기 때문이다. 어느 날 새미는 생각했다. "그럼 내가 거짓 데이터를 보내면 어떨까?" 그는 구글 서버에 가짜 교통 데이터를 대량 전송했다. 그 결과, 그가 곧 지나갈 도로들이 모두 '정체 구간'으로 표시되었고, 사람들은 이를 피해서 다른 길로 갔다. 결과적으로 새미는 자신만의 텅 빈 도로를 만들어냈다. 정말 영리한 해킹이었다.

이게 바로 한 컴퓨터 해커의 기원이다. 정식 교육이 아니다. 정식 교육도, 사용 설명서도 없이, 그저 끝없는 호기심과 문제 해결의 욕망으로 시작된 여정. 보통 사람들은 새 기기를 보면 묻는다. "이건 뭐 하는 거야?" 하지만 해커는 다르게 묻는다. "이걸로 뭘 해낼 수 있지?"[18]

해커는 나사를 전부 풀고, 장치를 산산이 분해해, 잔해로 무엇

---

**17** 그때 그냥 접었어야 했을지도 모른다. 그래도 마이스페이스는 한동안 버티다 결국 페이스북에 참패했다.

**18** 해커의 마음을 가장 잘 설명해 준 릭 다칸(Rick Dakan)에게 감사. 그의 책들을 읽어 보라. [DAKAN]

을 만들 수 있을지 실험한다. 발견 과정은 발명의 본질이고, 혁신의 본질이다. 이게 없으면 새것은 결코 나오지 않는다. 설명서를 읽다가 새 기술을 발명한 사람은 없다. 해커는 비닐 포장을 뜯기도 전에 보증서를 무효화시키는 사람들이다. 그들은 다르게 생각한다. 세상은 바로 그런 사람들을 필요로 한다.

해킹은 기술의 '오용'이다. 설계 의도와 다른 용도로 써서, 기술에서 새로운 가치를 의도적으로 찾아내는 행위다. '딥테크(Deep Tech)'의 뿌리를 이해하려면, 먼저 이 해커의 사고방식, 그 자유롭고 불온한 호기심을 이해해야 한다.

### 에릭 요한슨

내가 시애틀로 처음 이사 왔을 때, 인터넷 연결을 까는 데 시간이 걸리고 있었다. 그러다 '시애틀 와이어리스 프로젝트'라는 웹사이트를 찾았는데, 자원봉사 너드들이 운영하는 오픈 와이파이 위치를 핀으로 표시한 작은 지도가 있었다. 당시만 해도 와이파이는 이제 막 시작 단계였고, 구글 지도 같은 것도 없던 시절이라 나는 그 지도를 대략적인 길잡이로 삼아 하루에도 몇 번씩 차를 세우고 이메일을 내려받곤 했다. 그러다 어느 날 어떤 남자가 내 차 창문을 두드리며, "아프와치(arpwatch: 네트워크 상에서 새로운 기기 접속이나 ARP 관련 변화를 감시하는 프로그램)에서 보이는 게 너지?"라고 말했다.[19]

그는 시애틀 와이어리스 프로젝트의 설립자인 매트 웨스터벨

---

[19] 너드만 쓰는 네트워크 모니터링 도구.

트였다. 자기 집 와이파이의 네트워크 트래픽을 보다 보니 어떤 '임의의 인간'이 붙어 있는 걸 알아챘다는 것이다. 그는 집과 집을 잇는 커뮤니티 무선 네트워크를 만들겠다는 자신의 아이디어를 내게 이야기해 주었다.

얼마 지나지 않아, 내 옥상을 볼 수 있는 어떤 사람이 이메일을 보냈다. 저쪽 언덕에 사는 그가, 우리 집과 약 1마일쯤 떨어진 두 집 사이에 와이파이 링크를 만들어 보자고 했다. 이런 '쓸모없고 재밌는' 너드 프로젝트야말로 내가 사는 이유였다. 그다음 토요일, 리눅스 티셔츠에 포니테일을 한 호쾌한 남자가 야기(Yagi) 안테나를 들고 우리 집에 나타났다. 잠시 뒤 우리는 지붕 위에서 두 집을 잇는 커뮤니티 무선망의 첫 링크를 깔고 있었다. 내 안테나는 프링글스 통으로 만든 거라, 방향을 다시 맞추려고 지붕 위를 몇 번이나 오르내려야 했는데, 드디어 연결됐을 때 우리는 집과 집 사이에 11메가비트짜리 와이파이를 갖게 되었다. 당시 우리의 인터넷 속도보다 훨씬, 말도 안 되게 빨랐다. 그 사람이 바로 에릭 요한슨이었다. 수십 년이 지난 지금도 에릭은 내 가장 친한 친구다.

해커에게는 초창기에 대한 향수가 많다. 그중 가장 상징적인 게 '워다이얼링(wardialing)'이다. 모뎀으로 전화번호를 연속해서 걸어보며, 그 번호가 컴퓨터에 연결되어 있는지 찾아내는 작업이었다. 연결되는 번호를 찾으면 그 컴퓨터에 접속해 여기저기 들여다보곤 했다. 80년대 초반 우리는 전화번호를 순서대로 걸어 다른 컴퓨터에 접속할 수 있는 번호를 찾아내는 프로그램을 직접 만들곤 했다. 이건 영화 《워게임(WarGames)》으로 완벽히 구현되었다. 세상에서 유일하게 '잘 만든' 해커 영화다. 불만 있으면 덤벼, 스크립트 키드들아. 수십 년 뒤 와이파이 시절이 오자 이와 유사한 행위를 워드라이빙(wardriving)이라 불렀다. 에릭과 나는 차에 컴퓨터를 싣고 동네를 누비며 열린(암호 없이 접근 가능한) 와이파이 네트워크를 지도로 만들었다. 하나를 찾으면 그런 네트워크에 접근해 네트워크상에 떠다니는 정보나 비밀번호를 찾아내 프린터로 인쇄해 확인하기도 했다.

## 해커봇

나는 딘 케이먼이 시작한 FIRST 로봇 대회의 고등학생 부문에 심사위원으로 초대받았다. 에릭과 함께 갔는데, 거기서 우리는 멋진 로봇을 만든 학생들을 만났다. 그러다 문득 이런 생각이 들었다. "잠깐, 나에겐 블루 오리진의 기계 공작실이 있고, 우리는 이 아이들보다 컴퓨터를 훨씬 잘 아는데 로봇 하나쯤 만드는 게 뭐가 어렵겠어?"

나는 어린 시절 모터크로스용 자전거를 만들던 경험을 살려 가장 멋진 바퀴를 찾는 일을 맡았다. 에릭은 모터, PWM 컨트롤러(속도 조절 장치), 그리고 로봇이 실제로 움직이는 데 필요한 부품을 모으기 시작했다. 몇 주 동안 에릭은 마운틴 듀를 들이키고 담배를 연달아 피워대며 밤을 새웠다. 나는 여전히 멋진 타이어를 고르느라 바빴다. 그러다 문득 깨달았다.

"우리 로봇이 뭘 하긴 해야 하지 않을까?" 하지만 특별히 로봇에게 시킬 일이 없었기 때문에, 그냥 우리가 늘 하던 일을 로봇에게 시키기로 했다. 그래서 로봇은 해커봇이 되었다.

해커봇은 바퀴 달린 채 돌아다니며 근처의 와이파이 사용자를 찾아내고, 그들의 비밀번호를 화면에 띄워 보여주는 로봇이었다. 우리가 평소 노트북으로 하던 일이었지만, 노트북으로 하면 왠지 수상해 보였다. 그런데 로봇이 하니까 사람들은 귀엽다고 했다. 해커봇은 이상하게 '사랑스러운 불량함'을 풍겼다. 우리는 해커봇을 데리고 데프콘, 카오스 컴퓨터 콩그레스, 투어콘, 슈무콘 같은 해커 컨퍼런스를 돌았다. 하지만 내가 가장 즐거웠던 순간은 해커를 처음 만난 일반 사람들에게 해커봇을 보여줄 때였다. 자기 비밀번호가 로봇 화면에 뜨는 걸 보는 순간, 사람들은 경악하면서도 웃었다. 그건 뜻밖에도 아주 훌륭한 '아이스브레이커(어색한 분위기를 풀고 대화를 시작하게 해주는 계기)', 즉 대화의 시작이었다. 그 덕분에 나는 온갖 사람과 친구할 수 있었다.

우리는 수년 동안 와이파이 보안의 허술함에 경고를 울리려 애써왔다. 내 몇몇 친구들은 에어스노트(AirSnort: 와이파이 암호를 자동으로 해독하는 툴)라는 프로그램을 만들어 와이파이 암호화를 뚫을 수 있게 했다. 하지만 세상 사람들은 관심이 없었다. 해커들은 모든 것이 깨져 있고 위험하다는 걸 알고 있었지만, 대부분의 사람은 그걸 이해하지 못하거나, 아예 신경 쓰지 않았다. 그렇게 몇 년을 외쳐도 아무도 듣지 않았다. 그런데 해커봇은 달랐다. 사람들의 시선을 사로잡았다. 보안 문제를 재밌고 '보도할 만한 일'로 만든 것이다.

다른 사람들에게는 당연했을지도 모르지만, 우리는 그제야 깨달았다. 우리가 기술에 대한 이야기를 전할 때, 아무도 관심을 기울이지 않을 방식으로 하고 있었다는 것을. 사람들은 그 사악하지만 귀여운 해커봇을 정말 좋아했다. 그리고 우리는 마침내, 어린 시절의 꿈 '진짜 로봇을 만드는 꿈'을 이뤘다.

### 알래스카주의 새

다음은 하나의 프로토콜(시스템 간 통신 규칙과 절차) 도표다.

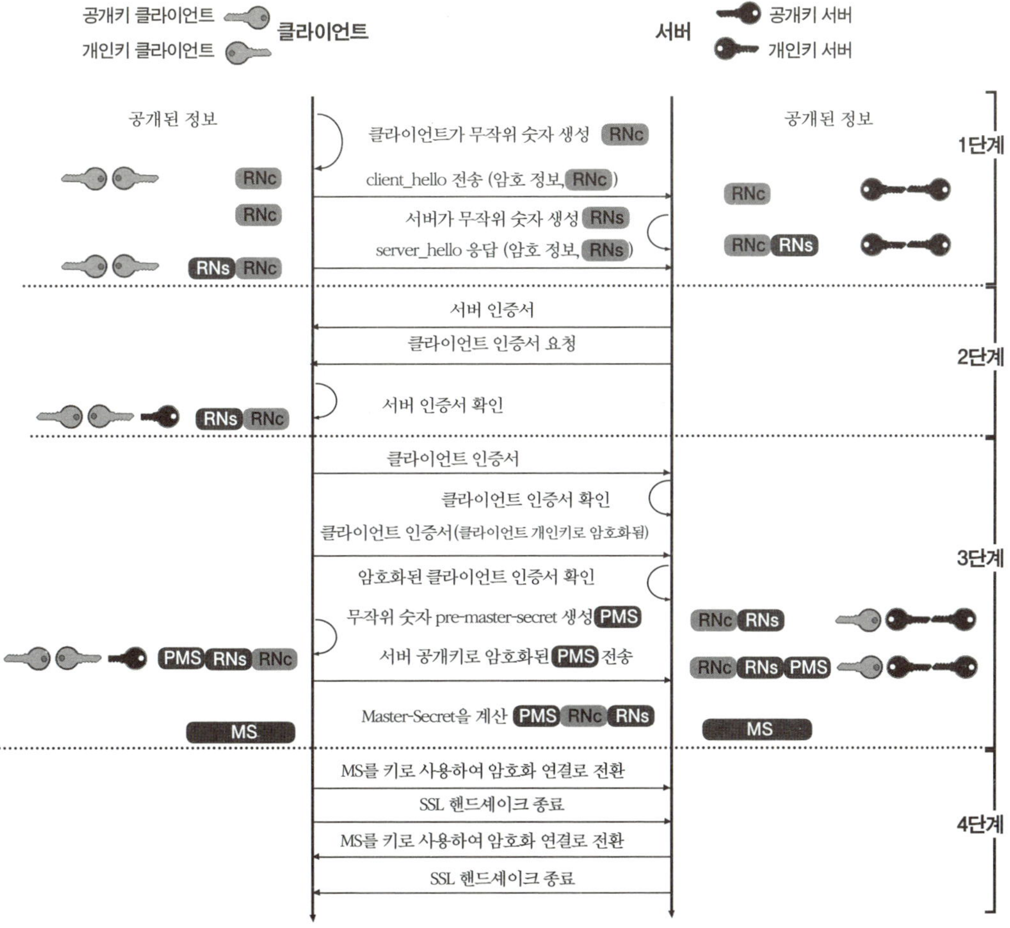


크리스티안 프리드리히(Christian Friedrich)의 SSL 프로토콜(웹과 서버 간 암호화 통신 규칙) 도식.

이건 SSL(Secure Sockets Layer) 프로토콜, 즉 웹브라우저에서 비밀번호와 신용카드 번호를 안전하게 지키는 암호화 시스템이다. 걱정 마라, 이걸 전부 설명하려는 건 아니다. 머릿속에 복잡하고 여러 단계로 이루어진 도식 하나만 떠올리면 된다. 해커가 하는 일은 이런 프로토콜의 모든 지점을 하나하나 공격하는 것이다.

웹브라우저 같은 것을 만들 때는 단지 사람들이 잘 쓰게 만드는 데 집중한다. 해커들이 무슨 괴상한 짓을 할지 일일이 생각할 시간이 없다. 예를 들어 내가 '미래의 날짜'라는 형식이 잘못된 값을 보낸다면 어떻게 될까? 또는 1대신 0을 보내면 어떻게 될까? 아마 시스템은 깨질 것이다. 내가 그것을 깨뜨릴 수 있다면, 그 과정에서 아마도 너의 비밀번호나 신용카드 번호까지 얻어낼 수 있을 것이다.

이건 말라리아를 옮기는 암컷 아노펠레스 모기다.

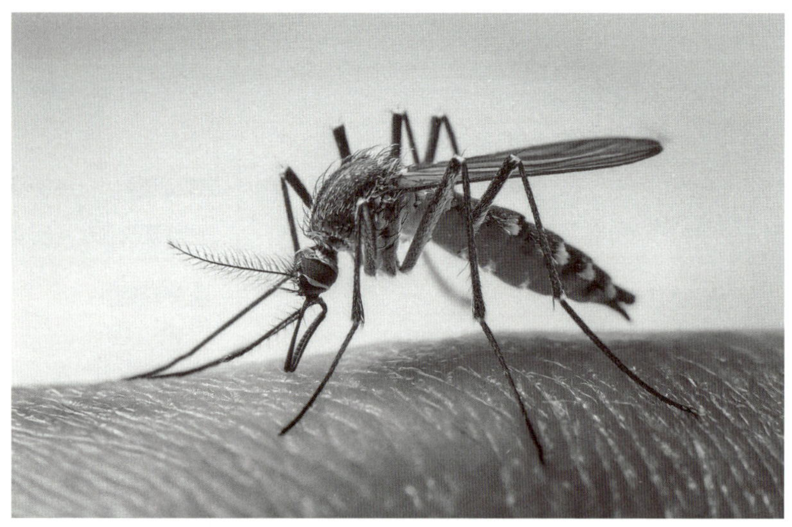

아노펠레스 모기(Anopheles mosquito).

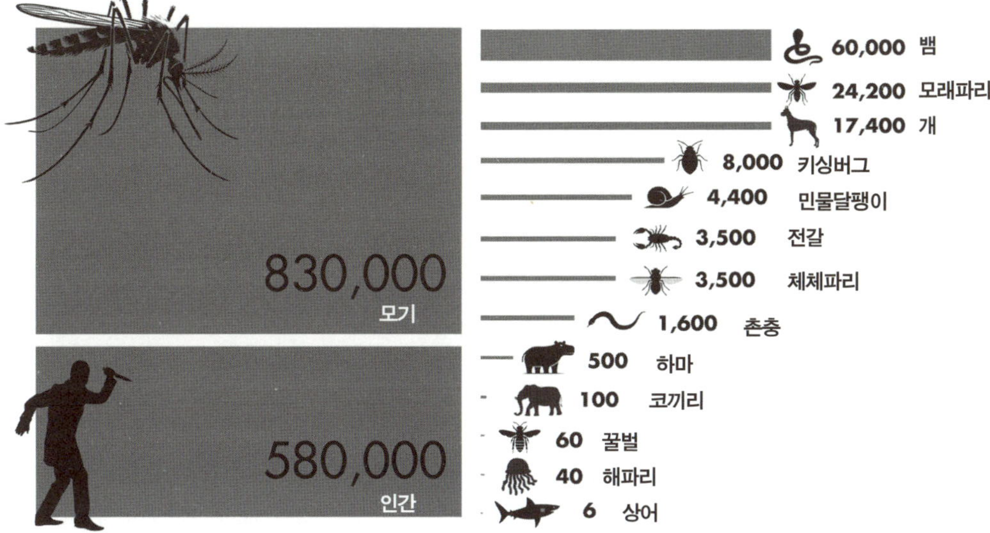


출처:보건계량·평가연구소IHME, 세계보건기구WHO, 크록바이트CrocBITE, 유엔식량농업기구FAO, 노르웨이 자연연구소Norwegian Institute for Nature Research, 국제 상어 공격 데이터베이스International Shark Attack File, 내셔널 지오그래픽National Geographic, 미국 공영방송 PBS, 미국 국립과학재단National Science Foundation, 미국 질병통제예방센터CDC, 세계자연기금WWF, 「야생 및 환경 의학」 저널Wilderness & Environmental Medicine, 네이처:국제 과학 학술지Nature, 프랑스 개발연구소French Institute of Research for Development, 모든 수치는 넓은 오차 범위가 있음을 명시.

세계에서 가장 치명적인 동물들과, 이들에 의해 매년 사망하는 사람 수.
게이츠 노츠(Gates Notes)에서 발췌·각색한 그래픽.

뱀도 아니고, 상어도 아니고, 거미도 아니다. 사실 진짜 조심해야 할 건 인간이다. 인간은 매년 수많은 사람을 죽인다. 그런데도 과학자들은 여전히 그 이유를 완전히 밝혀내지 못했다. 말라리아는 매년 거의 백만 명의 목숨을 앗아가며, 그 절반은 기회조차 가져보지 못한 만 5세 이하의 아이들이다. 모든 사망은 적도 이남, 사하라 이남 아프리카와 동남아시아에서 일어난다.

아래는 말라리아 프로토콜 다이어그램이다.

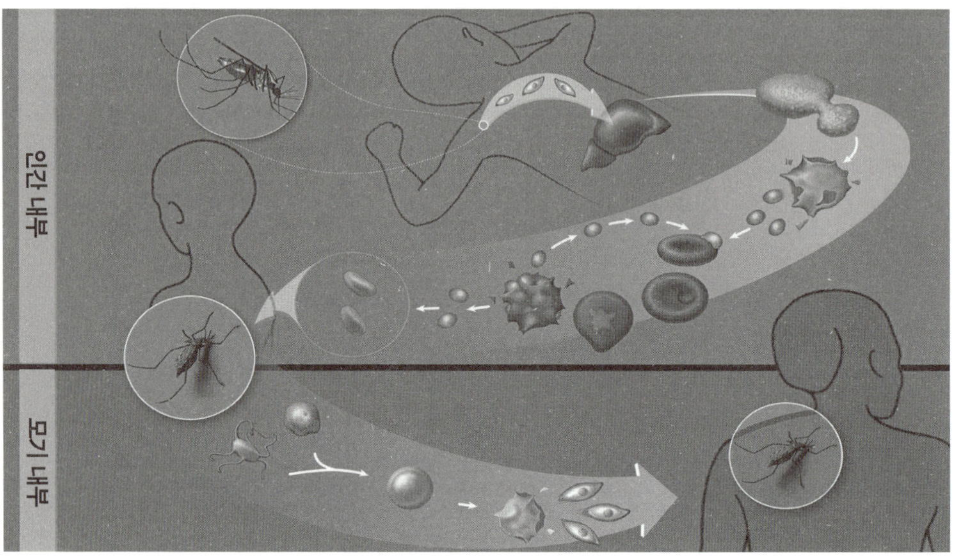


인텔렉추얼 벤처스(Intellectual Ventures)의 말라리아 프로토콜 도표.

말라리아는 숙주를 옮겨 다닌다. 삶의 일부는 인간 몸속에서, 또 일부는 모기 몸속에서 이어진다. 하지만 우리는 여전히 그 복잡한 순환 구조를 완전히 이해하지 못했다. 그래서 인텔렉추얼 벤처스 랩(Intellectual Ventures Lab)에서는 해커들을 고용했다. 그들이 하듯이, 이 질병의 모든 '프로토콜(감염 과정의 단계)'을 하나하나 공격해 보려는 것이다. 우리는 반드시, 우리 세대 안에 말라리아를 영원히 없앨 것이다. 지침서를 읽어서가 아니다. 그런 건 애초에 존재하지 않으니까.

한때 미국과 남유럽에도 말라리아가 있었다. 하지만 우리는 그곳에서 이 병을 완전히 없애는 데 성공했다. 방법은 단순했다. 살충제를 뿌려서 모든 생물을 죽이는 것. 효과는 있었지만, 그 대가도 컸다.

다음은 1947년 실제 광고다.

DDT에 걸었던 큰 기대는 현실이 되었습니다. 1946년 동안의 철저한 과학적 실험은, 올바르게 사용할 경우 DDT가 수많은 파괴적인 해충을 죽이고 인류 전체에 이익을 준다는 사실을 보여주었습니다. 펜솔트는 모든 표준 형태의 DDT와 그 제품을 생산하며, 이제 이 놀라운 살충제를 가장 많이 생산하는 회사 중 하나가 되었습니다. 오늘날 누구나 펜솔트 DDT 제품의 살충력을 통해 더 큰 안락함, 건강, 안전을 누릴 수 있습니다. 그리고 DDT는 산업, 농업, 가정에 이익을 주는 펜솔트의 많은 화학제품 중 하나일 뿐입니다.

**소에게 좋습니다** 오늘날 소고기는 더 크고 고기질이 좋아졌습니다. 과학적으로 입증된 사실에 따르면, 치료받지 않은 소에 비해, 소는 뿔파리와 기타 해충으로부터 DDT 살충제로 보호받을 때 50파운드나 더 무게가 나갑니다.

**가정에 좋습니다.** 더 건강하고 편안한 가정을 만드는 데 도움을 줍니다. 가족을 위험한 해충으로부터 보호하세요. Knox-Out DDT 분말과 스프레이를 지시에 따라 사용하고 벌레들이 "먼지를 물어뜯는" 걸 지켜보세요!

**낙농업에 좋습니다.** 우유는 20% 더, 버터는 더 많이, 치즈도 더 많이 DDT 살충제 Knox-Out Stock and Barn Spray로 젖소를 다양한 해충으로부터 보호하면 젖 생산량이 증가한다는 시험 결과가 있습니다.

**과일에 좋습니다.** 더 크고 더 즙이 많은 사과, 못생긴 벌레가 파먹지 않은 과일들 모두 DDT 분말과 스프레이 덕분입니다.

**곡물 작물에 좋습니다.** 에이커당 감자 25배럴 더 실제 DDT 실험은 감자 수확량을 높이는 것으로 나타났습니다! DDT 분말과 스프레이는 농부들에게 이런 이익을 가져다주고, 여러분에게도 전달됩니다.

**산업에 좋습니다.** 식품 가공 공장, 세탁소, 드라이클리닝 공장, 호텔 등 수많은 산업이 펜솔트 DDT 제품으로 해충을 효과적으로 통제하고, 더 쾌적한 근무 환경을 제공합니다.



펜솔트의 DDT 광고.

지금 아이들에게 "DDT는 나에게 좋아요" 같은 노래를 가르치는 건, 당신의 자연식·유기농 라이프스타일과는 전혀 어울리지 않을지도 모른다. 하지만 냉정히 말하면, 그 살충제가 없었다면 지금의 우리조차 존재하지 않았을지도 모른다. 문제는, 그 시절 흥겨운 노래처럼 단순한 방법으로는 오늘날 아프리카 전역에서 벌어지고 있는 거대한 전염병의 규모를 해결할 수 없다는 것이다. 이제는 새로운 무기를 발명해야 한다. 빌 게이츠가 인텔렉추얼 벤처스 랩(Intellectual Ventures Lab)에 찾아와 "말라리아를 퇴치할 새로운 방법을 발명해 보자"고 제안했다. 그래서 우리는 '말라리아 발명 세션'을 열었다. 준비를 위해, 말라리아 관련 연구 자료 수천 쪽을 모았다. 회의가 있는 날, 빌 게이츠가 등장했다. 그는 두꺼운 서류철(약 10cm 두께)을 들고 있었고, 그 안에는 온통 형광펜과 포스트잇으로 덮인 메모가 가득했다. 그는 그 방대한 자료를 전부 읽었다. 그리고 수십 가지 질문을 준비해 왔다. 빌은 놀라울 만큼 총명하고, 박식하며, 유머 감각이 뛰어나고, 내가 아는 그 어떤 사람보다 '공부를 철저히 하는 사람'이었다. 밈들이 전혀 전하지 못하는 그의 진짜 모습이다.

## 레이저는 멋지다

발명가라면 누구나 한 번쯤은 이렇게 생각한다. "레이저로 해결할 수 있으면 얼마나 멋질까."

레이저는 언제나 근사하니까. 그래서 우리는 농담처럼 말했다. "만약 그 모기들을 찾아내서, 레이저로 쏴서 없앨 수 있다면 어떨까?" 다들 웃었지만, 그 자리에 있던 한 발명가가 이렇게 말했다. "그

건 이미 가능하다는 게 증명됐어요." 그는 1980년대 레이건 대통령 시절의 '스타워즈 계획' 프로젝트에 참여했던 사람으로, 그들은 우주에서 미사일을 요격하는 기술을 연구하는 데 수십억 달러를 쏟아부었다고 했다. 그의 말이 이어졌다.

"모기는 미사일보다 훨씬 크고, 훨씬 쉽게 맞출 수 있습니다."

우리는 에릭 요한슨을 고용해 이걸 만드는 방법을 연구하게 했다. 우리 모두 이베이에서 괴상한 물건을 잘 사는 편이었는데, 에릭은 몇 번 큰 사고를 쳤다. 어느 날 그는 수직 밀링기를 사려다가, 그만 뉴저지의 '크리스티'라는 조랑말(가격 2,500달러)을 경매에서 실수로 낙찰 받은 적도 있었다. 어쨌든, 에릭은 레이저 프린터를 사서 분해했고, 그 안에서 갈바노미터를 꺼냈다. 그건 레이저 빔의 방향을 조정하는 핵심 부품이다. 그는 또 플레이스테이션 칩과 웹캠 하나, 그리고 덕트테이프를 가져다 모든 걸 한데 붙여버렸다. 불과 6주 만에, 그는 움직임 감지 알고리즘으로 살아 있는 모기의 움직임을 추적하는 장치를 만들어냈다.

움직이는 대상을 추적할 수 있게 되자, 이제 레이저로 그 목표를 겨냥할 수 있게 되었다. 아마도 고양이를 놀리려고 만든 레이저 포인터를 사용했던 것 같다. 모기의 날개는 레이저 빛을 깜빡이게 만들고, 이것이 모기를 다른 곤충과 구분하는 요령이었다. 날아다니는 벌레마다 날갯짓 주파수가 다르다. 사실 주파수는 너무 뚜렷해서, 모기의 종과 성별까지 구별할 수 있다.

어쨌든, 이 모든 과정을 마치면 암컷 아노펠레스 모기를 확실히 식별할 수 있다. 말라리아를 옮길 수 있는 건 바로 그것이다. 그러면 그냥 치명적인 레이저로 쏴 버리면 된다. 피융, 피융, 피융!

우리는 수컷 모기는 쏘지 않는다. 전력도 아끼지만, 진짜 이유는 그들이 말라리아를 옮기지 않기 때문이다. 그들은 사람을 물지도 않는다. 피는 모기의 먹이가 아니다. 암컷 모기가 번식에 사용하는 것이다. 말라리아 기생충은 피를 매개로 우리 사이를 오간다. 이는 사람에게 끔찍할 뿐 아니라, 동물에게도 나쁘다. 사실 모기에도 나쁘지만, 아무도 신경 쓰지 않는다. 모기는 동물의 먹이 공급량에서도 5%를 넘지 않기 때문에, 전부 죽인다 해도 큰 문제가 없을 것이다. 그러나 목표는 모기를 없애는 게 아니라, 말라리아 기생충을 박멸하는 것이다. 우리는 가능한 한 정밀한 방법으로 접근한다. 레이저를 쏘기 전, 개별 곤충의 생물학적 가치를 계산한 뒤 발사하는 것. 이건 말 그대로, 수학적 윤리와 과학적 정확성이 결합된 사냥이다.

하지만 한 가지 위험이 있었다. 사람은 센서로 쉽게 구별할 수 있어 근처에 있으면 발사되지 않도록 할 수 있지만, 문제는 반사였다. 레이저가 물체에 부딪혀 튀거나, 빗방울에 반사되어도 사람 눈을 맞힐 수 있다는 점이다. 우리는 이 발명품을 '광자 울타리'라 불렀다. 이 장치를 병원이나 마을, 사람들이 많이 모인 곳을 둘러싸듯 100미터 간격으로 울타리처럼 세워, 그 경계를 넘으려는 모기들을 레이저로 쏘아 없애려는 구상이었다. 쉽게 말해, 사람이 사는 공간을 둘러싸는 보이지 않는 광선 울타리다. 모기는 이 경계를 넘지 못하고, 사람들은 모기와 그로 인한 질병으로부터 안전해질 수 있다.

기계를 테스트하기 위해 우리는 연구소 안에 곤충 사육실을 만들었다. 즉, 수천 마리의 모기를 직접 기를 수 있는 밀폐된 공간이었다. 우리가 그 기계를 무대에서 실시간으로 시연한 건 단 한 번, 2010년 TED 콘퍼런스에서였다. 아주 복잡한 시연이었다. 우리는 다른 종류의 모기에는 한 번도 실험해 본 적이 없었기 때문에, 팀원 몇 명이 롱비치의 호텔에 일주일쯤 머물며 시연용 모기를 키웠다. 그런데 어쩌다 보니 그중 한 명이 에릭의 방에 약 1만 마리의 모기를 풀어버린 것이다. 에릭과 나는 오래 함께 일하며 아주 좋은 관계를 유지하고 있었지만, 가끔은 내가 '중요한 일'을 떠맡아야 했다. 이번 시연에서 내 역할은 시애틀 연구소에서 예비 모기를 챙겨 네이선 머이볼드의 전용기를 타고 롱비치로 가져오는 일이었다.

연구소에서 우리가 특별히 집착하던 분야 중 하나는 촬영 기술이었다. 우리는 어떤 규모의 사물이라도 찍을 수 있는 카메라를 원했다. 그래서 각종 현미경은 물론, 주사전자현미경(SEM)까지 구비해 두었다. 이건 정말 놀라운 장비다. 시료를 금으로 코팅하고, 진공 상태로 만든 뒤 전자빔을 쏘면 눈에 보이지 않을 정도로 미세한 세계를 초고해상도로 찍을 수 있다.

다음은 모기 물림이 어떻게 생기는지 보여주는 장면이다.

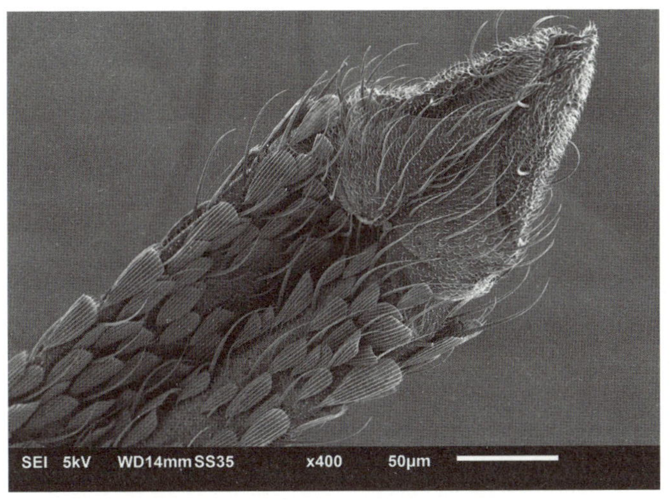


주디타 둘닉이 촬영한 모기 주둥이(흡혈침)의 주사전자현미경(SEM) 이미지.

그래, 저 '주둥이'라는 것을 우리 살갗에 바로 꽂아 넣는 거다. 사람들이 모기를 싫어하는 게 당연하다. 우리는 또 초고속 카메라 '팬텀'도 가지고 있었다. 이건 초당 백만 프레임을 촬영할 수 있는 카메라였다. 나는 그것을 '시간을 위한 현미경'이라고 불렀다. 순식간에 일어나는 일을 촬영해, 슬로모션으로 되돌려 볼 수 있었기 때문이다. TED 무대의 하이라이트 장면은 바로 이것이었다. 레이저로 모기를 격추시키는 초고속 영상. [MOSQUITO-LASER] 정말 한 번 봐야 한다. 솔직히 말하자면, 이건 너무 통쾌한 작업이었다.

알래스카 모기는 너무 커서 알래스카의 공식 주 조류(state bird)로 불릴 정도다. 녀석들은 내 피를 응급실에 비축할 만큼 빼앗아 갔다. 맞다, 나한텐 복수심이 있다. 이 레이저를 내 머리에 장착하고 싶을 정도다. 하지만 그런 감정은 중요하지 않다.

그렇다면 왜 너희 집 뒷마당에는 모기 레이저가 없을까? 에릭이 한동안 작업했고, 나중에는 다른 사람들도 고용해서 개발을 이어갔다. 우리는 처음부터 아프리카에서 쓰기에는 너무 비쌀 거라는 걸 알았다. 하지만 무어의 법칙(컴퓨터와 전자 장치의 성능은 2년마다 두 배로 좋아지고 가격은 더 싸진다는 법칙)을 신봉하는 우리로서는 시간이 지나면 값이 싸질 거라 생각했다. 그 예측은 대부분 맞았다. 단 하나를 제외하고. 레이저였다. 모기를 죽일 만큼 강력하면서도 사람의 눈을 해치지 않는 파장을 가진 레이저는 여전히 값이 비쌌다. 결국, 경제적으로 현실화하기엔 너무 비싼 장치가 되어버렸다. 그래서 우리는 이 기술을 아프리카의 말라리아 퇴치 현장에 적용하지 못했다. 지금도 나는 이런 말을 한다. "강력하면서도 저렴하고, 눈에 안전한 레이저를 발명할 수 있는 사람을 안다면 꼭 소개해 달라."

## 상상력을 실험하는 기술의 놀이터

2002년쯤, 에릭은 시애틀 산업 지구의 한 상가 건물로 이사했다. 그 건물은 우리가 블루 오리진을 시작했던 곳 바로 맞은편에 있었다. 우리는 그곳을 온갖 도구들로 채웠다. 각종 기계 장비, 납땜용 작업대, 잡다한 전자부품이 가득한 선반, 케이블과 온갖 종류의 동글(작은 연결기기나 확장 장치 전반을 가리키는 말)이 담긴 상자들. 말하자면 '너드를 위한 작업 동굴'이었다. 우리는 해커 친구들을 초대해, 여가 시간에 아무 프로젝트나 함께 만들어보자며 모였다. 당시엔 몰랐지만, 에릭은 의도치 않게 오늘날 '해커 스페이스' 혹은 '메이커 스페이스'라고 불리는 개념의 시초를 만든 셈이었다. 우리는 그것을 해커봇 랩(Hackerbot Lab)이라 불렀다.

이곳은 아름다운 괴짜 공동체로 발전했다. 대부분은 지금껏 물리적으로 움직이는 무언가를 만들어본 적 없는 소프트웨어 너드들이었다. 그 무렵은 하드웨어의 어려움이 점점 사라지던 시기였다. 아두이노(Arduino)[20] 같은 프로젝트가 세상의 모든 것을 소프트웨어로 제어되는 레고 블록처럼 바꿔놓고 있었다. 센서, 모터, 온도조절기, 심지어 전동 칫솔까지, 웹페이지에 '지금 구매' 버튼 하나 다는 수준의 기술로 제어할 수 있게 된 것이다. 실제로 우리는 그렇게 했다. 어느 날은 초음파 기계를 스카이프에 연결해 인터넷으로 DIY 초

---

20    아두이노는 해킹(개조·실험)을 위해 만들어진 작고 저렴한 오픈소스 컴퓨터다. [ARDUINO]

음파 진단 영상을(자가 진단용 초음파 영상) 스트리밍하기도 했다. 그후 얼마 지나지 않아, 나는 세 명의 여성이 서로 다른 인공염색 머리를 한 채, 아프리카 여성들을 위한 초음파 장치를 만들기 위해 어떤 마이크로컨트롤러를 써야 할지를 두고 열띤 논쟁을 벌이는 장면을 보았다.

우리는 붙이는 이온도입 패드를 한 무더기 구해서 서로에게 전류를 흘려보내기 시작했다. 고전압이지만 저전류의 전기였다. 전류량이 적어도 통증은 충분히 느낄 수 있었다. 하지만 놀랍게도, 그 자극을 쾌감으로 느끼는 마조히스트도 있다는 걸 알게 되었다. 에릭은 이베이에서 바이올렛 완드(Violet Wand: 고전압 저전류로 피부에 전기 자극을 주는 장치)를 샀는데, 이건 직접 검색해 보길 바란다. 에이더라는 여성은 고전압 전류를 이용해 나무 위에 섬세한 무늬를 새기는 방법을 고안해냈다. [ETCHING]

레이저는 늘 큰 주제였고, 클수록 더 좋았다. 에릭은 거대한 YAG 레이저(산업·의료용으로 쓰이는 고출력 레이저)를 구했는데, 작동에는 엄청난 전력이 필요했다. 전원 공급 장치를 식히기 위해 임시 온수 욕조가 밖에 설치되었는데, 사실상 파란 천막을 덕트테이프와 케이블 타이로 붙여놓은 수준이었다. 에릭은 RGB 레이저 프로젝터(빨강·초록·파랑 레이저를 조합해 그림이나 영상을 투사하는 장치)를 만들어 건물에 포토닉 그래피티(빛으로 그린 낙서)를 할 수 있었다. 당시에는 충격적인 발상이었지만 곧 흔해졌다. 누구나 레이저 프로젝터를 살 수 있었으니까. 그래서 이번엔 이베이에서 값싼 레이저 프로젝터들을 사들였고, 나는 그것을 이제 '3Bay'라고 불렀다. 이들 프로젝터는 강력한 블루 레이저의 저렴한 공급원이었고, 에릭은 레이저 24개를 묶어 뒷면에 거대한 방열판을 달았다. 전원을 켜면, 그것은 라스베이거스의 룩소르 호텔을 능가하는 푸른 빔을 하늘로 쏘아 올렸다. 우리는 그것을 유르트(yurt: 몽골식 천막집)에 설치해 밤하늘을 밝게 비췄다. [BLUE-LASER] 정말 아름다웠다.

우리는 또 다른 수집광 해커의 집에게 거대한 축전기 몇 개를 구했다. 그의 아내가 짐을 치우라고 했기 때문이다. 롭 플리킹거는 그것들로 몇 마일 위로 야구공을 쏠 수 있을 만큼 에너지를 방출할 수 있다고 계산했다. 하지만 야구는 너드들에게 전혀 흥미롭지 않았다. 에릭은 한때 시애틀 매리너스 구장에 감자를 쏘아 올리려는 터무니없는 대형 감자포를 만든 적이 있다. 그래서 이번엔, 야구 대신 '전기를 폭발시키는 장치'를 만들었다. 거대한 구리 코일에 '헬라줄(hellajoule: 엄청난 양의 에너지를 가리키는 비공식 표현)' 단위의 에너지를 한꺼번에 주입하는 장치였다. 결과는 마치 대포 같았다. 작동할 때마다 코일은 대부분 증발하며 금속 파편을 사방으로 튀겼다. 그래서 롭은 그것을 담을 두께 2인치의 HDPE(고밀도 폴리에틸렌) 방탄 상자를 제작했다.

하지만 진짜 흥미로운 부분은 이거였다. 코일 안에 25센트짜리 동전을 넣으면 자기장이 동전을 10센트 동전 크기까지 줄일 만큼 강력하다는 것이다. 맞다, '쿼터 슈링커(Quarter Shrinker: 강력한 자기장으로 동전을 수축시키는 장치)'였다. [QUARTER-SHRINKER]

물론, 실질적인 쓸모는 전혀 없었다. 하지만 그건 세상에서 가장 멋진 쓸모없는 발명품이었다. 게다가 우리는 연구소에서 쓰던 팬텀 고속 카메라가 있었기 때문에 초당 백만 프레임으로 촬영할 수 있었고, 덕분에 35마이크로초 동안 일어나는 동전이 줄어드는 장면을 직접 볼 수 있었다. 아마 세계에서 유일하게, 동전이 줄어드는 영상을 찍은 사람은 우리일 것이다. 이쯤 되면 감이 올 거다. 이들은 당신 회사의 IT 부서에서 일하는 평범한 너드들과는 전혀 다르다.

## 라돈 로보틱스

에릭은 세계를 혼자서 항해하는 배를 만들어보면 멋질 것 같다고 생각했다. 기술적으로는 충분히 가능한 일이었지만, 아직 아무도 해낸 적은 없었다. 피어스 니컬스가 이 프로젝트에 참여했는데, 그는 본업으로 비슷한 자율항공기 개발을 하고 있었다. 전자장치를 설계하는 일도 쉽지 않은데, 그것을 바다에 띄워 테스트해야 한다면 그건 거의 인내심의 극한 도전이었다. 바닷물은 반드시 틈새를 찾아 들어와 모든 것을 망가뜨리기 때문이다.

몇 년간 친구들과 밤과 주말을 바친 끝에, 그들은 스스로 항해할 수 있는 작은 보트를 완성했다. 그러나 그 사이에 이미 다른 팀이 지구 일주에 성공했다. 그래도 피어스는 포기하지 않았다. 그는 나에게 와서 회사를 세우려 한다며, 딥퓨처 펀드(Deep Future Fund)가 투자할 수 있겠냐고 물었다. 나는 우리가 그런 투자를 하진 않겠지만, 얘기는 들어주겠다고 했다. 솔직히 말하면, 그 아이디어가 마음에 들지 않았다. 바다에 던지는 모든 것은 결국 망가지기 때문이다. 하지만 피어스의 다음 말이 내 생각을 바꿨다.

그는 "대양을 스스로 건너는 화물선"을 만들고 싶다고 했다. 나는 자율주행 자동차의 발전을 모두 봤기에, 배에서 자율주행이 가능한 건 확신했다. 바다는 도로보다 부딪힐 게 훨씬 적고, 심지어 보행자도 단 한 명만 기록되어 있다. 항해 자체는 가능하다는 걸 알고 있었다. 500년 전 메이플라워호도 했으니까. 나는 배가 비싸다고 불평했지만, 피어스는 배는 늘 만들어지고, 자기 배는 그렇게 비싸지도 않을 거라고 했다. 연료가 필요 없기 때문이다.

나는 화물선이 연료탱크를 두 개 가지고 있다는 걸 몰랐다. 첫 번째는 트럭에 넣는 것과 비슷한 정제 연료다. 트럭 연료처럼 깔끔하게 탄다. 하지만 배가 지평선 너머로 사라져 국제 해역으로 나가면, 바로 두 번째 탱크로 바꾼다. 거기엔 지독한 벙커유가 들어 있다. 사실상 액체 석탄이다. 탄소 배출 효율(?)이 최고로 나쁘게 설계된 연료다. 배는 검은 연기를 뿜기 시작한다. 하지만 아무도 보지 않으면, 숲속에서 나무가 쓰러질 때 소리가 나지 않는 것과 같은 이치 아닌가?

화물선 운송은 매년 전 세계 $CO_2$ 배출량의 3% 이상을 차지한다.[21] 항공 여행과 비슷하다.[22] 피어스가 구상한 화물선은 스스로 항해한다. 그냥 앞부분에 테슬라 자동차를 붙여놓은 것처럼 말이다. 배에는 배터리가 달려 있어 무풍지대를 지나가거나 접안할 때 동력을 쓸 수 있다. 이 배터리는 태양광 패널로 충전하거나, 바람이 많이 불 때는 프로펠러를 끌어서 발전하기도 한다. 아마 법적 책임 문제 때문에 조종실에 한 명 정도는 앉혀야 할 거다. 그는 바다를 건너는

---

**21**　OECD: 새로운 추정치는 전 세계 해운에서 발생하는 $CO_2$ 배출에 대한 통찰을 제공한다. [OECD-SHIPPING]

**22**　ESI: 상업용 항공에서 배출되는 온실가스 증가. [EESI-GHG]

동안 비디오게임이나 하게 두면 된다. 해적이 인질로 잡아 배를 빼앗으려 하면, 화염방사기를 장착한 드론이 무인 선박을 방어할 수도 있다!

나는 걱정했다. "해운업은 러시아, 그리스, 중국의 몇몇 거대 세력이 장악하고 있는데, 그들이 가만있을까?" 우리는 웃으며, "그래, 피어스는 아마 암살당할 거야. 그래도 그만한 가치가 있지"라고 말했다. 그 순간, 나도 확신이 생겼다. 그래서 우리는 그의 회사, 라돈 로보틱스에 투자했다. [LADON]

배 한 척의 평생 지출 중 6분의 5는 연료비다. 말 그대로 이 업계는 운영비용의 대부분을 불태우고 있는 셈이다. 선박 업계 사람들과 이 문제를 이야기해 보면, 꼭 2008년에 택시 회사 사람들과 스마트폰 이야기를 하는 것 같은 기분이 든다. 세상 어느 택시 회사라도 아이폰 앱을 만들 수 있었지만, 결국 아무도 하지 않았다.

그렇다면 첫 번째 라돈 로보틱스 선박이 출항하는 날, 우리는 그걸 머스크 같은 글로벌 해운사에 팔아야 할까? 아니면 아예 새로운 머스크를 우리가 직접 만들어야 할까? 실리콘밸리에서는 기존 산업을 고치는 게 아니라, 스타트업으로 아예 갈아치운다.


## 포 콤마 클럽 (FOUR COMMA CLUB)

모든 와이 콤비네이터(Y Combinator: 미국 실리콘밸리에서 가장 유명한 스타트업 지원 프로그램) 출신 SaaS(Software as a Service: 서비스형 소프트웨어)창업자들은 자기 사업 소개 자료에 항상 SAM(Serviceable Available Market: 서비스 가능 시장), SOM(Serviceable Obtainable Market:

실현 가능 시장), TAM(Total Addressable Market: 총 시장), 같은 시장 규
모 슬라이드를 넣는다. 거기엔 자기 제품과 비슷한 것들에 수십억
달러가 쓰이고 있다는 내용이 적혀 있지만, 그냥 유행어만 덜어내면
다 똑같다. 구글, 페이스북, 마이크로소프트, 휘리(Hooli), 그리고 온
갖 비트를 밀고 당기고 이리저리 조작해서 돈을 버는 수천 개의 회
사를 전부 합쳐도, 소프트웨어 산업 전체의 연간 수익은 대략 2조
달러 정도다.[23]

세계 해운업의 연간 규모도 약 2조 달러다. 내구재-피규어, 욕
조, 정원 장식품, 당신이 당연히 여기는 모든 물건-약 4조 달러 규
모다. 식품과 자동차는 각각 4조 달러다. 건설은 8조 달러. 에너지는
지구상 최대 시장으로 약 15조 달러다.

세계 GDP는 100조 달러다.[24] 그리고 그 대부분은 아직 실리콘
밸리 손길이 닿지 않았다.

바로 딥테크가 재창조해야 할 산업들이다.

포 콤마 클럽(Four Comma Club)에 합류하라.

## $100,000,000,000,000

스스로에게 물어보라. 100년 뒤에도 우리는 여전히 석유를 태

---

[23] 지원, 컨설팅 등 소프트웨어 산업 복합체까지 포함하면 5조 달러 규모에 이를 수 있다.

[24] GDP는 매출과 정확히 같지는 않지만, 비교는 대체로 타당하다.

위 해피밀 장난감을 중국에서 로스앤젤레스 항구로 운반할까?[25]아
니면 배들이 스스로 항해하게 될까? 지구를 거대한 풍차로 만들고,
각 배를 날개로 삼을 수 있지 않을까?[26] 그걸 10년 안에 할 수 있지
않을까?

## 반복

소프트웨어는 세상을 집어삼키고 있지만, 세상은 소프트웨어
를 먹을 수 없다. 이제는 우리가 컴퓨터에서 얻은 모든 초능력을 세
상의 가장 큰 문제에 투사해야 할 때다. 실리콘밸리의 통념은 하
드웨어는 어렵다는 것이다. 그래서 하드웨어라고 불리는 거다. 경
험 법칙에 따르면 10배는 더 어렵고, 그걸 하겠다고 나서는 사람
은 멍청이로 여겨졌다. 그래서 큐캣(CueCat), 준(Zune), 구글 글래스
(Google Glass), 주세로(Juicero) 같은 제품은 실패의 상징처럼 회자된
다. 하지만 핏빗(Fitbit), 네스트(Nest), 고프로(GoPro)는 어떤가? 엔비
디아(NVIDIA), 테슬라(Tesla), 스타십(Starship)은 어떤가? 벤처캐피
털(VC)들은 여전히 "하드웨어는 어렵다"고 말하며 투자를 주저한다.
그 말이 틀린 것도 아니다. 확실히 어렵다. 하지만 무언가가 달라졌
다.

1980년대, 소프트웨어를 만든다는 건 정말로 힘든 일이었다.

---

25 태워지는 석유의 절반은 지구 곳곳에 석유와 가스를 운반하기 위해 쓰인다. 마린트래픽의 선박 실
시간 화면을 보면 이를 한눈에 알 수 있다. [MARINE-TRAFFIC] 초록색 아이콘은 화물선, 빨간색 아이콘
은 유조선을 뜻한다.

26 내 팟캐스트에서 조지 다이슨이 자율 항해 선박을 묘사하는 인상적인 대화를 들어보라. [GEORGE-
DYSON]

진짜 컴퓨터 너드여야 했다. 16진법(헥사데시멀)에 능통하고, 코어 덤프(core dump)를 분석하며 비트를 하나하나 뒤집을 줄 알아야 했다. 아이디어를 떠올리고, 침대에서 굴러 일어나, 1년 반 동안 코드를 작성한 뒤, 그걸 플로피 디스크에 담아, 비닐 포장된 상자에 넣고 팔았다. 그게 바로 '앱스토어'였다. 사람들은 당신의 앱을 사려고 컴퓨터랜드나 컴퓨USA까지 운전해 가야 했다. 우리는 신발·선글라스·자동차처럼 18개월짜리 제품 개발 주기와 똑같은 리듬으로 소프트웨어를 만들었다.

상자 안에는 엽서 한 장이 들어 있었다. 사용자는 거기에 연필로 버그를 적고, 우표를 붙여 마이크로소프트나 애플, 어도비로 보냈다. 1년쯤 지나면, 다시 매장에 가서 버그가 수정된 2.0 버전을 살 수 있었다.

지금은 그렇지 않다. 요즘은 무엇인가를 떠올리고, 침대에서 일어나, 코드를 좀 쓰고, 점심때 배포한다. 오후 내내 사람들은 자기 안드로이드에서 안 된다며 화난 이메일을 보낼 것이다. 그러면 버그를 고치고, 다시 업데이트를 올린다. 저녁 먹기 전 한 번 더 수정하고, 또 올린다. 자고 일어나면 또 고치고, 또 업데이트한다. 우리는 지난 15년 동안 이렇게 일 해왔다.

대규모 소프트웨어 환경, 예컨대 페이스북 같은 곳에서는 '출시 주기'라는 개념조차 없다. 이들은 '연속 배포'를 사용한다. 메타의 어느 개발자든 새로운 기능을 만들고 1,000명에게 즉시 적용할 수 있다. 문제가 없으면 1만 명, 그다음엔 모든 사용자에게 배포한다. 그래서 지금 이 순간에도 당신과 당신의 친구들은 서로 다른 버전의 페이스북을 쓰고 있다. 당신은 의도치 않게 실험용 기니피그가 된 셈이다.

"소프트웨어가 세상을 먹어치운다"라고 말할 때, 거의 예외 없이 역동성을 뜻한다. 빠른 반복이 우리를 강하게 만든다. 실리콘밸리가 산업 전체를 접수할 수 있었던 이유가 바로 이 빠른 반복이다. 그 덕분에 이제는 "천재가 아니라도 앱을 만들 수 있는 시대" 심지어 "멍청이라도 아이폰 앱을 쓸 수 있는 시대"가 된 것이다. 하지만 시장이 1년 뒤에 무엇을 원할지 미리 예측하려면 아주 똑똑해야 한다. 하지만, 요즘은 그렇게까지 똑똑할 필요가 없다. 그저 A/B 테스트를 반복하며 성공할 때까지 실험하면 된다.

지난 20여 년 사이 성공한 모든 소프트웨어 회사 뒤에는 이 비밀이 있다. 그들은, 뒤처진 경쟁자가 상상하기도 전에 더 빨리 만들 수 있었다. 뭐든 시도해 보고, 안 되는 건 과감히 버릴 수 있었다. 이 책에서 단 하나만 가져간다면, '미래에 무엇이 성공할지 미리 맞힐 만큼 똑똑한 사람은 없다'는 점을 이해하라. 비즈니스에서, 정부에서, 삶에서 우리는 수많은 실험을 돌리고, 안 되는 건 버려야 한다.

그래서 요즘 소프트웨어를 만드는 일은 꽤 쉽다. 냅킨 위에 아이폰 앱을 그릴 수 있다면, 그것은 곧 구현될 수 있다. 예전엔 소프트웨어가 어려웠지만, 이제 대부분의 코더는 누군가 만든 레고 블록을 가져다 끼우는 일을 한다. 요즘 우리가 테슬라, 극초음속 제트기, 화물선을 만들겠다고 마음먹는다면, 소프트웨어에서 모델링하고, 소프트웨어에서 시험하고, 소프트웨어에서 '추락'시켜 본다. 그리고 무엇을 지을지 알 때까지 수천 번 반복한다. 그렇게 완성된 설계만 실제로 제조한다.

소프트웨어를 그렇게 효율적으로 만든 바로 그 방법이 이제 다른 모든 것에도 적용된다. 과거 소프트웨어를 혁신적으로 만든 바로 그 속도가 이제는 모든 물리적 사물의 설계와 제작에도 적용되고 있다. 우리는 이미 충분한 연산 능력을 가지고 있다. 물리 법칙 자체를 소프트웨어로 모델링할 수 있는 수준이다. 즉, 사전에 수천 가지 변수를 예측하고, 그 제약 조건들 안에서 최적의 해법을 설계할 수 있다. 과장이 아니다. 지금 붐 슈퍼소닉에서 실제로 일어나는 일이다. 이들은 콩코드 이후 최초의 초음속 여객기를 만들고 있다. 시속 1,300마일로 비행할 것이다. 뉴욕에서 LA까지 두 시간. 콩코드처럼 요란한 폭음도 나지 않는다. 회사는 CAD 소프트웨어로 비행기를 모델링하고, 생성 알고리즘으로 수천 가지 변형을 시험한 뒤, 실제로 만들 하나의 설계를 골랐다.

우리는 소프트웨어에 취해 있는 나머지, 지난 몇십 년 동안 새로운 기술을 공학적으로 구현하는 야심 찬 프로젝트의 수가 형편없을 정도로 줄었다. 공생은 양방향이다. 소프트웨어의 성공은 전적으로 이런 종류의 기술 덕분에 가능했다. 컴퓨터 칩을 위한 극자외선(EUV) 리소그래피, 리튬 폴리머 배터리, 정전식 터치스크린, 5G용 MIMO 무선 통신, CMOS 카메라 센서, MEMS 가속도계, 그리고 이건 고작 당신 휴대폰 속 일부만 꼽은 것이다.


다음은 기술 발전의 부분적 의존 구조를 단순하게 표현한 것이다.

스냅챗(Snapchat) ≪ iOS(모바일 운영체제)[27] ≪ 애플(Apple) ≪ ARM(모바일 칩 설계 구조) ≪ TSMC(대만 반도체 제조사) ≪ ASM-

L(네덜란드 반도체 장비 회사) ≪ 기타 등등 ≪ 페어차일드(Fairchild: 미국의 반도체 회사) ≪ 벨 연구소(Bell Labs) ≪ IAS(Institute for Advanced Study: 고등연구소) ≪ 튜링(Turing) ≪ 뉴턴(Newton) ≪ 사과나무(Apple trees) ≪ 지구(Earth) ≪ 태양(Sun) ≪ 빅뱅(Big Bang).

이 중 맨 위의 두 단계만이 소프트웨어일 뿐이다.

---

27  iOS는 NeXT의 계보를 잇는 운영체제.

# 발명가들

당신은 아마도 음악가나 예술가 몇 명쯤은 알고 있을 것이다. 하지만 명함에 '발명가'라고 적힌 사람은 거의 알지 못할 것이다. 그건 '엔지니어'나 '과학자'처럼 사회적으로 인정받는 진로가 아니기 때문이다. 부모님은 당신의 미래를 걱정할 것이고, 그 직업에는 복리후생도 없다. 남는 건 흐트러진 머리, 보호용 안경, 그리고 차고에서 밤늦게까지 보내는 시간뿐이다. 유명한 가수, 배우, 운동선수는 한 시간 동안 인터넷 검색 없이도 줄줄이 떠올릴 수 있을 것이다. 그렇다면 '살아 있는 발명가'는 한 사람이라도 말할 수 있겠는가? 우리는 예술가를 찬미한다. 음악가, 화가, 소설가, 배우, 그리고 감정을 움직이는 창조적인 사람들을. 운동선수조차 일종의 예술가다. 그들의 경기를 보는 일은 투쟁과 탁월함, 지배에 대한 우리 안의 어떤 욕망을 충족시킨다. 하지만 그들은 무엇을 '창조'했는가? 대부분의 경우, 그들이 하는 일은 이미 누군가가 한 일을 반복하는 것이다. 비록 그것을 더 잘해낸다 해도 새로운 창조 행위는 아니다. 새로운 팝송, 로맨스 소설, NBA 경기. 우리는 그것을 예술이라 부르지만, 사실 그들은 기예를 연마하고 있을 뿐이다.

창의성, 창조, 창조자. '창조한다'는 것은 세상에 없던 것을 처음으로 만들어내는 일이다. 진정한 예술가, 예를 들어 짐 헨슨, 미야자키 하야오, 웨인 그레츠키[28] 같은 이들을 보면 그들은 자신만의 기술을 완벽히 익혔을 뿐 아니라 그 예술 자체를 한 단계 끌어올린 진정한 창조적 행위를 해냈다. 이들은 드물고, 진짜 '창조적 천재들'이다.

우리는 이 구분을 잃어버린 듯하다. 기예에는 끝없는 찬사를 바치면서, 창조하는 사람들에 대한 공식적인 인정은 거의 없다.[29] 프랑스어는 '사랑'을 미묘하게 구분해 표현하는 단어가 많다는 점에서 종종 칭찬받곤 한다. 아마 우리 언어에는 창조와 기예를 가르는 데 결함이 있을지 모른다.

## 로드니

내가 가장 아끼는 사람 중 한 명이 로드니 멀런이다. 우리는 밤 늦게까지 세상 모든 것에 대해 오래 대화한다. 로드니는 플로리다 시골에서 스케이트보드와 함께 자랐고, 나는 알래스카 시골에서 애플과 함께 자랐다. 우린 공통점이 많았다. 로드니 이름을 못 들어봤

---

28  아인슈타인, 딜런, 레논, 알리, 간디, 히치콕, 피카소, 이어하트, 그레이엄, 구달, 에디슨. 미친 듯이 특별했던 이들에게 건배.

29  노벨상은 사실 발명상이 아니라 과학적 발견에 주는 상이다.

을지도 모른다. 하지만 그는 세상에서 가장 다작(多作)한 발명가 중 한 명이다. 고립된 상태에서 보드를 타며, 로드니는 우리가 스케이트보드에서 봐온 거의 모든 걸 발명했다. 그는 보드를 땅에서 '올리(ollie: 스케이트보드에서 하는 점프 기술)'로 들어 올린 최초의 사람이었고, 이는 스트리트 스케이팅의 거의 모든 동작의 기반이 되었다. 로드니는 "보드로 가능한 것의 경계"에 있는 동작을 머릿속에서 떠올리고, 그것을 처음 성공할 때까지 몇 달이고 매달린다. 창조다. 그런데 몇 주 뒤면 카자흐스탄의 아이들이 같은 기술을 하는 영상을 올린다. 가끔은 로드니보다 더 잘한다. 기예다. 로드니의 창의적 두뇌는 보물이다. 스케이트보드에 전혀 관심이 없더라도, 이런 살아 있는 천재는 [RODNEY] 우리가 사람들에게서 무엇을 발견하고 무엇에 가치 매겨야 하는지 감을 준다.

발명가들은 특별한 종류의 창조자다. 발명품은 영감·예술적 가치를 넘어, 작동해야 하고, 가능하면 유용해야 한다. 발명가가 성공하면, 인류는 문제 해결에서 힘의 승수를 얻는다. 당신이 지금 이 글을 읽을 수 있게 만든 모든 것은 발명가들이 만들었다. 휴대폰이나 컴퓨터가 아니어도 마찬가지다. 종이를 만들고, 책을 만들고, 글자를 인쇄해 지구 곳곳으로 보내는 일을 가능하게 한 건 발명가들이다. 산업혁명 이후에 이걸 읽고 있다면, 독서할 여유 시간을 준 것도 발명가들이다. 당신이 35세를 넘겼다면, 그 생일 이후의 여분의 해는 발명가들이 준 것이다. 5세를 넘겼다면, 유치원 가기 전에 죽지 않을 가능성을 두 배로 만든 것도 발명가들이다.

그런데 발명가의 일자리는 어디에 있나? 발명가 학과는? 발명가를 위한 ASCAP[30]는? 발명가를 위한 벤처캐피털은? 노벨상이 발명가를 기린다고 말할 수도 있겠다. (알프레드 노벨이 다이너마이트를 발명한 건 아는가?) 하지만 역대 노벨상은 600개 남짓에 불과하다. 그에 비해 오스카상, 그래미상, 에미상, 휴고상은 얼마나 많은가?

우리는 발명가들을-가장 중요한 창조 천재들을-기리는 데 실패했을 뿐 아니라, 그들을 지원하고, 자금을 대고, 격상시키고, 투자하는 데도 실패했다. 발명가의 성공담은 대부분 세상이 그들에게 등을 돌린 가운데서 만들어졌다. 하지만 발명가 없이는 우리 대부분이 살아 있지 못했을 것이다. 우리는 발명가의 가치를 터무니없이 낮게 평가하고, 예술가의 가치는 지나치게 높게 평가해 왔다. 잔인하게 들릴 수 있지만, 적어도, 이 비율이 뒤바뀐 또 다른 세상을 한 번쯤은 상상해볼 필요가 있다.

에릭 와인스타인(Eric Weinstein: 미국의 수학자이자 지식인, 투자회사 매니저 출신. 과학·사회·경제 전반에 대해 도발적인 아이디어를 자주 내놓는 인물)이 이런 말을 한 적이 있다. "지미 헨드릭스(Jimi Hendrix: 20세기 가장 혁신적이고 유명한 록 기타리스트)가 양자장 이론(quantum field theory)을 연구한다는 생각만으로도 흥분된다." 어쩌면 우리는 예술적 재능을 지나치게 찬양하는 바람에, 가장 창의적인 두뇌들을 진짜 잠재력에서 벗어나게 만들어 과학·기술·발명에서 일어날 수 있었던 혁신을 잃고 있는지도 모른다. 만약 조너스 소크(Jonas Salk: 소아마비 백신 발명자, 과학자이자 발명가의 대표 아이콘)가 기타 연주에도 천재적이었다면 어떨까? 하지만 우리는 결코 그것을 알지 못할

---

**30** ASCAP는 음반 아티스트들을 위한 노동조합 같은 단체다. 노래가 라디오에서 방송될 때, 아티스트들이 돈을 받을 수 있는 방식이 바로 이것이다.

것이다. 왜냐? 사회는 과학적 천재성을 가진 사람에게 예술적 천재
성을 실험해볼 기회조차 주지 않는다. 즉, 창의적 잠재력을 여러 방
향으로 펼칠 수 있는데, 사회는 그들을 한 분야에만 붙들어두는 구
조이다.


## 인텔렉추얼 벤처스 랩

2007년, 네이선 미어볼드가 새로 만드는 연구소에 닐이 초대
를 받았다. 키스와 나도 함께 갔다. 네이선의 아이디어는 온갖 발명
프로젝트를 해보자는 것이었다. 처음 들었을 때는 다소 터무니없는
이야기처럼 들렸다. 하지만 우리가 앉아 있는 동안, 수많은 공구와
장비들이 트럭에 실려 연이어 도착했다. 수직 밀링머신, 워터젯 절
단기, 원심분리기 아홉 대, 주사전자현미경 세 대까지, 그 모든 것이
실험실로 들어오고 있었다. 발명가인 우리에게 가장 귀한 것은 늘
도구 접근권이었는데, 네이선은 그 모든 도구를 한꺼번에 사들이고
있었다. 그래서 우리는 '이건 절대 안 될 거야'라고 말하는 대신, '아
마 우리가 조금 도와줄 수도 있겠다'라고 했다. 그리고 나는 그 연구
소에서 다음 12년을 보냈다.

네이선은 여섯 살 때, 엄마가 "어떤 종류의 과학자가 되고 싶
니?"라고 묻자 "모든 종류의 과학자요"라고 답했다. 16세에 프린스
턴 대학에 들어갔고, 케임브리지에서 스티븐 호킹의 제자가 되었으
며, 마이크로소프트의 최초 CTO(Chief Technology Officer: 최고기술책
임자)가 되었다. '폴리매스 중의 폴리매스(만능 천재 중의 천재)'라는
말이 딱 어울리는 사람이다. 무엇을 전공했든, 네이선의 속도를 따

라가기란 쉽지 않다. 나는 네이선이 해양학자, 고생물학자, 원자력 물리학자, 곤충학자, 화학자, 생물학자, 컴퓨터 과학자, 거의 모든 종류의 과학자와 협업하거나 논쟁하는 회의에 함께 있었다.

네이선은 과거 마이크로소프트 리서치를 설립했는데, 한때 그것은 세계에서 가장 자금이 넉넉한 민간 연구 그룹이었다. 그는 가능한 한 똑똑한 사람들을 모아 채용했고, 채용하지 못한 사람들과도 교류할 수 있었다. 마이크로소프트를 떠난 뒤에는, 단순히 컴퓨터와 관련된 것만이 아니라 온갖 발명에 도전하고 싶어 했다. 그래서 1999년에 인텔렉추얼 벤처스를 세웠다. 그는 다시 뛰어난 사람들을 불러 모아 새로운 기술을 발명했다.

대니 힐리스와 브랜 퍼랜은(대규모 컴퓨팅·설계 분야의 혁신가로, '어플라이드 마인즈'를 공동 설립한 전설적인 발명가 듀오) '어플라이드 마인즈'라는 곳에 멋진 발명실을 만들어 놓았고, 네이선 역시 자신만의 랩을 원했다. 그는 마침내 2007년, 그 꿈을 실현했다. 무엇이 발명될지 알 수 없었기 때문에, '모든 걸 할 수 있는' 연구소를 만들어야 했다. 건물은 원래 할리 데이비슨 오토바이 매장이었는데, 첫 1년 동안은 그곳을 '세계 최고의 괴짜 놀이터'로 탈바꿈시키는 데 집중했다.

흥미롭게도 네이선은 개인용 걸프스트림 제트기를 [G5] 가진 사람치고는 의외로 검소했다. 그는 밤을 새워 이베이나 산업 경매에서 도구와 과학 장비를 사들이곤 했다. 우리도 모두 그 일에 뛰어들었다. 할인을 발견하면 어떤 도구든 사들였다. 결국 세상에 존재하는 거의 모든 도구를 사 모으게 되었고, 너무 많아져서 거대한 창고까지 빌려 그 안에 8천 개의 도구를 채워 넣었다. 혹시 필요할 때를 대비해서였다. 확실히, 우리가 가진 것은 세계에서 가장 잘 갖춰진 시제품 제작 실험실 중 하나였다. 만약 누군가 서구 문명을 처음부터 다시 세우고 싶다면, 바로 이곳에서 시작하면 될 거였다.

우리는 약 30명 정도의 인원이 필요하다고 계산했다. 그 첫 구성원들은 모두 비범하고 다재다능한 인물들이었다. 공룡 발굴 현장에서 네이선과 함께 일한 넬스 피터슨, 워싱턴대 물리학과의 제작실을 운영했던 마이크 빈튼과 테드 엘리스, 세계적인 레이저 전문가이자 실시간 말장난(언어유희)의 귀재였던 조던 카레[31]도 있었다. 그리고 세계 최고의 레스토랑 중 하나인 '더 팻 덕'에서 [FAT-DUCK] 실험실을 이끌었던 크리스 영도 합류했다. 물론 우리는 에릭도 영입했다.

우리는 화학 실험실, 전자 실험실, 레이저 실험실, 생물학 실험실, 그리고 푸드랩까지 만들었다. 인원은 150명으로 불어났고 여러 건물로 확장되었다가, 결국 더 크고 새로운 시설까지 짓게 되었다. 수많은 프로젝트가 동시에 진행되는 이곳은 과학자와 엔지니어, 심지어 해커들까지 서로의 아이디어를 교차시키는 정말 특별한 장소가 되었다.

이곳에서 우리는 발명 세션이라는 것을 열었다. 발명을 팀 스포츠처럼 만든 것이다.[32] 문제를 가진 사람을 초대해 가운데 앉히고, 그 주위를 화학자·생물학자·원자력 물리학자·컴퓨터 해커로

---

31  위키백과의 '조든 카레 추모(RIP Jordin Kare)' 항목. [JORDIN]
32  말콤 글래드웰이 우리 발명 세션 중 하나를 보러 와서, 그 경험을 뉴요커 기사에 썼다. [GLADWELL]

둘러싼다. 이 팀은 과학·기술의 최전선 지식을 집단적으로 공유하게 된다. 우리는 하루나 이틀 동안 아이디어를 쏟아내며, 그 경계선 위에서 새로운 발명의 가능성을 찾았다. 그 '경계'야말로 진짜 발명이 태어나는 자리였다. 우리 모두는 새로운 과학적 발견, 새로 개발된 칩, 센서, 알고리즘, 분자에 대해 항상 최신 정보를 공유하고 있었다. 그리고 그때마다 스스로에게 이렇게 물었다. "이건 인간이 하는 일을 바꿀 수 있을까?" "더 빠르게, 더 싸게, 더 낫게, 그리고 더 인간적으로 할 수 있을까?" 때로는 그 답이 '예'였다. 그 순간이 바로 발명의 순간이었다.

우리는 세션을 녹화하고, 그걸 받아 적은 뒤 꼼꼼히 살펴보며 발명 아이디어 목록을 만들었다. 대부분은 작동하지 않거나, 비용이 너무 많거나, 이미 누군가 해본 것이어서 버려졌다. 하지만 그 과정을 거치고 나면 늘 여전히 괜찮아 보이는 몇 가지가 남았고, 우리는 그것들을 특허로 썼다. 약 10년 동안 우리 발명으로만 6천 건의 특허를 받아냈다. 그리고 전 세계에서 100명이 넘는 발명가 풀을 확보해, 그들을 세션마다 불러 모았다. 자랑 같지만, 그중 열한 명은 역사상 가장 많은 발명을 남긴 100명의 발명가 명단에 들어 있다. [PRO-LIFIC]

이 발명 세션은 내 인생에서 가장 흥미롭고 짜릿한 경험이었다. 나보다 똑똑한 여섯 명쯤 되는 사람들과 하루 종일 머리를 맞대고, 가능한 한 창의적으로 생각하는 시간. 아마 발명가에게는 이것이 음악가들의 잼 세션(jam session: 음악가들이 즉흥적으로 모여 연주하는 비공식적인 음악 시간) 같은 것이었을 것이다. "나쁜 아이디어란 없다"라는 말은 우리에겐 통하지 않았다. 나쁜 아이디어는 정말 많다는 걸 알았기 때문이다. 그래서 우리의 규칙은 이랬다. 남의 아이디어를 반박할 수 있지만, 반드시 더 나은 아이디어를 내야 한다. 나는 아무 제한 없는 지적 논쟁을 사랑했다. 오직 기술적으로 진실한 것만이 기준이었다. 물론, 이 방식이 모두에게 맞는 건 아니었다. 소심하거나 예민한 사람들은 버티기 어려웠다. 나는 빌 게이츠와 직접 맞서 내 아이디어를 방어해야 했고, 그가 "네 생각은 완전 헛소리야"라고 말할 때 물러서지 않고 논리로 반박해야 했다. 아첨꾼에게는 설 자리가 없었다. 우리는 이 방식이 통한다는 걸 증명했고, 지금도 충분히 재현할 수 있다고 확신한다. 언젠가 이런 기회를 또 만나기를 바란다.

## 솔터 싱크

어느 날 '발명 세션'에서 우리는 허리케인 문제를 해결하는 아이디어를 내보라는 과제를 받았다. 지구 온난화 때문에 허리케인은 더 자주, 더 강력해질 거라고 예상됐다.[33] 태양은 바다 표면을 달궈서 뜨겁게 만든다. 허리케인은 그 열이 다시 공기를 데워 상승하면서 만들어진다. 공기가 올라가면 기압 차가 생기고, 그로 인해 폭풍이 점점 더 커지고 강해진다.

그래서 우리 중 누군가 이렇게 말했다. "그럼, 바다를 좀 식히면 되지 않을까?" 물론, 그건 말도 안 되는 소리였다. 바다는 너무나 거대해서 식히려면 상상도 할 수 없을 만큼의 에너지가 필요하다.

---

**33** 허리케인이 점점 더 심해지고 있는지에 대해서는 논쟁할 수 있겠지만, 최소한 그것이 나쁘다는 데에는 모두 동의할 것이다. 여기 실제 데이터가 있다. [HURRICANES]

하지만 이런 현상이 일어나는 곳마다, 공통적으로 뜨거운 물이 위에, 차가운 물이 아래에 자리 잡고 있다. 즉, 수온이 급격히 변하는 경계층이 존재한다. 그렇다면 "그걸 잘 저어 섞으면 되지 않을까?" 하는 생각이 나왔다. 하지만 그것 역시 터무니없는 발상이었다. 바다는 너무 크니까. 잠깐, 그러나 이 문제는 다행히도 에너지원이 공짜로 있다. 바로 파도다.

우리는 스코틀랜드의 교수 스티븐 솔터를 초대했다. 그는 솔터 덕(Salter Duck)이라는 장치를 발명했다. 이 장치는 바다에 떠서 위아래로 출렁이며 파도의 에너지를 전력으로 바꾸는 장치였다. 굉장히 멋진 발명이었지만 사실상 쓸모는 거의 없었다. 그 이유는 세 가지다. 첫째, 에너지가 필요한 곳(사람들이 사는 곳)과 파도의 위치가 다르다. 둘째, 이 장치는 '기계적 에너지'를 만들어내지만, 우리가 실제로 필요한 것은 대부분 '전기'다. 셋째, 그게 망할 바다에 있다는 점이다. 바다에 무언가를 설치한다는 건, 100년에 한 번 오는 폭풍에도 버틸 수 있도록 최소 100배 이상 튼튼하게 만들어야 한다는 뜻이다. 그런데 그 폭풍은 내년에라도 올 수 있다. 그러니 과잉 설계를 해야 한다. 이게 바로 파력발전(파도가 가진 에너지를 이용해서 전기를 생산하는 발전 방식)이 쓸모없는 이유다. 같은 이유로, 나는 해상 풍력발전 역시 도무지 이해하기 어렵다고 생각한다.

그래서 우리는 다른 접근을 시도했다. 바다에 세워 둔 거대한 수직 튜브를 상상했다. 튜브의 윗부분 둘레에는 경사로 같은 구조물이 있어서, 파도가 부딪칠 때 그 경사면을 따라 뜨거운 표층수가 튜브 안쪽으로 밀려들어가게 된다. 그렇게 생긴 '수두(水頭: hydraulic head)' 덕분에 뜨거운 물이 위에서 아래로 계속 밀려들어가며 차가운 심층수와 섞인다. 결국, 이 장치는 "파도로 작동하는 거대한 무료 펌프"가 된다. 이 한 대로도 무려 10기가와트(GW)에 달하는 열에너지를 이동시킬 수 있다. 바다 표면 온도를 1~2도 낮출 수 있으며, 면적으로는 1제곱킬로미터 정도의 범위를 조절할 수 있다. 그 정도면 카테고리5 허리케인을 카테고리3 이하로 약화시키기에 충분하다. 우리는 이 발명을 솔터 싱크(Salter Sink)라 불렀다.[34]

우리의 설계는 간단했다. 재활용 트럭 타이어, 시멘트, 그리고 '헤프티백(Hefty bag: 대형 쓰레기봉투)' 같은 폴리에틸렌 시트를 사용하면 된다. 이런 장치를 수천 개 정도 멕시코만에 띄워야 하지만, 비용은 허리케인이 초래하는 피해에 비하면 아주 미미하다. 수천억 달러가 아니라 수천만 달러면 충분했다. "세상에, 이걸로 수많은 생명을 구하고 고통과 피해를 줄일 수 있잖아!" 우리는 즉시 파도 펌핑 작용과 열 혼합 효과를 컴퓨터 모델로 시뮬레이션했고, 실제 축소 모형도 만들어 파도 수조에서 실험했다. 열화상 카메라로 섞이는 과정을 기록했더니, 모든 계산이 완벽히 맞아떨어졌다.[35]

그로부터 15년이 지났다. 하지만 아직도 솔터 싱크는 존재하지 않는다. 우리가 발명한 것 중 가장 단순한 장치인데도 말이다. 칩도 없고, 화학 반응도 없으며, 그냥 바다에 떠 있는 커다란 튜브일 뿐이다. 유일한 부작용이라면, 가끔 바지선에 부딪힐 수도 있다는 정도다. 게다가 이 장치는 차가운 심층수를 위로 끌어올리기 때문에, 영

---

34  솔터 싱크(Salter Sink)에 대한 더 많은 정보, 애니메이션 포함. [SALTER-SINK]

35  스티븐 더브너가 연구소에 와서 '솔터 싱크'에 대해 『슈퍼 괴짜경제학(SuperFreakonomics)』에 썼다. [SUPERFREAKONOMICS]

양분이 표층으로 올라오고 플랑크톤이 번식한다. 즉, 의도치 않은 어류 양식장이 되는 셈이다. 이 글을 쓰는 지금, 기상청 예보에 따르면 올해 25개의 이름이 붙은 폭풍이 생길 예정이며, 그중 12개가 허리케인, 그리고 그중 절반이 카테고리3 이상으로 발전할 가능성이 있다. 그렇다면, 무엇이 잘못된 걸까? 간단히 말하자면, "사업 모델이 없다." 보험회사가 이걸 만들면 좋을 거라 생각할 수도 있다.

하지만 그건 그들에게 경제적 자살 행위다. 왜냐하면 '무임승차 문제' 때문이다. 예를 들어 올스테이트(미국 대형 손해보험사)가 솔터 싱크를 건설하면, 스테이트팜(State Farm: 미국 최대의 개인보험사)은 돈 한 푼 안 내고 그 혜택을 고스란히 얻는다. 결국 올스테이트는 비용 부담으로 경쟁력을 잃게 된다. 그럼, 정부가 하면 되지 않을까? 하지만 요즘 정부가 대규모 인프라 프로젝트를 잘 해낸다는 말을 들어본 적이 있는가? 없다. 현대의 정부는 이런 일을 거의 하지 못한다. 나는 가끔 상상한다. 필리핀에 솔터 싱크를 설치하기 위해, 이멜다 마르코스가 모아둔 수천 켤레의 명품 구두를 전부 팔아 자금을 마련하는 장면을.

# 혁신과 광기의 경계선

내 삶을 지탱해 주는 기반 시설 대부분은 내가 태어나기도 전에 만들어졌다. 내가 태어난 병원, 내가 처음 집으로 갈 때 달렸던 도로, 집의 난방기를 가동해 우리가 얼어 죽지 않도록 해 주는 천연가스관, 겨울철 낮 시간이 몇 시간밖에 안 될 때 불을 밝히기 위해 가스를 태워 전기를 생산하는 발전소, 그리고 배설물을 '마법처럼' 치워주는 하수도 시스템. 이 모든 것은 우리가 태어난 순간부터 너무도 안정적으로 존재했기에 당연한 것으로 여긴다. 그런데 하루만이라도 이 중 하나가 사라진다면? 내게서 팔다리가 떨어져 나간 것처럼, 다른 어떤 것도 생각할 수 없을 것이다. 이런 것들이 인간의 일상에 들어온 지는 고작 백 년 남짓밖에 되지 않았다.

그 사실을 떠올리며 명상해 보라.

물론 어릴 땐 이런 걸 전혀 알지 못했다. 그러나 1988년, 내가 열일곱 살이었을 때 여름을 인도 남동부의 온골이라는 마을에서 보냈다. 내가 태어난 종교를 전도하기 위해서였다. 온골의 인구는 내 고향 앵커리지와 비슷했지만, 포장도로는 겨우 한 차선뿐이었다. '올바른 주행 차선'에 대한 관습도 정립되어 있지 않아, 마주 오는 차량과 치킨게임을 벌였다. 힌두 전통에 따르면 더 큰 차량이 우선권을 가졌다. 사람들은 가능한 한 큰 차량을 몰려고 했다. 동점일 경우에는 더 큰 경적 소리를 가진 쪽이 이겼다. 그래서 기차에서 쓰는 확성기를 단 버스를 몰고 다니는 경우도 흔했다. 도로에는 늘 보행자, 가축, 인력거, 그리고 대형 트럭보다도 우선권이 있는 소들이 뒤섞여 있었다. 소는 언제나 길의 주인이다. 무지한 미국인에게는 힌두교의 목표가 결국 소로 환생하는 게 아닌가 싶을 정도였다. 소들은 꽤 좋은 대접을 받았다. 아무도 잡아먹지 않았고, 발리우드 스타보다도 교통사고로 죽을 확률이 낮았다.


인도 첫날 밤, 봄베이(지금의 뭄바이)를 달리며 도로 양옆에 누운 수천 명의 사람을 봤다. 그중 몇 명이나 아침에 깨어나지 못할지 짐작조차 못했다. 다음날엔 온갖 선천적 기형과 장애, 불룩 튀어나온 배를 한 아이들을 봤다. 나는 나병을 성경에서만 들어봤는데, 여기서는 실제로 피부가 손과 얼굴에서 떨어져 나가는 사람들을 봤다.

알래스카에서 모기는 그저 성가신 존재일 뿐이다. 하지만 인도에서 모기 한 방은 회충(사상충) 유충을 혈류 속에 집어넣어 림프계에서 부화하게 만들고, 결국 사상충증(코끼리병)을 일으킬 수 있다.

나는 다리가 작은 코끼리만큼 부은 사람을 딱 한 번 보는 것만으로도 다시는 예전으로 돌아갈 수 없음을 알았다. 하지만 그런 사람은 한 명만이 아니었다.

거리에선 돈을 구걸하는 아이들을 보았다. 너무 귀엽고, 너무 생기 넘치지만, 동시에 너무 절박했다. 가장 영리한 아이들은 백인을 보면 "We are the world, we are the children"을 노래하며 구걸하곤 했다. 나는 가진 돈을 다 주고 싶었지만, 그러지 말라는 지시를 받았다. 그 아이들 중 일부는, 누군가에게 강제로 구걸을 시키는 악랄한 어른들의 '사업'에 동원된다는 이유에서였다.

현지에는 '병원'이라고 불리는 곳이 하나 있었다. 미국인 선교사들이 아메바성 이질에 걸리면 으레 그곳으로 실려 갔다. 19세기 오리건 트레일 시대에 수많은 이가 목숨을 잃었던 바로 그 병이다. 그 병원은 환자에게 링거를 꽂고 바나나를 먹이며 회복을 기다렸다. 항생제는 없었다. 이런 일이 흔한 이유는, 그곳엔 수돗물 자체가 없었기 때문이다. 우리는 수동 펌프로 우물물을 길어 불 위에서 끓여 마셨다. 결국, 미국인들도 모두 한 번쯤은 아팠다.

수도가 없다는 건 하수도도 없다는 뜻이었다. 사람들은 적어도 길가 도랑을 향해 똥을 누려고 애썼다. 나는 하수 냄새에 익숙해졌다. 부자들은 도랑 위에 얹은 간이 화장실 같은 공간을 가지고 있었다. 그것을 쓰려면 작은 물그릇을 들고 룽기(인도의 전통 사롱 비슷한 옷)를 걷어 올린 뒤, 쭈그려 앉아 구멍에 똥을 누는 것이다. 그러고 나서 그 물그릇의 물을 왼손으로 떠서 몸을 씻었다. 아주 중요한 점은, 반드시 왼손만 이 용도로 써야 한다는 것이다. 실제로 왼손은 다른 어떤 일에도 쓰지 않는다. 예를 들어 식사할 때는 왼손을 전혀 쓰지 않고, 오른손만으로 먹는다. 헷갈리면 안 된다. 비누도 없다.

이 모든 과정이 서양인들의 연약한 머리로는 도저히 이해할 수 없는 일이었기 때문에, 우리는 지구 반대편에서 두루마리 휴지 상자를 챙겨왔다. 미국인들을 배려해, 누군가 이런 바깥 화장실 중 하나에 '양식 변기'를 설치해 두었다. 변좌도 없고 물 내리는 장치도 없었지만, 그래도 꽤 고마운 배려였다.

현지 고아원 아이들이 우리 주변에 자주 모여들었다. 내가 가장 좋아한 아이는 다섯 살 소녀 부지였는데, 너무 귀엽고 영리했다! 아이들은 우리가 숨겨둔 화장지 상자를 발견했고, 그걸 보고는 까르르 웃음을 터뜨렸다. 그들은 화장지를 몽땅 가져가 버렸고, 며칠 동안 그건 그들의 최고의 장난감이 되었다. 아이들은 화장지를 가지고 놀 수 있는 온갖 방법을 다 찾아냈지만, 내가 확신하건대, 그 누구도 그걸로 엉덩이를 닦아야겠다고는 생각조차 하지 않았다. 나는 결국 성경 뒤의 색인 페이지들을 다 써버리고서야 현지 방식에 적응했다.

전기도 거의 없었다. TV도 없었다. 하지만 밤이 되면 별이 보였다. 하늘 가득, 모두 다. 냉장고도 없었다. 나는 아이스크림 가게를 발견했던 걸 기억한다. 인력거꾼, 그러니까 자전거 뒤에 두 좌석을 달고 손님을 태우는 사람에게 돈을 주고 친구랑 같이 가게까지 갔다. 약 41도의 더위 속에서 반시간이나 달려야 했다. 그는 우리에게 15센트를 받고는, 수입을 두 배로 만들기 위해 우리가 배 터지게 먹고 나올 때까지 한 시간이나 기다렸다. 젠장, 갱스터가 된 기분이었다. 하지만 우리는 갱스터가 아니었다. 철없는 미국 10대였을 뿐이었다.

그렇게 살아본 경험은 내 인생에서 가장 중요한 일 가운데 하나였다. 단순히 '특권'의 대조 때문만이 아니었다. 희망, 꿈, 행복, 지혜, 인간성의 격차가 그 특권의 크기와 결코 비례하지 않는다는 걸 보게 되었기 때문이다. 내가 그곳 사람들보다 더 나아 보일 수 있는 부분이 있다면, 그건 내가 성장한 곳에서 더 나은 교육, 의료, 경제적 기회를 받았기 때문이었다. 그게 전부다.

수십 년이 지난 지금도 나는 여전히 그렇게 믿는다. 나는 전 세계를 여행할 기회를 얻었다. 문화와 사회는 말할 수 있는 거의 모든 면에서 달랐다. 어떤 것들은 문명에 대한 희망을 품게 만들었다. 이를테면 일본 사람들이 야구 경기가 끝난 뒤 경기장을 모두 함께 치우는 모습 같은 것. 또 어떤 것들은 도저히 참기 힘들었다. 이를테면 이스라엘 사람들이 신호등이 초록불로 바뀌기도 전에 빵빵 울려대는 모습. 다양성의 기본적인 의미는, 다른 사람들이 무엇이 잘 통하고 무엇이 중요한지에 대해 나와는 다른 생각을 갖고 있다는 사실을 받아들이는 것이다. 그리고 그 생각은 내 것만큼이나 타당하다.

우리는 모든 미국 십대들을 개발도상국에 보내서, 다시 '쿨'해졌다고 인정될 때 돌아오게 해야 한다. 평등한 이민 정책을 원한다면, 그들이 거기서 만난 가장 '쿨한 사람'을 한 명 데려오게 하면 어떨까. 나는 인도에서 돌아올 때 '쿨'해지지는 못했지만, 평생을 버틸 만한 충분한 인지 부조화를 쌓아왔다. 의식조차 못 한 사이, 내 뇌는 사람들의 차이가 타고난 게 아니라는 사실로 프로그램되었다. 그것은 삶의 경험, 공동체의 가치, 그리고 그들이 활용할 수 있었던 기회와 자원에서 비롯된 것이었다. 나는 인도가 당시 내가 자란 곳보다 발전 과정의 초기 단계에 머물러 있다는 걸 알게 됐다. 기술, 사회

기반 시설, 경제는 최소한 수십 년은 뒤처져 있었다.


### 수잔 (SUSAN)

온골에서 수잔이라는 10대 소녀를 만났다. 그녀의 부모는 세상을 떠났고, 이는 곧 결혼 상대를 얻을 가능성이 훨씬 낮다는 뜻이었다. 여성에게 유급 일자리는 거의 없었고, 대부분은 남성 차지였다. 나는 수잔이 대학에 갈 수 있도록 학비를 냈다. 몇 년 동안 그녀는 내게 편지를 보내며 극진히 감사했다. 졸업 후 나는 그녀가 돈을 벌 수 있도록 재봉틀을 사줄 돈을 보냈다. 그녀에게는 인생을 바꾸는 일이었다. 내게도 그랬다. 나는 내가 엄청난 영향을 줄 수 있다고 느꼈다.

진실은, 내겐 아무런 희생도 되지 않았다는 것이다. 나는 알래스카 주민이라는 이유만으로 매년 주 정부로부터 무료 돈을 받았다. 인도로 몇백 달러 보내는 건 나에게 아주 쉬운 일이었다. 나는 실제로 수잔의 전체 대학 학비보다 더 많은 돈을 비행기 한 번 타는 데 쓴 적도 있다. 그럼 나는 성자인 걸까, 아니면 내 영혼을 돈 주고 사들이려는 한 엉터리일 뿐일까??

내가 본질적으로 더 나은 사람이었던가? 내가 진짜 더 관대했던가? 그녀가 보낸 편지와, 내 작은 제스처가 그녀 삶에 얼마나 큰 차이를 만들었는지를 적어 보낸 증언은 내게 보물 같은 것이다. 그 이후 내 인생에서, 달러 하나로 그렇게 큰 만족을 얻은 적은 한 번도 없었다.

몇 년이 지나자 나는 수잔에게 돈을 보내지 않게 되었다. 그녀가 수년 동안 편지를 보내왔지만, 그 편지에도 답장하지 않았다. 그래도 그녀가 나로 하여금 도움을 줄 수 있게 해주었다는 점에서, 아직도 그녀에게 빚을 진 기분이 든다.

십 대였던 그때에도, 나와 수잔 사이의 부의 불평등은 극심했다. 수잔의 삶과 온골의 거의 모든 다른 사람들의 삶은 사실 별로 다르지 않았다. 그런데 왜 내 삶은 그녀의 삶보다 문자 그대로 1,000배나 더 비쌌을까? 그때 나는 사람들의 컴퓨터 문제를 고쳐주고 시간당 10달러를 받고 있었다. 내가 본 것은, 온골의 사람들 모두가 수잔이 받은 기회만큼의 기회를 필요로 하고 또 받을 자격이 있다는 사실이었다. 그렇다면 그걸 가능하게 하려면 무엇이 필요할까? 그들을 막고 있는 건 무엇일까? 왜 내가 그렇게 부자인 걸까?

만약 이것이 자기 미화하는 자서전이라면, 나는 평생을 이런 질문에 답하려 애쓴 것처럼 꾸몄을 것이다. 하지만 진실은, 나는 그러고 싶지 않았다. 인도에서의 첫날 밤, 수잔의 편지, 그리고 내 추한 미국인 같은 행동은 내 정신 속에 지울 수 없이 각인되었다. 아마 다른 어떤 어린 시절 기억보다도 더. 그러나 나는 그 질문이 내가 답해야 할 질문이 되길 원치 않았다. 나는 컴퓨터로 뭔가를 만들고 싶었다. 암벽등반을 하고 싶었다. 스노보드를 타고 싶었다. 그리고 실제로 그렇게 했다.

나는 머릿속 어딘가에 남아 있는 인도의 이미지와 수잔을 외면했다. 내 초기 커리어의 대부분은 그저 '세상에서 가장 멋진 프로젝트'를 찾아다니는 일이었다. 컴퓨터를 사람들에게 도움이 되는 방식으로 쓰고 싶었다. 하지만 그때 내가 돕고 있던 사람들은 대부분 '내 주변에 있는 사람들'이었다. 시간이 지나면서 나는 더 큰 문제에 도전하게 되었고, 더 많은 사람을 도울 수 있는 기술을 발명할 수 있었다. 내 세계관은 친구와 동료에서 산업 전체, 대륙 전체로 확장되었다. 야망 때문이 아니라 가능성 때문이었다.

우리 주변을 둘러보라. 수많은 사람이 세상을 바꾸기엔 너무 작은 일, 즉 문제 해결의 척도를 전혀 움직이지 못하는 일에 매달려 있다. 또한 그들 중 많은 이들은, 사실 타인의 호감을 얻고 스스로를 위로하기 위해 그런 일을 하고 있을 뿐이다. 너는 그럴 필요가 없다. 너는 훨씬 더 많은 사람에게, 훨씬 더 의미 있는 영향을 줄 수 있다. 어쩌면 이미 그렇게 하고 있을지도 모른다. 단지, 점들을 연결하는 법을 배워라.

우리는 그들을 '영웅'이라 부르지 않지만, 1980년대에 셀룰러 통신 기술을 개발한 그 너드들 덕분에 전 세계 개발도상국의 문해율이 두 배로 뛰어올랐다. 물론 나는 한 사람씩 직접 돕는 이들, 간호사, 교사, 부모, 그리고 돌봄 노동자를 깎아내리려는 것이 아니다. 그들의 헌신은 결코 다 갚을 수 없는 은혜다.

다만 나는 이렇게 말하고 싶다. 새로운 기술을 세상에 탄생시키는 일 또한, 그만큼이나 깊고 의미 있는 본질적인 '도움의 형태'라는 것.


## 하키 스틱 인간

실리콘밸리의 모든 사람은 자신만의 '지수 성장 곡선'을 떠든다. 그러나 중요한 건 이것이다. 여기서 지구 위 인류의 역사를 보여주는 이 차트에서 스스로를 찾아보라.[36]

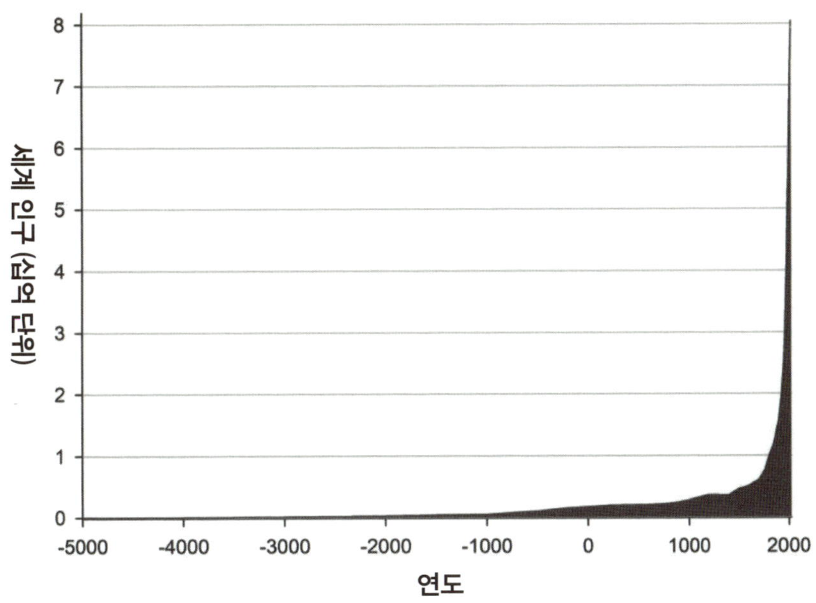


세계 인구. 월드오미터(Worldometer) 데이터.

수백만 년 동안 인류는 그저 아주 적은 수로만 존재해 왔다. 그러다가 갑자기, 수백만 명에서 수십억 명으로, 더 많은 수십억으로 불어났다. 대부분은 우리의 일생 안에 벌어진 일이다. 그때는 몰랐지만, 수잔이 존재할 수 있었던 이유, 내가 존재하는 이유, 당신이 존재하는 이유는 대부분 인간이 발명한 새로운 기술 덕분이다. 그 수 많은 사람을 어떻게 먹일 것인가? 그들은 물·열·옷·집이 필요하다. 그들을 죽이던 질병을 어떻게 없앨 것인가? 백신이 발명되기 전에는 4억 명이 천연두로 죽었다.

---

**36** 출처: 월드오미터(Worldometer). [POPULATION]

　우리는 모두 그 곡선의 꼭대기에 살고 있다. 대부분의 사람은 우리가 이제 곧 여정의 끝에 도달했다고 믿는다. 하지만 지금까지 거의 모든 사람이 그렇게 믿었지만 모두 틀렸다. 많은 사람은 "성장은 끝났다"고 생각하지만, 역사적으로 늘 반대였다. 지금 이 시대를 살고 있는 우리 모두 급격한 기술 성장과 인류 번영의 폭발적인 상승 곡선 위에 존재한다. 그러나 우리는 이 모든 사람을 만들어냈지만, 그들을 돌보기 위한 준비는 해내지 못했다. 어떻게 해야 인류 번영을 가로막는 어려운 기술 문제를 풀 수 있을까? 내가 인도에서 만난 그 아이들을 어떻게 하면 미국 아이들과 똑같은 생활수준으로 누리게 할 수 있을까? 어떻게 하면 그들을 건강하게 지키고, 매년 백만 명의 아이들을 앗아가는 말라리아로부터 보호할 수 있을까? 어떻게 하면 산업을 더 빠르고, 더 저렴하고, 더 안전하고, 더 깨끗하게 다시 발명할 수 있을까? 어떻게 하면 지구 위 모든 이들의 출발선을, 응석받이 미국 아이들의 1야드 지점과 똑같이 옮겨놓을 수 있을까? 어떻게 하면 지구상의 모든 '수잔'을 위해 답을 찾을 수 있을까?

## 우리는 모두 별로 이루어져 있다

우리는 모두 별로 이루어져 있다. 그건 단순한 모비(미국의 유명한 전자음악 뮤지션·프로듀서)의 노랫말이 아니라, 기술적으로 사실이다. 우리는 하나의 별, 태양으로 이루어져 있다. 우리의 삶을 유지하는 데 필요한 모든 에너지는 태양에서 온다. 햇빛은 물론이고, 우리가 먹는 음식과 태우는 나무 역시 태양빛으로 이루어지는 광합성의 산물이다. 석탄은 타지 못하고 땅속에 묻혀 수천 년 동안 분해된 옛 숲과 식물의 잔해, 석유와 천연가스는 그보다 더 오래전 다른 별들의 잔해다. 우라늄조차, 별의 폭발로 생겨난 광물이다.

우리는 그것을 땅에서 파내 태운다. 대부분은 전기를 얻기 위해서다. 불로 물을 데워 증기를 만들고, 그 증기의 압력으로 터빈을 돌려 전자를 생성한다. 이 과정에서 만들어지는 열은 대부분 버려지고, 남은 전자는 전선을 타고 흘러가 결국 다시 열로 변한다. 그중 극히 일부만이 우리의 토스터에 도착해, 빵을 굽는 데 쓰인다.[37] 토스트에 남는 열을 제외하면 모두 잃어버린 에너지다. 이것을 모두 합하면 시스템의 효율을 계산할 수 있다.

즉, 토스터에 이르기까지 에너지 효율을 따져보면, 그 전체 시

---

[37] 이게 사실 전기가 작동하는 방식은 아니다. 정말 알고 싶다면, 이 영상을 보라. [ELECTRICITY]

스템의 효율은 고작 몇 퍼센트에 불과하다. 조금의 에너지만이 유용하게 쓰이고, 나머지는 말 그대로 '열'이라는 이름의 낭비다. 우리는 석탄을 캐내 기차에 실어 도시로 보내고, 발전소에서 태우고, 더러운 연기를 하늘에 내뿜고 아무렇지 않은 척한다.

아무렇지 않은 게 아니다. 상상해 보라. 당신 이웃이 당신의 쓰레기통에 자기 쓰레기를 넣는다면? 당신은 투덜거리며 자기 쓰레기를 넣을 공간을 만들기 위해 꾹꾹 눌러 담을 수 있을 것이다. 시애틀이라면, 아마 "이건 제 쓰레기통입니다. 제 쓰레기를 위해 필요합니다. 뭔가 오해가 있었던 것 같습니다. 다시는 그러지 말아 주세요. 그렇지 않으면 다른 동네로 이사해야 할지도 모릅니다"라는 메모를 붙일지도 모른다. 사우스캐롤라이나라면, 그 쓰레기를 그들의 픽업트럭 짐칸에 던져 넣고 불을 붙인 다음, 당신의 아이에게 산탄총을 들려 쓰레기통을 지키게 할지도 모른다. 이런 문화적 다양성이 미국을 멋지게 만드는 요소다.

어느 시점에서든, 사람은 결국 참다못해 행동에 나선다. 지금 우리가 온실가스 배출과 마주한 상황이 그렇다. 몇몇 나라, 특히 미국인은 태울 수 있는 모든 것을 찾아내 미친 듯이 태워왔다. 지난 수 세기 동안 우리는 나무를 태우고, 고래를 태우고, 결국 원유를 땅에서 퍼 올려 태웠다. 우리는 폐기물을 관리하는 방법을 알지 못했으므로 그냥 하늘에 버려왔다. 문제는 그 하늘은 지구에 사는 모든 이가 공유하는 하늘이라는 것이다. 너무 크기 때문에 피해가 쌓이는데 시간이 걸렸지만, 이제 이웃이 화가 났다. 그들은 늦게 시작했기에, 이제 우리를 따라잡으려고 가능한 한 빠르게 태우고 있다. 우리가 그런 길을 막고 싶다면, 먼저 더 나은 본보기가 될 필요가 있다.

## 토스터 경제학

지구인 한 사람이 하루 동안 사용하는 에너지를 모두 합치면, 그 양은 토스터 하나를 24시간 내내 켜둔 것과 비슷하다. 토스터의 버튼을 테이프로 고정해 절대 올라오지 않게 만들고, 밤낮없이 계속 작동시키는 모습을 상상해 보라. 그게 바로 우리가 소비하는 전체 에너지다.

햄버거 세트(해피밀), 헤어드라이어, 에어컨, 비행기, 이 모든 것이 그 '토스터 하나'에 들어 있다. 하지만, 그런 걸 누릴 수 있는 사람은 '보너스 토스터'를 더 받는다. 미국인은 여덟 개의 토스터, 유럽인은 네 개의 토스터를 쓴다. 그리고 전 세계 30억 명의 사람들은 토스터 하나에도 못 미치는 에너지로 살아간다. 이 불균형이야말로, 오늘날 세계가 이렇게 돌아가는 이유를 설명하는 가장 핵심적인 사실이다.

미국인이 부자인 이유는 에너지 접근성 때문이다. 우리는 그것을 많이, 24시간 내내, 그리고 저렴하게 얻는다. 나이지리아의 라고스를 가 보라. 로스앤젤레스보다 큰 도시다. 전기는 거의 매일 끊기고, 여유 있는 사람은 모두 디젤 발전기를 비상용으로 갖춘다. 실제로 디젤은 돈보다 더 값지다. 미국인들이 당연히 여기는 에너지를, 라고스 사람들은 몸으로 체감하며 살아간다. 우리가 흔히 '에너지 문제를 해결해야 한다'고 말할 때, 대부분의 사람은 '세계적 규모의 수요'를 제대로 생각하지 않는다. 사실, 수요 예측 그래프는 거의 본 적도 없을 것이다. 대신 생산량이 해마다 몇 퍼센트 늘어난다는 공급 그래프만 본다. 그 이유는 간단하다. 거의 누구도 진짜 수요를 정직하게 바라보지 않기 때문이다.

성장은 결국 핵심 변수다. 세상의 진짜 에너지 수요는 얼마일까? 한 번도 셸(Shell)이 "휘발유 사세요" 하고 광고하는 걸 본 적 없을 것이다. 그럴 필요가 없기 때문이다. 수요는 사실상 무한하다. 그래서 나는 이렇게 주장한다. "우리의 목표는 전 세계 에너지 생산량을 10배로 늘리는 것이어야 한다." 그 정도는 되어야, 지구 위 모든 인간이 미국인과 같은 생활수준을 누릴 수 있다. 불가능하게 들릴지 모르지만, 사실 우리는 이미 한 번 해냈다. 지난 한 세기 동안, 인류는 지구의 에너지 생산량을 실제로 10배 늘렸다. 문제는, 그와 동시에 인구도 10배 늘었다는 것이다. 결국, 문제는 여전히 제자리다. 다음 차트를 보라.

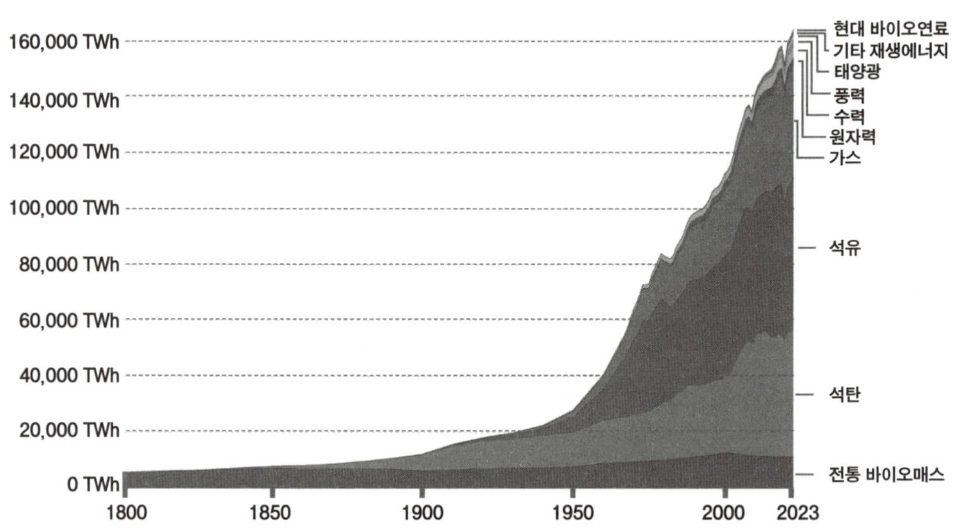



전 세계 1차 에너지 직접 소비 차트, 출처: Our World in Data.
데이터 출처: 에너지 인스티튜트 - 세계 에너지 통계 검토(2024); 스밀(2017).

우리는 더 많은 석탄, 석유, 가스를 태워서 그걸 달성했다. 다시는 그렇게 하고 싶지 않다. 우리는 대기를, 대기권을, 바다를, 강을, 숲을, 지구의 모든 아름다운 생태계를 그렇게 망치는 방식으로 10배를 이루고 싶지 않다. 우리가 해야 할 일은, 피해가 훨씬 적은 에너지원을 공격적으로 늘려서 10배로 만드는 것이다. 그건 거대한 도전처럼 들리지만, 사실 처음보다 훨씬 쉽다. 인류가 지금까지 소비한 거의 모든 에너지는 땅을 파내야 했다. 하지만 이번에는 그냥 기계를 만들어 배치하면 된다. 훨씬 더 작은 충격으로 같은 일을 할 수 있다.

세상의 문제를 이해하고 싶다면, 그것이 거의 모두 에너지에서 시작한다는 걸 깨달아야 한다. 에너지는 너무나 근본적이다. 그러나 매슬로의 욕구 단계에조차 나오지 않는다. 하지만 에너지가 가장 중요하다. 에너지를 해결하면, 수많은 문제를 공짜로 해결할 수 있다. 풍부하고, 깨끗하고, 값싼 에너지로 우리는 바닷물을 담수화해 모두에게 식수를 제공할 수 있다. 발명되고 있는 대기 중 탄소 포집 장치 같은, 엄청난 에너지가 필요한 장치들도 돌릴 수 있다. 고품질 · 안전 · 영양가 있는 음식을 모두에게 공급할 수 있다. 심지어 재활용도 합리적으로 만들 수 있다.

미국인은 오래 건강히 살 수 있는 모든 것을 가지고 있다. 우리는 이걸 힙스터 술, 어그 부츠, 새 틱톡 시즌 정주행 따위에 낭비하는 사치를 누리지만, 적어도 선택할 수 있는 자유가 있다. 하지만 세상 대부분의 사람에게는 그런 선택지가 없다. 그들은 자원이 제약된 삶을 살고 있다. 그들 역시 에너지 문제를 해결할 권리가 있으며, 어떤 수단을 쓰든 그렇게 할 것이다. 이미 우리가 누리고 있는 것을 그들이 원한다고 해서, 우리가 비난할 자격은 없다.

우리는 전 세계를 움직일 수 있는 기술을 개발하고 확장해 나갈 수 있는 리더십을 잡을 기회를 가지고 있다. 나스카(NASCAR: 미국 스톡카 자동차 경주) 타이어 고무를 영원히 태울 만큼 충분히 가스를 퍼 올릴 능력이 있다고 일이 끝나는 게 아니다. 진짜 임무는, 지구상의 모든 인간에게 미국인만큼의 에너지를 주는 것이다.

그 일이 이루어졌을 때 세상은 어떨까? 사람들이 무엇 때문에 싸울까? 전쟁은 무엇 때문에 일어날까? 자원 접근권, 에너지 접근권 때문이다. 만약 모두에게 충분히 넘칠 만큼 에너지가 주어진 세상이라면, 사람들은 무엇을 두고 싸울까? 아마도 미국인처럼, 시시한 주제로 트위터에서 싸우는 아름다운 미래를 상상한다.

# 에너지의 문명

우리는 원자로와 핵폭탄을 혼동했고, 잘못된 쪽을 금지했다.[38] 만약 반대로 했다면, 당신은 지구 온난화라는 말을 들어본 적도 없을 것이다. 그것이 이 놀라운 에너지원으로 가능한 일이었지만, 우리는 최악의 결정을 내렸고 수백만 명이 빈곤 속에 살도록 내버려두었다. 우리는 우라늄과 토륨 같은 중금속에 저장된 에너지를 다루는 데 필요한 모든 과학적 돌파구를 성취했다. 우리는 그걸 엄청난 양으로 캐냈다. 우리는 원자로를 짓는 모든 공학적 작업을 해냈고, 이게 가능하다는 걸 입증했다. 그러고는 스스로에게 온갖 무서운 이야기를 지어내며 어떤 일이 잘못될 수 있는지를 떠들었다. 결국 우리는 이 기술을 금지했고, 규제로 말살해 버렸다. 이제 우리 머릿속에 더 정확하고 긍정적인 이야기를 심어야 할 때다.

---

**38** 전 세계 약 12,000기의 핵탄두 [WARHEADS] 대 415기의 원자로. [REACTORS]

미국에는 아직 92기의 원자로가 가동 중이고, 이들이 미국의 청정 전기 절반 이상을 생산한다. 그러나 1990년 이후 새로운 건설은 사실상 멈췄다. 후쿠시마(자연재해), 스리마일섬(관리 실패), 체르노빌(관료적 무능)의 끔찍한 보도와는 달리, 원자로의 안전 기록을 보면 [NUCLEAR-SAFETY] 다른 어떤 에너지원보다도 안전하다. 심지어 풍력발전보다도 안전하며, 풍력은 태양광보다 세 배나 더 안전하다.

매년 870만 명이 대기 오염으로 사망한다. 그중 절반은 화석연료를 태워 생긴 야외 공기오염, 나머지 절반은 나무나 가축 배설물, 혹은 '생물연료'를 태워 음식을 조리하다 생긴 실내 오염 때문이다. 즉, 다섯 명 중 한 명이 '공기' 때문에 죽는다. 따라서 원자로를 지지하는 것은 매년 수백만 명을 살리자는 주장이다. 원자로를 반대하는 것은 매년 수백만 명을 계속 죽게 두자는 주장이다.


원자로는 이렇게 작동한다. 먼저, 하나의 별이 폭발해 우라늄이 만들어졌다. 그 일부가 지구라는 거대한 믹서기에 던져져 섞였다고 상상해 보라. 이 물질은 오랜 세월에 걸쳐 서서히 납으로 변해 가는 데, 그 속도는 수십억 년에 이른다. 이제 인간이 그걸 땅속에서 캐낸다. 하지만 그대로 쓸 수는 없다. 그 광석에서 소금과 온갖 잡물을 골라내 분리해야 한다. 이 물질은 거의 납의 두 배에 달하는 무게감이 있고, 금이나 텅스텐만큼 빽빽하게 밀도도 높다. 한 캔짜리 맥주만큼의 우라늄을 집어 들면, 마치 중력이 장난치는 것처럼 16파운드(약 6.8kg)처럼 느껴질 수 있다. 어떻게 이렇게 작아 보이는 게 이렇게 무거울까? 그건 각 우라늄 원자 안에 수많은 양성자와 중성자,

보통 238개나 들어 있기 때문이다. 비교하자면 우리가 익숙한 물건-예컨대 맥주 캔-에는 고작 스무 몇 개의 핵입자만 있을 뿐이다. 이건 마치 쇼핑 바구니에 맥주 한 상자를 채우는 것과, 두루마리 휴지 한 상자를 채우는 것의 차이와 비슷하다. 그런데 기적 같은 사실은 이렇다. 맥주 캔 하나만큼의 우라늄 속에는 당신과 당신 가족이 평생 충당할 수 있는 에너지가 들어 있다. 하지만 우리가 캔 우라늄은 이미 수십억 년 동안 조금씩 붕괴해 온 상태다. 만약 우라늄을 빅뱅 직후 바로 얻었다면, 여전히 '뜨거운' 상태여서 중성자가 튀어나오며 이웃 원자들을 계속 때리고 있었을 것이다. 실제로 얼마 전까지도 이런 현상이 가봉의 오클로라는 지역에서 자연 원자로 형태로 일어났다. 문제는, 그런 '가장 유용한' 물질의 양이 오래된 시간 때문에 많이 줄어들었다는 점이다. 이건 우리에게 불리한 일이다. 왜냐하면 핵분열 반응을 일으키기에 적합한 물질이 바로 그 '유용한 성분'이기 때문이다. 다행히도 1940년대로 거슬러 가보면 천재 과학자들은 이 문제 해결에 착수했고, 우라늄 농축 기술을 개발했다. 이를 여과 장치에 비유해 보자. 차가운 것들을 가려내고, '뜨거운' 성분을 남기는 필터 같은 것이다. 이 과정은 전체를 매우 불안정하게 만든다. 마치 타코에 너무 많은 소를 채워 한입에 베어 물기 힘든 것과 같다.

　실제로 우라늄을 가열해 기체로 만든 뒤 원심분리기로 돌려 일부를 농축한다. 그 농축된 부분은 무거워져 수집되고, 연료봉으로 성형되어 원자로의 연료가 된다. 만화나 드라마에서 보이는 '녹색으로 빛나는 막대' 같은 이미지는 사실이 아니다. 그 연료봉은 녹색으로 빛나지도 않고, 심지어 장갑을 끼면 손으로 집을 수 있을 정도로 방사능도 심하지 않다. 이 연료봉을 원자로 심장부에 넣고, 캘리포늄이나 플루토늄 같은 약간의 물질 근처에 두면 중성자가 날아다니며 우라늄 원자를 때리기 시작한다. 이 충격으로 우라늄 원자는 더 많은 중성자를 방출하고, 그 중성자들이 다시 다른 원자를 때리며 연쇄반응이 일어난다. 이것은 미끄러운 타일 바닥 위에서 신이 난 강아지 떼가 뛰노는 모습처럼 통제 불능의 반응으로 이어지며, 상상을 초월하는 양의 에너지를 방출한다. 그 에너지의 대부분은 열이다. 문제는, 이 장치가 너무 뜨거워지면 모든 것이 녹아내릴 수 있다는 점이다(예: 체르노빌). 그래서 우리는 자동차 라디에이터처럼 원자로에 냉각수를 흐르게 한다. 보통은 물이다. 뜨거워진 물로 증기를 만들고, 그 증기가 터빈을 돌리고, 터빈이 발전기를 돌려 전자를 뿜어낸다. 그 전자는 전선을 타고 집으로 들어가 토스터를 구워준다. 세부 사항은 건너뛰었지만, 기본 원리는 이렇다. 원자로는 중금속을 전기로 바꾸는 장치다.

그렇다면, 무엇이 잘못될 수 있을까? 내가 어릴 때의 자동차는 지금보다 훨씬 신뢰성이 떨어졌다. 냉각수 호스 하나만 터져도 엔진이 과열되어 뒤틀리거나 금이 가기 일쑤였다. 나의 1982년식 토요타 랜드크루저도 그랬다. 그 차를 2,000달러에 팔았는데, 지금은 희귀 수집품이 되어버려 다시 살 수도 없으니, 내가 미래를 예측한다는 말은 과장이 분명하다. 대부분의 원자로도 마찬가지다. 냉각수가 흐르지 않게 되면, 연쇄 반응을 제어할 수 없게 된다. 그 결과 일정한 열이 아니라 기하급수적으로 증가하는 열이 발생하고, 결국 전체가 녹아내린다. 지구상 어떤 물질도 그 정도의 열을 견디며 버틸 수

는 없다.[39]

이게 1986년 체르노빌에서 벌어진 일이다. 보이지 않는 악마 같은 힘으로 여긴다. 하지만 생각해 보라. 햇빛 역시 방사능이다. 적당히 받으면 기분이 좋지만, 너무 오래 쬐면 랍스터처럼 붉게 변한다. 우라늄에서 나오는 방사능도 마찬가지다. 다만 눈에 보이지 않을 뿐이다. 인간은 보이지 않는 것에 특히 겁을 먹는다. 그래서 체르노빌 이후 퍼진 가장 큰 피해는 '돌연변이 괴물이 될 거야'라는 공포였다.

두 번째 큰 문제는 결국 우라늄 원자들을 많이 쪼개 버리면, 더 이상 예측 가능한 핵분열 반응을 유지할 만큼 남아 있지 않다는 점이다. 그래서 사용한 연료를 꺼내어 인근 냉각수 풀에 보관한다. 사실상 '영구 보관'이다. 이 연료 저장소는 사람을 불안하게 한다. 지진, 폭탄, 기타 사고로 다시 붕괴가 시작될 수 있다는 우려 때문이다. 잘못되면 방사능이 새어나와 환경을 오염시키거나 건강을 해칠 수 있다고 걱정한다. 이런 시나리오가 불가능한 건 아니지만, 현대적 저장 방식으로는 충분히 관리할 수 있다.

세 번째 문제는 농축 후 남은 폐기물이다. 농축 과정에서 남은 극도로 희석된 우라늄이다. 우리는 그것을 거대한 스테인리스 용기에 담아 영구 보관한다. 그런데 이건 거의 방사능도 없고, 따뜻하지도 않다. 부엌 식탁 위에 올려놔도 아무 일도 없을 것이다. 우리는 그걸 계속 쌓아두고 있다. 그래서 나는 가끔 상상한다. '언젠가 손주

---

[39] 이는 체르노빌 같은 불안정한 원자로에서만 해당. 다른 대부분(예: 경수로)은 냉각수가 사라지면 중성자 감속이 멈춰 연쇄반응도 멈춘다. 단, 7%의 붕괴열은 남아 있어 여전히 위험하다. 후쿠시마와 스리마일섬이 그 사례.

세대가 이걸로 크로스핏 체육관을 지을 방법을 찾지 않을까?'

네 번째 문제는 핵 확산 위험이다. 원자로를 이용해 우라늄 238을 중성자로 쬐어 플루토늄을 만들 수 있고, 사용 후 핵연료에서 고방사성 물질을 훔쳐 '더티 밤'(dirty bomb: 방사능 오염을 퍼뜨리는 테러용 폭탄)을 만들 수도 있다는 우려다. 나는 어떤 폭탄이 '깨끗한'지 모르겠지만, 어쨌든 이런 이유가 늘 새 원자로 건설을 막는 구실이 되어왔다.

## 핵폐기물로 가동되는 원자로

2007년, 인텔렉추얼 벤처스 랩에서 우리는 세계에서 가장 창의적인 두뇌들과 함께 에너지 문제 해결에 나섰다. 처음엔 더 나은 배터리나 태양광 패널을 발명하려 했지만, 수요 계산을 할 때마다 충분한 생산량이 보이지 않았다. 그때 팀에 있던 로웰 우드(토머스 에디슨을 제치고 미국 역사상 최다 특허 발명가)가 과거 로렌스 리버모어 국립연구소에서 연구했던 아이디어를 다시 보자고 제안했다. 바로 핵폐기물로 작동하는 원자로였다.[40]

이것이 테라파워(TerraPower: 빌 게이츠가 설립한 차세대 원자로 개발 기업)의 [TERRAPOWER] 시작이었다.

현재 가동 중인 원자로들은 대부분 우리가 태어나기 전, 연필과 계산 자로 설계된 것들이다. 이후 일부 혁신-예컨대 컴퓨터로 상

---

[40] 1958년, 사벨리 모이세예비치 파인베르그에 의해 처음 제안되었다.

태를 모니터링하는 기능-이 안전성을 높였지만, 근본 기술은 크게 변하지 않았다. 그러나 이제는 슈퍼컴퓨터로 원자로 코어 안의 물리 현상을 시뮬레이션할 수 있다. 중성자의 활동을 모델링하면 현대적이고 안전한 원자로 설계가 가능하다. 이러한 계산 능력의 발전 덕분에 '트래블링 웨이브 원자로'(traveling-wave reactor: 우라늄을 점진적으로 플루토늄으로 바꿔가며 내부에서 '파동처럼' 스스로 연소가 진행되는 차세대 원자로) 같은 새로운 개념의 원자로도 현실적인 설계가 가능해졌다.

'트래블링 웨이브 원자로'는 농축하지 않은 우라늄을 연료로 사용한다. 원자로 심 구조를 정밀하게 설계해 소량의 플루토늄이나 농축 우라늄으로 연쇄 반응을 시작하면, 중성자 파동이 발생한다. 이 파동은 농축되지 않은 우라늄을 플루토늄 연료로 바꾸고, 이어서 또 다른 중성자 파동이 발생해 열을 낸다. 연료가 한 번에 다 타는 것이 아니라 '타는 지점'이 이동하면서 연료가 순서대로 연소된다. 이는 시가가 한쪽 끝에서 다른 쪽 끝으로 서서히 타들어 가는 모습과 비슷하다.

이 설계는 기존 원자로의 문제를 해결한다. 체르노빌 같은 녹아내리는 위험은 없다. 연료는 안정적 배열로 되어 있어 냉각수 손실 시 자동으로 반응이 멈춘다. 게다가, 저압의 액체 금속 냉각재가 펌프나 발전기 없이 자연 순환한다. 후쿠시마나 스리마일섬처럼 일이 크게 잘못되더라도, 비에 젖은 시가처럼 그냥 꺼져버린다. 효율은 극적으로 높다. 오늘날 원자로는 우라늄의 에너지 중 0.7%만 쓴다. 이 방식은 20%를 쓸 수 있다. 따라서 같은 양의 에너지를 생산할 때 폐기물은 훨씬 줄어든다. 또한 핵 확산 위험도 줄어든다. 몇 기의 원자로를 가동한 이후에는 농축 시설이 필요하지 않으므로, 누군가 연료를 훔쳐 핵무기를 만들 가능성도 사라진다.

그렇다면 왜 우리는 아직 이런 원자로를 짓지 않는 걸까?

원자로가 실제로 일으킨 피해보다 더 큰 타격을 준 건, '차이나 신드롬' [CHINA-SYNDROME] 같은 할리우드의 디스토피아 영화들이 모두를 겁에 질리게 만들었다는 점이다. 〈더 데이 애프터〉는 [DAY-AFTER] 미국의 모든 남녀노소의 정신 속에 버섯구름을 각인시켰다.

원자로와 핵폭탄은 전혀 다른 것임에도 불구하고, 무서운 이야기가 더 잘 팔리니 우리는 그 영화를 할리우드가 만든 또 하나의 훌륭한 '핵의 경고'라는 이름으로 떠받들었다. 환경단체들-그린피스, 시에라 클럽-은 이 새로운 공포를 무기로 삼아 핵 발전 반대 운동에 열광했다. 가장 사랑받는 음악가들까지 가세해 '노 뉴크스(No Nukes)' 콘서트[41] 를 열며, 핵폭탄이 아니라 원자로를 반대했다. 심지어 석유업계의 기묘한 동맹까지도 원자로 금지 움직임을 지지했다. 그리고 이 모든 것은 엄청난 성공을 거두었다. 내 평생 동안 규제의 장벽, 대중의 반대, 소송이 맞물리며 원자로 보급은 사실상 사라져 버렸다.

테라파워의 초기 팀은 은퇴했다가 다시 불려 나온 노장 핵 엔지니어들과 대학을 갓 졸업한 젊은 엔지니어들로 이루어져 있었다. 그 사이 세대는 존재하지 않았다. 왜냐하면 수십 년 동안 아무도 새

---

[41] Musicians United for Safe Energy: 안전한 에너지를 위한 음악인 연합. [MUSE], 이름만 들으면 무해해 보이죠?

로운 원자로를 설계하지 않았기 때문이다. 2010년 무렵, 팀은 미국 에너지부와 핵규제위원회(NRC)의 승인을 받으려 했다. 다음은 그 과정을 내 방식으로 각색한 대화다.[42]

테라파워: "안녕하세요, 저희가 새로운 원자로 설계를 만들었습니다. 엄청 안전합니다. 분명 좋아하실 겁니다."

NRC: "음, 그래요."[43]

테라파워: "저희가 인증을 받고, 테스트 코어를 짓고 싶습니다."[44]

NRC: "그 일을 담당하던 사람은 7년 전에 은퇴했어요. 대체 인력은 아직 계획이 없네요."

테라파워: "그럼 우리는 어떻게 하죠?"

NRC: "러시아나 중국에 가보세요. 거기선 지을 수 있게 해줄지도 모르죠, 음, 그래요."


그래서 테라파워는 중국으로 갔다. 2015년 시진핑의 미국 방문 때, 중국국가원자공사가 시험용 원자로 건설 협정을 [TEST-CORE] 발표했다. 시진핑은 시애틀 연구소까지 직접 와서 진행 상황을 확인했다. 그러나 미·중 무역 전쟁으로 이 프로젝트는 중단됐다. 테라파워팀은 수년간 노력했지만, 17년이 훌쩍 지난 지금도 테

---

42 실제 기록은 아니며, 저자의 상상 대화임.
43 『사우스파크』의 상담교사 맥키 씨의 목소리를 상상하며 쓴 대사. [MACKEY]
44 테라파워의 대사를 『사우스파크』의 카트먼 목소리로 상상.

라파워는 여전히 단 한 기의 원자로도 갖지 못한 상태다.

　여기서 잠시 멈추고, 나는 절규하고 싶다. 우리는 점점 더 많은 법을 만들어낸다. 그런데 대부분은 사람들이 원해서가 아니라 기업이 원해서 만들어진다. 타코 트럭이나 필라테스 스튜디오, 스타트업, 혹은 대부분의 개인 사업체 얘기가 아니다. 이들은 법을 요구하는 게임에 참여할 여력이 없다. 그 게임은 비용이 많이 든다. 정치자금 기부, 로비스트, 골프, 그리고 아마도 향락적인 거래까지 포함된다. 게임은 대기업들이 하는 것이다. 거대 산업은 너무 많은 법을 요구하다 보니, 아예 그들을 돕기 위해 세 글자짜리 정부 기관이 만들어지기도 한다. FCC(Federal Communications Commission: 미국 연방통신위원회)를 버라이즌이나 AT&T[45]의 부서처럼, FDA(Food and Drug Administration: 미국 식품의약품국)를 몬산토나 머크[46]의 자회사처럼 생각해도 될 정도다. 때로는 의회가 셸이나 셰브론이 선수를 모두 뽑아놓은 피구 게임처럼 보이기도 했다.

　어떤 성공적인 제도든 시간이 지나면 '면역체계'를 발전시킨다. 면역체계의 임무는 위험을 억제하는 것이다. 제도의 생존을 위협할 수 있는 건 모두 위험으로 간주한다. 그것이 기업이든, 산업이든, 종교든, 민주주의든 말이다. 그런데 위험처럼 보이는 것은 결국

---

**45**　2017년, FCC의 '회전문 인사' 위원장이자 전직 버라이즌 변호사였던 아지트 파이는 2015년 제정된 '오픈 인터넷 명령'을 폐지했다. 이 명령은 인터넷 서비스 제공업체(ISP)가 특정 콘텐츠를 차단하거나 속도를 늦추거나 우선순위를 두는 행위를 금지하는 규정이었다. 폐지는 버라이즌, AT&T, 컴캐스트 같은 주요 ISP들의 전폭적인 지지를 받았는데, 이들은 인터넷 트래픽을 더 많이 통제할 수 있게 되면 재정적으로 이득을 볼 수 있기 때문이다.

**46**　1999년, FDA는 머크의 진통제 바이옥스를 승인했고, 이 약은 2004년 머크가 자발적으로 철수할 때까지 시장에 남아 있었다. 이후 FDA 내부고발자는, FDA가 자사 과학자들이 제기한 안전성 우려를 무시하거나 축소했다고 주장했는데, 이는 제약업계와의 밀접한 관계에 영향을 받았을 가능성이 있다는 의혹이다.

변화[47]다.

만약 내가 여기서 말하는 아이디어를 비판하려 한다면, 가장 강력한 반론은 아마도 "파블로스, 헛소리하지 마. 규제 환경이 너무 빡세"일 것이다. 그건 내가 이길 수 없는 논리다. 성숙한 산업(예: 제약, 에너지, 통신 같은 큰 산업)에서 '규제 포획(원래 국민이나 공익을 위해 산업을 감독·규제해야 하는 정부 기관이, 오히려 그 산업의 이해관계를 대변하게 되는 현상)'은 성공의 불가피한 결과다. 그러나 어느 순간부터 거대 기업이 규제 기관을 장악해 혁신을 가로막는 구조(규제 포획)는 혁신을 죽이는 독이 되고, 우리를 앞으로 나아가게 하는 게 아니라 발목을 잡아버린다.

사람들이 자본주의에 느끼는 많은 분노는 사실 잘못된 방향으로 향하고 있다. 그 화살은 규제 포획[48]을 향해야 한다. 이 책에서 말하는 어떤 혁신적인 아이디어들이 실제로 이루어지려면, 우리가 태어나기 한 세기 전부터 뿌리내려 온 거대한 산업과 맞서야 한다. 다행히도 이 행성에는 미국과는 전혀 다른 방식으로 엉망인 나라가 194개나 있다!

여기는 켄터키주 파두카에 있는 저장고다. 70만 톤이 넘는 감손 우라늄이 쌓여 있다. 원자로와 폭탄을 만들면서 남은 부산물이다. 우리는 그것을 후손들에게 유산처럼 남겨두었다. 그들이 우리보다 똑똑하길 바랄 뿐이다. 단지 이 한 저장고에만, 지구 전체를 앞으

---

**47** 간결한 설명을 제공해 준 살림 이쉬마일에게 감사드린다.

**48** 빌 걸리의 뛰어난 강연, 규제 포획에 대한 강연. [2851]

로 약 천 년 동안 성장까지 포함해 모두 가동할 수 있을 만큼의 에너지가 들어 있다. 우리는 우라늄을 새로 캐낼 필요조차 없다. 러시아와 중국에도 비슷한 저장고가 존재한다.

그래도 다행히, 몇 가지 긍정적인 변화가 일어나고 있다. 이제는 더 이상 환경운동가들과 싸우지 않는다. 새로운 세대는 훨씬 더 교육받았고, 에너지가 환경을 보존하는 데 어떤 역할을 하는지 깊이 이해하고 있다. 그리고 무엇보다, 이 문제를 망쳐놓은 부모 세대에

미국 에너지부(US Department of Energy)의 켄터키주 파푸카 우라늄 비축시설.

117

게 화가 나 있다. 우리 아이들은 원자로를 짓지 않은 우리가 바보라고 생각한다. 그래서 나는, 그들의 세대가 인류 역사에서 부끄러운 순간을 바로잡고 원자로를 많이 지어낼 수 있으리라 희망한다.

테라파워조차도 원자로를 지을 수 있는 방법을 찾았다. 현재 NRC(미국 원자력 규제위원회)가 승인을 검토 중이다. 이는 위에서 설명한 트래블링 웨이브 원자로는 아니지만, 훨씬 더 나은 현대식 나트륨냉각 고속로다. 2024년 8월, 미국 의회는 거의 만장일치로 법안을 [ADVANCE] 통과시켜, NRC가 신형 원자로 설계 승인을 서두르도록 지시했다. 듣자 하니, NRC는 원자로를 개발하는 회사들에게 훨씬 더 우호적이고 도움이 되는 조직으로 바뀌고 있다.

나는 첨단 원자로 기술을 정말 좋아하지만, 오늘 당장 지을 수 있는 AP1000 같은 검증된 기존 설계도 충분히 가치가 있다. 우리는 그것들을 가능한 한 빨리 지어야 한다. 동시에, 엑스프라이즈(XPRIZE: 미국 비영리 단체가 주최하는 혁신 경연 대회)식 경쟁 프로그램을 열어 소형 원자로(SMR: small modular reactor)의 시제품 설계 경쟁을 진행하면 좋겠다. 실험적으로 다양한 모델을 시도하고, 그 과정에서 공학적 노하우와 경험을 다시 쌓는 것이다.[49] 그다음에는 가장 뛰어난 설계를 대상으로 킥스타터(Kickstarter: 미국 크라우드 펀딩 플랫폼)를 진행하면 된다![50]

---

[49] 내가 아무리 열정을 가지고 있어도, 원자로는 뛰어난 공학적 역량을 요구한다. 원자로를 만드는 일은 어렵다. 수많은 원자로 구상들이 실패할 것이다. 테라파워가 2007년 이후 배워온 똑같은 교훈을 새로운 팀들이 다시 배우게 될 것이다. 이런 과정은 1953년 릭코버 메모 이후 늘 있어온 표준 절차다. [RICKOVER]

[50] 나는 한때 이 아이디어를 〈딥퓨처(Deep Future)〉 팟캐스트에서 제안한 적이 있다. [KICKSTARTER]

## 누구의 뒷마당에서도 1마일 떨어진 곳

작년, 스티븐 울프럼이 내게 말했다. 그의 친구가 신속히 승인받을 수 있는 원자로를 발명했다고. 나는 테라파워 경험 때문에 상처가 많았지만, 한번 보자고 했다. 발명가는 리치 뮐러였는데, 그의 이전 프로젝트에서 노벨상 두 개가 나왔다.

리치는 오래된 기술을 기반으로 한 원자로만이 승인 가능하다는 사실을 깨달았다. 그의 설계는 이미 미국 전역 100여 기에서 사용 중인 가압경수로 기술을 채택했다. 그의 해법은 기발했고, 나는 어떻게 작동하는지 설명하게 되어 무척 신난다.

딥 피션 [DEEPFISSION] 원자로는 맨홀을 통해 들어갈 정도로 작다. 구멍을 뚫어 1마일 깊이로 내려보낸다. 그 구멍의 관에 물을 채워 원자로를 순환시키면, 즉시 증기로 변해 지상으로 올라와 터빈을 돌리고 발전기를 돌린다. 그러면 15메가와트의 전기가 생산된다. 이는 약 11,000가구가 사용할 수 있는 전력으로, 심지어 밤에 다들 테슬라를 충전한다고 해도 충분하다.

이것은 소형 모듈 원자로(SMR)라고 불린다. 크기는 도요타 자동차 정도다. '작다'는 것의 가치는, 설계를 빠르게 반복할 수 있다는 데 있다. 개당 100억 달러가 드는 설계는 반복하기 어렵다. 그러나 SMR은 수백만 달러에서 시작해 곧 빠르게 더 저렴해진다. 더 많은 전력이 필요하다? 문제없다. 그냥 구멍을 하나 더 뚫으면 된다. 그게 바로 '모듈형'이라는 뜻이다. 만약 녹아내린다면? 지표면에 방사능이 나타날 일은 없다.

오늘날 대부분의 원자로는 냉각을 위해 펌프가 필요하다. 체르노빌과 후쿠시마는 펌프가 멈췄을 때 무슨 일이 일어나는지를 보여 준다. 원자로가 과열되고, 결국 멜트다운(노심 용융)이 일어난다. 그러나 딥 피션 원자로는 이 문제를 아주 영리하게 해결했다. 1마일 깊이의 물기둥은 중력만으로 필요한 압력을 정확히 만들어낸다. 지구에 중력이 존재하는 한, 원자로는 계속 냉각된다. 지금까지 중력은 꽤 믿을 만했다.

현재 원자로 안전 규정은 포트 녹스(Fort Knox)급 콘크리트 구조물로 둘러싸야 한다는 것이다. 747여객기가 가미카제 공격을 해도 코어는 손상되지 않을 만큼 두꺼운 콘크리트다. 이 격납 용기는 원전 건설에서 가장 큰 비용 중 하나다. 심지어 코어보다 비싸다! 그러나 딥 피션 원자로는 이 격납을 공짜로 얻는다. 원자로와 누군가의 뒷마당 사이에는 100억 톤의 암석이 있기 때문이다.(딥 피션 원자로는 1마일 깊이의 땅속에 묻혀 있어서, 그 위에 이미 수십억 톤에 달하는 암석층이 자연스럽게 덮고 있다. 즉, 인공적으로 격납용기를 따로 만들 필요가 없다는 뜻이다. 암석이 곧 자연적인 방호벽 역할을 하기 때문이다.)

그렇다면 핵폐기물은 어떻게 할까? 약 40년의 수명이 끝나면 구멍을 봉인해 그곳에 영원히 두면 된다. 간단히 말해, 우리가 처음 발견했던 자리로 다시 돌려놓는 것이다.

언제 가질 수 있을까? 딥 피션은 이미 설계 승인을 추진 중이다. 몇 년 안에 첫 기기를 건설할 수 있기를 바란다.

내 평생 석유 산업은 가장 크고, 가장 수익성이 높으며, 가장 영향력이 큰 산업이었다. 워싱턴 DC에서 석유 산업과 관련 없는 구석을 찾기 힘들다. 반면, 기술 산업은 주로 2,851마일 떨어진 캘리포니아에 자리 잡고, 정부와 거리를 두려 했다. 이 변화는 1990년대

말, 마이크로소프트가 반독점법 위반으로 공격받으면서 시작됐다. 그 후 10년쯤 지나서야 다른 거대 기술 기업들도 연방정부에 주목했다. 당신도 아마 의회 청문회에 출석한 CEO들이 "좋아요 버튼"이나 가지 이모티콘에 대해 증언하는 밈을 본 적 있을 것이다.

최근 몇 달 동안, 기술 산업은 자사의 거대한 데이터센터와 초대형 AI 모델을 돌릴 천문학적인 슈퍼컴퓨터를 위해 엄청난 에너지가 필요하다는 걸 깨달았다. 과장된 표현이 다 떨어질 지경인데, 필요한 건 풍부하고, 저렴하고, 깨끗한 에너지다. 이제 기술 산업은 이 행성에서 가장 크고, 가장 수익성이 높으며, 가장 강력한 산업이다. 이들은 의회의 모든 의석 선거에 자금을 댈 것이고, 원자로 건설을 요구할 것이다. 기술 산업, 의회, AI에 대해 우리가 어떤 불만을 갖고 있든, 어쩌면 이 셋이 힘을 합쳐 세상을 구할 수도 있다.

사람들은 원자로가 비싸고, 예산을 초과하며, 건설에 오랜 시간이 걸린다고 불평한다. 미국에서는 이 모든 게 사실이었다. 그러나 중국에는 현재 26기의 원자로가 건설 중이다. 그들은 제때, 예산 안에 원자로를 완성한다. 대부분은 전투로 단련된 고도로 최적화된 수냉식 원자로이다. 미국이 최근 조지아주에 건설한 AP1000 두 기와 같은 것이다. 새로운 기술은 아니지만, 확실히 작동한다.

미국의 원자로 함대는 마치 맞춤 예술 프로젝트 같다. 서로 호환되는 부품이 전혀 없다. 만약 맥킨지 컨설턴트와 보잉을 앉혀서 "어떻게 하면 가장 비싸게 무언가를 지을 수 있을까?"라고 묻는다면, 지금 미국 원자로와 비슷한 답을 내놓을 것이다. 우리는 원자로를 단순히 짓는 것만이 아니라, 원자로 공장을 만들어야 한다. 원자로는 자동차처럼 조립 라인에서 생산되어야 한다. 그러나 우리는 각각

을 프랭크 게리 건물처럼 지었다.[51]

미국은 반도체 건설에 막대한 투자를 하고 있다. 중국은 원자로 건설에 막대한 투자를 하고 있다. 이 둘 중 어느 것도 다른 하나가 없이는 쓸모가 없다.[52]

---

[51] 프랭크 게리는 사실 예산 준수에 능하다. 어쩌면 그에게 원자로 설계를 맡길 수도 있다.

[52] 닉 투란의 훌륭한 웹사이트 〈What Is Nuclear〉에 [WHAT-IS-NUCLEAR] 들어가 더 깊이 살펴보길 권한다. 또 올리버 스톤의 다큐멘터리 〈Nuclear Now〉도 [NUCLEAR NOW] 꼭 보길 추천한다. 스톤은 전 세계를 돌며 현재 어떤 일이 벌어지고 있는지를 보여준다. 만약 미국의 상황을 제대로 이해하고 싶다면, 〈Why Nuclear Power has been a Flop〉을 [FLOP] 읽는 것보다 나은 방법은 없을 것이다. 이 글은 원자로가 직면한 규제, 법률, 기술적 난관을 자세하게 다루고 있다.

## 에너지의 그늘과 균형

태양광 패널에는 두 가지 큰 문제가 있다. 구름과 밤. 밤의 끊임없는 습격은 태양광 패널을 좀먹는다. 내가 어렸을 때, 독일 엔지니어들은 지구에서 가장 똑똑한 사람들이었다. 나는 프라프 재봉틀과 아우디 변속기에 늘 감탄하곤 했다. 프랑스 사람들은 그냥 시를 읊고 치즈 냄새를 맡는 바보들이었다. 그런데 환경을 지키고 기후 변화를 막겠다는 명목으로, 독일 의회 의원들은 태양이 닿지 않는 곳에 머리를 처박고, 배출제로의 원자로를 폐쇄하고 러시아에서 가스를 더 사다 태우기로 결정했다. [GERMAN-NUCLEAR]

물론 그들은 이야기를 이런 식으로 포장하지 않는다.[53] 대신 태양광 패널을 얼마나 많이 설치했는지를 자랑하곤 한다. 자, 그게 얼마나 잘 되고 있는지 한번 보자.

다음은 독일에 설치된 태양광 발전 용량이다.

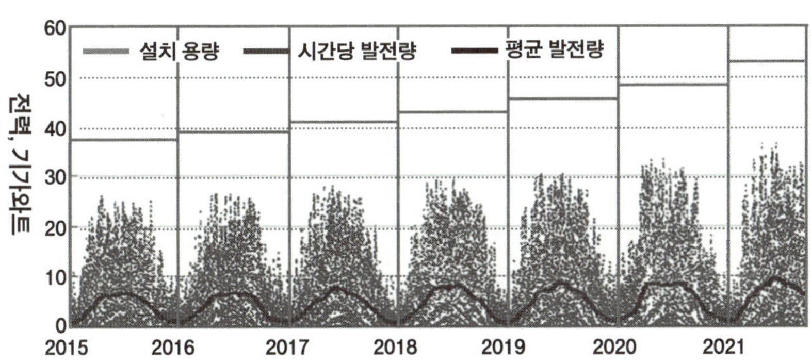


독일 재생에너지의 설비 이용률. 에밀 프리드만(Emil Fridman)이 작성한 차트.

위쪽 굵은 선은 설치된 태양광 설비 용량을 보여준다. 60기가
와트가 넘는다. 웬만한 나라를 돌릴 수 있는 수준이다! 독일 언론에
찬란하게 포장된 보고서가 강조하는 부분이 바로 이것이다. [GER-
MAN SOLAR]

아래쪽 선은 실제로 설치된 패널이 생산한 전기를 보여준다.
여름에는 설치 용량의 20% 정도를 얻을 때도 있다. 재미있는 사실
은 독일에서는 겨울에 태양이 비치지 않는다. 실제로 겨울철 태양광
발전량은 종종 3~4%에 불과하다. 독일인들은 이런 패널들을 제조
하고, 배치하고, 닦는 데 돈을 쏟아부었지만, 표기한 용량에 가까운
전력을 얻은 적은 한 번도 없었고 앞으로도 없을 것이다.

내가 독일을 콕 집어 말하지만, 사실 독일만의 문제가 아니다.
우리 모두의 문제다. 우리는 스스로에게 거짓말을 하고 있다. 세상
은 24시간 안정적으로 돌아가는 기저부하 전력(baseload energy: 전력
수요 중에서 하루 24시간, 계절과 상관없이 꾸준히 필요한 최소 전력량)이
필요하다. 그러나 풍력이나 태양광으로는 그걸 충족할 수 없다. 이
점을 솔직하게 인정하지 않으면서, 대신 "매사추세츠주(10,555제곱마
일 전체)를 태양광 패널로 덮으면 지구 전체를 돌릴 수 있다" 같은 환
상으로 스스로를 달랜다. 실제로는 미국 전체를 감당하려면 조지아
주(59,425제곱마일) 크기만큼 패널이 필요하다.[54] 그런데 조지아주에
는 밤에 태양이 뜨는가? 에너지 저장 얘기는 꺼내지도 말자.

---

**53** 독일 연방 경제·기후행동부 웹사이트에는 원자로에 대한 언급이 전혀 없다. 그들의 재생에너지 홍
보 보고서에는 원자력 얘기가 빠져 있다. [GERMAN-SOLAR]

**54** 냅킨 계산: 매사추세츠·조지아 주 면적에 필요한 태양광 패널 계산. [SQUARE-MILES]

좋다, 이제 꺼내보자. "도시에 밤새 전기를 공급할 수 있을 만큼 놀라운 배터리를 누군가 발명하면 되지 않겠느냐?"라는 말을 할 수 있다. 세계에서 가장 큰 배터리 프로젝트는[55] 스포캔(Spokane)을 밤새 돌릴 정도의 에너지는 저장할 수 있다. 하지만 그것도 스포캔은 저녁 여섯 시면 모든 것이 문을 닫기 때문이다. 현재 상황에서 지구 전체를 밤새 돌리려면, 테슬라 메가팩(Tesla Megapacks)으로 약 100조 달러 규모의 배터리가 필요하다. [MEGAPACKS]

지형 조건이 좋은 일부 지역은 물을 높은 곳으로 퍼 올렸다가 수력발전 방식으로 저장하는 게 가능하다. 하지만 대부분의 도시는 이런 방법이 불가능하다. 결국 밤이나 폭풍우 때를 대비해 석탄이나 가스 발전소를 짓고 유지해야 한다. 태양광 옹호자들은 이런 비용을 장밋빛 전망 속에 잘 반영하지 않는다. 그저 배터리 산업으로 책임을 떠넘기고, 배터리 산업은 다시 채굴업으로 떠넘기는 식이다. 그 과정이 어떻게 돌아가는지는 차라리 모르는 게 낫다. 결국 태양광이나 풍력이 화석연료를 대체하려면 에너지 저장에서 기적이 필요하다. 하지만 우리는 여전히 그 기적을 기다리고 있을 뿐이다.


## 우주에서 쏟아지는 죽음 광선

자, 미친 듯이 들리는 아이디어 하나, 태양광 패널을 로켓에 실어 우주로 쏘아 올리면 어떨까? 우주에는 밤이 없다. 각도가 나빠서

---

55 토그드조그(Togdjog) 공유 에너지 저장소 [TOGDJOG] 약 1,080MWh 용량.

못 볼 뿐이다. 우주에는 항상 정오가 있다. 구름은 없다. 우주의 태양광 발전소는 연중무휴 24시간 햇빛을 받을 수 있으며, 지상보다 실제로 8배 더 많은 에너지를 얻을 수 있다. 그런데 그 에너지를 어떻게 지구로 가져올까? 라디오파(전파)로 쏘아내리면 된다. 라디오파는 구름을 뚫고 내려올 수 있어, 한밤중이나 눈보라 속에서도 지상 안테나에 에너지를 보낼 수 있다.

이건 들리는 것보다 훨씬 실용적이다. 필요한 모든 기술은 이미 존재한다. 새로운 돌파구는 필요 없다. 라디오파는 당신이 태어나서 지금까지 평생 에너지를 쏘고 있었다. 라디오, 텔레비전, 휴대전화로. 아마 가장 어려운 부분은 빔을 조향하는 것인데, 이는 이미 위성 통신과 5G 네트워크에서 해결된 문제다.

이 아이디어는 약 60년간 공상과학에 등장해 왔지만, 들어본 사람은 거의 없다. 들어본 사람은 이게 웃길 만큼 비싸다고 안다. 우주왕복선 시절, 맥북 에어 한 대를 우주로 보내는 데 4만 달러가 들었다. 그러나 스페이스X는 그 비용을 1kg당 약 1,800달러까지 낮췄고, 현재 민간 우주 발사 시장에서 사실상 경쟁자가 없다. 블루 오리진, 스토크(Stoke-손가락을 꼬며 기대 중), 렐러티비티(Relativity-발가락까지 꼬며 기대 중) 같은 기업들도 곧 합류해 가격을 더 낮출 것이다.

대부분의 우주 태양광 발전 비용 추정치는 킬로그램당 약 300달러에 도달해야 손익분기점이 맞는다고 본다. 그 수준이면 전력망에 킬로와트시(kWh)당 약 10센트의 전기를 공급할 수 있는데, 이는 거의 모든 지역에서 충분히 경쟁력 있는 가격이다. 가장 좋은 경우라면 수력 발전소나 탄광 인근에서는 킬로와트시당 3센트도 가능하다.

아이러니하게도, 발사 비용은 '폭락' 중이다.

스페이스X의 스타십 목표가는 킬로그램당 10달러다.

즉, 킬로그램당 10달러에 물건을 우주로 쏠 수 있게 된다는 뜻이다. 그 가격이라면 골프채를 차고에 보관할 필요가 없다. 우주에 보관하는 게 더 싸질 테니까. 결국 우주를 'space(공간)'라고 부르는 데는 다 이유가 있는 셈이다. 이번 10년 안에, 우주에 설치된 태양광 패널이 지구 어디서든 가장 저렴한 기저부하 전력을 공급하게 될 것이다. 저장 장치도 필요 없고, 송전선도 필요 없다. 새로운 발견이나 기적 같은 것도 필요 없다.

그런데 문제는 뭘까?

버투스 솔리스팀이 [VIRTUS] 우주에 거대한 태양광 발전 단지를 짓겠다고 했을 때, 나는 솔직히 미친 소리처럼 들렸다. 나는 단순 곱셈을 잘하는 능력이 있어서, 처음엔 발사 비용 때문에 너무 비쌀 거라고 주장했다. 그런데 그들은 발사 비용이 얼마나 빠르게 내려가고 있는지를 내 머리에 각인시켰다. 나는 대기권에서 발생하는 에너지 손실이 너무 크다고 반박했다. 하지만 그들은 우주에서는 태양광 패널이 지상보다 8배나 더 많은 에너지를 얻을 수 있기 때문에 손실을 충분히 상쇄할 수 있다고 설명했다. 실제 손실도 내가 예상했던 것만큼 심하지 않았다. 빔 형성(beam forming)과 빔 조준(beam steering)에 대해서는 그들이 나를 설득할 필요가 없었다. 이런 기술은 이미 인텔렉추얼 벤처스 랩(Intellectual Ventures Lab)에서 메타물질을 활용해 개발된 바 있기 때문이다.

엘론 머스크는 우주 태양광 발전이 "당연히 절대 안 된다(obviously super doesn't work)"고 공개적으로 말한 적이 있다. [OBVIOUS-

LY] 나는 늘 그렇듯 머스크가 과장된 발언을 할 때 42초 동안 곰곰이 생각해 보았다. 어쨌든 그는 거의 항상 부분적으로는 옳기 때문이다. 내가 정리한 결론은 이렇다:

A. 그는 내가 모르는 무언가를 알고 있다. 충분히 가능하다. 그는 거대한 태양광 회사와 거대한 우주선 회사에 깊이 투자했으니까.

B. 나는 그가 모르는 무언가를 알고 있다. 가능은 하지만…

그가 전략적으로 허풍을 떠는 걸까? 스페이스X는 많은 로켓 발사 비용을 받아야 하는데, 우주에는 그렇게 큰 시장이 많지 않다. 위성 영상 시장은 수십억 달러 규모일 수 있지만, 수백억 달러 규모는 아니다. 위성 통신 시장은, 스타링크(Starlink: 스페이스X가 운영하는 저궤도 위성 인터넷 서비스)를 포함해도 수천억 달러 정도가 한계일 것이다. 군사용 위성 발사로는 분명히 돈을 벌고 있지만, 그 외에 대규모 상업 시장을 떠올리기는 어렵다. 반면, 버투스 솔리스가 우주에 설치하는 모든 태양광 패널은 곧바로 비용을 회수하고 돈을 벌기 시작할 것이다. 지상의 가장 큰 시장, 즉 사실상 무한한 수요를 가진 에너지 시장을 위해서다.

머스크는 우주 태양광이 되면 돈을 벌 수 있음에도 불구하고, 기존 사업 보호 · 투자자 신뢰 관리 · 경쟁자 견제 같은 이유 때문에 "안 된다"고 허풍을 떨었을까?

잠시 곱씹어 보자. 설령 스페이스X의 목표가 한 자릿수 차이만큼 빗나간다고 해도, 이 글을 읽는 거의 모든 사람은 아프리카 한복

판이나 극지방에도 킬로와트시(kWh)당 2센트 이하로 전력을 공급
할 수 있는 날을 살아서 보게 될 것이다. 앞으로 10년 뒤면, 우리는
매주 태양광 패널로 가득 찬 스타십(Starship: 일론 머스크가 이끄는 스
페이스X가 개발 중인 차세대 초대형 우주 발사체)을 발사할지도 모른다.

## 병 속의 태양

열한 살 때 쌍절곤을 손에 넣은 적이 있었다. 뒷마당에서 휘두르며 놀곤 했는데, 금세 공중에 팔자(∞) 모양을 그리다 보면 마치 내가 엄청난 고수라도 된 듯한 기분이 들었다. 하지만 뭔가를 실제로 내려치려고 하면 곧장 반동이 와서 내 머리를 때리곤 했다. 매번 그랬다. 다행히 처음엔 폼 재질로 된 안전한 쌍절곤이어서 심하게 다치진 않았다. 동생은 겁을 먹었지만, 동네 야구 선수들이 나타나선 그냥 비웃으며 내 손에서 쌍절곤을 낚아채 갔다. 결국, 나는 그다지 '센 사람'은 아니었던 거다.

십대가 되었을 때, 친구 스티브와 함께 가라테 학원을 다닌 적이 있었다. 주로 공중에 주먹질과 발차기를 반복하는 훈련이었는데, 별로 보람은 없었다. 나는 내 마른 체형으로는 누구도 위협할 수 없다는 걸 스스로 잘 알고 있었다.

그 무렵 내가 자주 들르던 동네 유일한 컴퓨터 가게에서 일하던 여자가 항상 발목에 모래주머니를 차고 있는 걸 봤다. 그녀는 태권도 훈련을 하고 있다고 했다. 나는 그게 결국 공중에 주먹질과 발차기를 하는 것 아니냐고 묻자, 대체로 그렇다고 대답했다. 그러면서 그녀는 최근 개봉한 영화 〈어보브 더 로(Above the Law)〉에 나오는, 주먹질이나 발차기가 없는 무술을 알려주었다. 아키도는 일본에서 가장 최근에 개발된 무술로, '조화'에 우선을 두는 것이 특징이다.

**合** (ai) — 조화 (Harmony)
**氣** (ki) — 기(에너지) (Energy)
**道** (dō) — 길, 도 (Way)

아키도에는 공격이 없다. 배운 모든 것은 상대의 공격에 대한 반응이다. 그래서 항상 파트너와 함께 수련한다. 파트너가 공격하면, 나의 임무는 말 대신 신체로 '그만해라'라는 메시지를 전달하는 것이다. 얼굴을 바닥에 누르고, 그들이 몸부림치지 못하게 잡아 힘줄이 끊어지지 않도록 멈추게 한다.

그 동작은 일본에서 개발한 모든 것처럼 통찰력 있고 효율적이며, 수십 년 동안 풀어내야 할 지혜를 담고 있다. 펀치(전형적인 공격 동작의 일부)는 실제로 명중하지 않고, 수비자가 대각선으로 공격자의 공간으로 들어가면서 가볍게 빗겨나간다. 이어지는 회전 동작은 공격자의 균형을 무너뜨리고, 공격자가 이를 회복하려 할 때는 이미 바닥에 쓰러져 팔이 관절기에 걸려 움직이지 못한다. 숙련되면, 공격자가 두 배 크기이자 훨씬 힘이 세도 막아낼 수 있다. 나 같은 e스포츠 체형에 완벽한 무술이었다!

그 당시, 아키도를 아는 이는 스티븐 시걸의 영화와 홍보 공세로 인한 것 외에는 없었다. 그의 전투 스타일은 '조화'라기보다는 폭력적으로 보였지만, 확실히 효과적이었다. 그는 잘난 체하는 표정 하나 변치 않은 채, 무한한 적들을 상대했다. 바보 같은 공격자들은 시걸이 무릎에서 일어나기도 전에 방 안을 날아다니며 쓰러졌다. 그는 일본에 도장이 있고, 실제 연습을 위해 어두운 골목에 나가 싸움을 걸었다는 기사도 읽었다. 아마도 그는 컴퓨터 해킹에는 젬병이었을 거다.

나는 곧바로 동네 아키도 도장에서 수련을 했다. 내 집착은 자기방어나 누군가를 때려눕히는 능력에 있지 않았다. 내가 매료된 것은 몸으로 하는 소통이었고, 아키도는 그것을 탐구하고 발전시킬 수 있는 길이었다.

그 후 10년 동안 수천 번이나 던져지면서 내 꿈과 공상은 언제나 이런 몸으로 두는 체스 경기로 가득 차 있었다. 모든 행동은 동등하면서도 반대되는 반응을 불러왔고, 그 반응은 전략적으로 나를 주도적인 위치에 세워주었다. 나는 부정적인 에너지를 받아들여 그것을 긍정적인 것으로 바꾼다는 철학을 내면화하게 되었다.

### 단 20년 뒤!

1920년대, 모리헤이 우에시바가 [UESHIBA] 아키도를 개발하던 시기에, 아서 에딩턴은 원자도 같은 일을 할 수 있다고 생각했다. 즉, 수소 원자가 다른 수소의 공격을 받아 그 에너지를 흡수하고 서로 융합하여 헬륨 원자가 된다는 것, 조화다. 이 과정에서, 원자 속에 갇힌 것들이-대부분 중성자-풀려나면서 상상도 못 할 양의 에너지를 방출한다. 에딩턴은 옳았다. 바로 이 과정이 태양, 그리고 모든 별을 움직이는 원리다. 태양의 질량은 지구의 33만 배에 달하며, 그 대부분은 수소를 헬륨으로 융합하는 데 쓰고 있다. 그때부터 과학자들은 지구에서도 같은 일을 할 수 있는 방법을 상상해 왔다. 만약 우리가 핵융합 발전소, 즉 조금의 에너지를 넣어 엄청난 에너지를 얻는 기계를 만들 수 있다면? 그것은 분명 모든 것을 바꿀 것이고, 아마 과학의 성배일 것이다.

어니스트 러더퍼드는 1934년에 처음으로 원자 두 개를 융합시키는 데 성공했다. 그렇다면 문제는 뭘까? 문제는, 지구에서의 플라즈마 핵융합 반응은 태양 내부보다 훨씬 더 뜨거워야 한다는 점이다. 어떤 용기에 넣어도 즉시 기화될 정도다. 그렇다면 진공 속에서 하면 어떨까? 태양도 사실은 진공 상태의 우주에서 거대한 핵융합 반응을 하고 있으니까. 하지만, 당신의 진공 안 한가운데서, 용기를 녹이지 않고 융합을 일으키는 방법은? 플라즈마의 자연스러운 팽창 때문에 매우 풀기 어려운 문제다.

지금까지의 주요 아이디어는 거대한 자석을 이용해 진공 속 플라즈마 핵융합 반응을 가두고 제어하는 것이다. 유럽에서 진행 중인 국제 핵융합 실험로(ITER: 아이터) 프로젝트가 바로 그것이다. 이 장치는 공학적 경이다. [ITER] 무게에 짓눌리지 않고 만들 수 있는 한도 내에서 가장 거대한 자석들로 구성되어 있다.

ITER 핵융합로 조감도.

거대한 자석들이 거대한 도넛 모양으로 배열된다. 만약 에어버스 A380 비행기를 관제탑 주위에 휘감을 수 있다면, 그 크기는 거의 똑같은 '우로보로스(꼬리를 물고 도는 뱀)'에 해당할 것이다. 아이디어는 이렇다. 플라즈마가 링 안에 떠 있는 상태가 되고, 그 안에서 중성자들이 사방으로 튀어나가 장치를 내부에서부터 파괴한다. 엄청난 열이 방출되어 약 500메가와트의 전력을 생산할 수 있다. 작동에는 약 50메가와트의 전기가 필요하다. 또한 삼중수소가 필요한데, 이건 당신 할아버지의 시계 바늘이 빛나도록 만드는 물질이다. 필요한 양은 무게로 보면 평생 동안 골든 리트리버 한 마리 정도에 불과하다. 하지만 압축하지 않았을 때의 부피는 월마트 매장 두 개에 해당한다. 문제는, 그것이 지구에 남아 있는 삼중수소 공급량의 대부분이라는 점이다. 새로운 삼중수소를 만들 수 있는 방법은 단 두 가지뿐이다. 일부 종류의 핵분열 원자로와 일부 종류의 핵융합 원자로에서다. 그런데 후자의 경우는 아직 존재하지 않고, 캐나다는 삼중수소를 생산하는 유일한 핵분열 원자로마저 폐쇄하고 있다.

새로운 기술을 생각할 때는 두 가지로 나누는 게 중요하다. 기적이 필요한 것과, 기적이 필요 없는 것. 나로 말하자면, 나는 후자에만 집중한다. 기초 연구는 우리가 할 수 있는 최대한의 지원을 받을 가치가 있지만, 사람들은 종종 이런 연구를 공학(실제 기술 개발)과 혼동하곤 한다. ITER은 여러 나라 정부가 자금을 지원하며 이런 기초 연구를 하기에는 적절한 맥락이다. 과학적 돌파구는 정말로 중요하다. 그리고 벤처 캐피털 투자자들은 종종 "곧 성배를 발견할 것처럼" 들리는 과학자에게 매혹되기도 한다. 하지만 기적은 일정에 맞춰 일어나지 않는다.

"핵융합은 앞으로 20년이면 된다. 그리고 항상 앞으로 20년일 것이다."

이건 물리학자들 사이에서 너무 오래된 농담이라, 이제는 언제 웃겼는지도 기억 못 할 정도다. 핵융합 연구의 궁극적인 목표는 "Q〉 1", 즉 투입한 에너지보다 더 많은 에너지를 뽑아내는 것이다. 그런 데 많은 사람들이 이 개념을 잘 이해하지 못한다.

국가 점화 시설(National Ignition Facility: NIF)도 훌륭한 핵융합 연구 프로젝트다. 매년 한 번쯤은 "순에너지 양성(핵융합 반응에서 투입한 에너지보다 더 많은 에너지를 뽑아내는 상태)"을 달성했다는 기사가 쏟아진다. 하지만 그건 이 장치를 가동하는 데 필요한 192개의 거대한 레이저를 구동하는 에너지를 계산에 넣지 않은 결과다.

최근 몇 년간 수많은 벤처 캐피털 자금이 핵융합 회사로 몰렸다. 각 회사는 저마다 곧 돌파구를 찾을 것처럼 주장한다. 이들 중 상당수는 투자자조차 제대로 볼 수 없거나 이해할 수 없는, 기술적으로 복잡한 '비밀 소스'를 가지고 있다고 말한다. 그들의 주장 가운데 일부는 부정직하거나, 망상에 가깝거나, 심지어 사기적인 경우도 있다. 많은 회사가 나름의 합리적인 아이디어를 가지고 있기는 하지만, 과학적·공학적·재정적 난제를 해결해 실제 시장에 내놓기까지는 여전히 큰 장벽이 존재한다.


## 거대한 초전도 자석

예외적으로 주목할 만한 사례가 커먼웰스 퓨전 시스템스(Com-monwealth Fusion Systems: CFS)다. 이 그룹은 1940년대 MIT에서 시작한 핵융합 연구의 계보를 잇고 있다. 그들이 한 일은 특별하면서도 고귀했다. 몇 년 전, 새로운 과학적 돌파구 없이도 핵융합을 달성할 수 있는 방법을 보여주는 논문들을 전면 공개했다. 비밀스러운 '특별한 소스'도 기적도 필요하지 않다는 것이다.

이는 전례 없는 투명성이자, 핵융합 연구의 전환점을 알리는 사건이었다. 우리는 이제 '과학적 위험'의 시대를 지나 '공학적 위험'의 시대로 들어선 것이다. 이는 인류 역사에서 가장 중요한 분기점 중 하나이며, 부디 다음 분기점은 우리의 생애 안에 오기를 바란다. 그러니 우리 만날 때는 제발, 선거 얘기 대신 이런 이야기를 하자.

CFS의 돌파구는 핵융합 자체에 있지 않았다. 사실 그들의 원자로는 1970년대에 이미 입증된 접근 방식을 그대로 쓸 예정이다. 진짜 돌파구는 바로 새로운 노벨상급 초전도체, 희토류 바륨 구리 산화물이다. 이 물질은 기존 구리 코일 전자석보다 훨씬 강력한 자석을 만들 수 있다. 더 높은 온도, 더 강한 전류, 더 강력한 자기장을 견딜 수 있기 때문이다.

CFS는 필요한 팀을 잘 꾸리고, 개념을 입증할 만큼의 자금도 충분히 모았다. 2021년에는 세계에서 가장 강력한 자석을 시연하며 무려 20테슬라에 도달했다. 그들은 2026년에 첫 번째 핵융합 장치 SPARC(스파크)를 [SPARC] 가동하고, 2027년에는 Q>1을 입증하며, 2030년대 초반에는 첫 번째 발전소에서 전력을 송전망에 공급하는 것을 목표로 하고 있다.[56]

---

56 여기 딥퓨처 팟캐스트(Deep Future podcast) [CFS]에서 커먼웰스 퓨전 시스템스의 공동 창립자인 밥 뭄가드와 스티브 렌터가 나눈 대화가 있다. 또한, 뉴욕 타임스 [NYT-FUSION]에 실린 핵융합 스타트업 관련 기사도 참고할 만하다.

이 공학적 과업은 피라미드를 짓는 것보다, 달에 가는 것보다 더 어려운 일이다. 지금 가장 똑똑한 엔지니어들이 여기에 매달려 있다. 나는 그들의 성공을 진심으로 바라지만, 만약 정말로 성공했는데 우리가 삼중수소를 다 써버린 상태라면… 그건 정말 기막힌 아이러니일 것이다.

## 작은 거품

로스앤젤레스에서 나는 카를로스 카마라라는 매력적인 과학자에게 푹 빠졌다. 그는 마치 성배를 발견한 듯한 열정을 지닌 사람이었다. 그는 UCLA에서 세스 퍼터맨 교수와 함께 소노루미네선스라는 현상을 연구하고 있었다. 소리파를 이용해 물속에 작은 거품을 만들면, 그것이 엄청난 힘으로 붕괴하며 빛을 방출할 수 있다. 카를로스와 세스는 이 과정을 초당 수천 번 반복할 수 있는 시스템을 만들어, 일명 '병 속의 작은 별'을 띄워 올렸다. 물리학자들에게는 멋진 파티 묘기였지만, 실제로는 쓸모가 없었다.

그렇다면 만약 거품을 충분히 크게 만들어, 그 공동현상(cavitation)으로 핵융합을 일으킬 수 있다면 어떨까? 두 사람은 물에 중수소를 섞어 더 큰 거품을 만들려 했지만, 실험은 성공하지 못했다. 다른 연구자 몇몇이 성공했다고 주장했으나, 결국 사기로 드러나면서 이 연구 분야 전체가 신뢰를 잃게 되었다.

그 외중에 카를로스는 독자적으로, 진공 상태에서 스카치테이프를 풀면 X선을 만들 수 있다는 사실을 발견했다.[57] 이는 놀라운 발견이었다. 왜냐하면 일반적으로 X선을 만들려면 엄청난 에너지가 필요한데, 이 방법을 통해서는 소형·저전력 X선 장치를 만들 수 있었기 때문이다. 지구상의 대부분의 사람들은 X선 기계 근처에조차 살아본 적이 없다. 생각해 보라. 우리는 살아오면서 치과만 가도 수십 번은 X선을 찍어봤을 것이다. 하지만 남반구에 사는 대부분의 사람들은 평생 단 한 번도 X선을 찍지 못한다.

그래서 카를로스는 핵융합 실험을 접고, X선 기술을 상용화하기 위해 스타트업을 설립했다. 카를로스 같은 기술 창업자에게는 발명품을 연구실 밖으로 끌어내어 사업화할 수 있는 기업가적 파트너가 필요하다. 하지만 이런 만남은 짝짓기만큼이나 위험천만하며, 실패 요인도 많다. 카를로스는 잘못된 파트너를 만났다. 그들은 자금을 일부 조달하고 시제품을 만들었지만, 공동 창업자가 엇나가면서 회사는 전형적인 로스앤젤레스 스타트업처럼 산산이 무너져버렸다.

그 모든 일이 10년 전이었다. 최근 카를로스가 다시 나에게 전화를 걸어왔다. 그는 UCLA 연구실로 돌아갔고, 세스가 왜 핵융합이 안 됐는지를 밝혀낸 상태였다. 결론은 이렇다. 물은 본질적으로 비압축성 유체이지만, 그들이 다루는 규모와 압력에서는 아주 미세하게 압축된다. 그들은 공동현상으로 투입한 것보다 $10^{12}$ 배나 더 많은 에너지를 끌어냈음에도 불구하고, 물의 압축성 때문에 그 에너지가 일부 손실되었고, 그 때문에 원자들이 융합하지 못했던 것이다.

---


**57** 이건 완전히 실제다. 네이처(Nature) [TRIBO]에 실린 마찰발광에 대해 읽어보라.

이제 카를로스는 다시 실험하려 한다. 하지만 이번에는 액체 금속을 가지고 한다. 만약 성공한다면, 그는 '미스터 퓨전(Mr. Fusion: 영화 〈백 투 더 퓨처〉 시리즈에 나오는 가상의 소형 핵융합 발전기)'에 가장 가까운 것을 만들어내는 셈이 된다. 소리파가 중수소(수소의 한 형태)와 섞인 액체 금속 속에 거품을 만든다. 거품이 공동현상을 일으키며 붕괴할 때, 엄청난 열과 압력이 발생해 두 개의 수소 원자가 융합된다. 그 결과 방출되는 중성자 폭풍은 주변 액체 금속을 가열하고, 이는 열교환기로 흘러 들어간다. 그다음부터는 다른 발전소와 같은 방식으로 작동한다.

지금까지 고안된 것 중 가장 단순한 핵융합 원자로다. 자유롭게 튀어나오는 중성자들은 액체 금속만 손상시킬 뿐인데, 이는 문제가 되지 않는다. 삼중수소도 전혀 필요 없다. 전체 장치는 냉장고보다 작을 수도 있고, 연료 없이도, 영구적으로, 24시간 내내 인근 전체 마을에 전력을 공급할 수 있다. 하지만 여전히 기적이 필요하다.

카를로스가 해야 하는 건, 거품의 중심으로 수렴하는 폭발적 충격파를 만들어내어 핵융합이 일어날 만큼 충분한 강도로 몰아넣는 것이다. 그의 시뮬레이션 결과는 가능성을 보여주지만, 그 역시 모델의 한계를 잘 알고 있다. 이런 강도의 압력과 미시적 규모에서의 유체 거동을 실제로 측정한 데이터는 아직 존재하지 않는다. 말그대로 완전히 미지의 영역인 셈이다. 이는 마치 '구글맵에 금을 어디서 캐야 하는지 묻는 것'과 비슷하다. 분명 금은 어딘가에 있겠지만, 좋은 데이터가 없으면 찾기 어려운 것처럼 말이다.

핵융합 연구는 매우 비싸다. 일부 과학자들은 무슨 일이 가능하고, 언제까지 실용적 시스템에 도달할 수 있는지를 과장해 말하고 싶은 유혹을 참지 못한다. 자금을 얻기 위한 몸부림은 존중해야 하지만, 그 과정에서 투자자와 자본을 태우며 다른 연구자들에게까지 해를 끼친다. 당신은 어떻게 생각하는가? 내가 카를로스에게 투자해야 할까?[58]

## 스스로 속이기

물리학자가 만들어내는 사고 모델은 최고의 것 중 하나다. 그들은 가장 작은 아원자 입자라는 기본 단위부터 시작해 사물이 어떻게 작동하는지를 이해한다. 마치 레고 블록으로 세계가 쌓아 올려지듯이, 물리적 세계가 어떻게 구성되는지를 배워나가는 것이다. 그렇게 해서 별, 은하, 블랙홀까지 이어진다.

나는 물리학자들과 함께 일하는 것을 무척 좋아한다. 그들의 시스템을 이해하는 능력은 타의 추종을 불허하며, 인류가 지금까지 성취해 온 것 가운데 상당 부분은 이들에게 빚지고 있다. 반대로 의사, 신경외과 의사, 그리고 여러 분야의 생물학자들은 늘 불완전하고 제한된 이해 속에서 일한다. 인체, 뇌, 생태계, 현대 과학을 모두 동원해도 실제로는 우리가 아는 것이 아주 적다. 심리학자, 신경학자, 치료사 단계까지 가면, 거의 주술에 가까울 정도이고, 제대로 이해된 것은 거의 없다.

---

[58] 진심으로, X(구 트위터)에서 내게 네 생각을 말해줘. [CARLOS]

그렇다고 해서 이들이 불필요한 건 아니다. 오히려 이들은 어둠 속에서 일할 수 있는 능력 덕분에 훌륭하다. 왜 그런지는 아무도 완전히 설명하지 못해도, 그들은 '어느 정도 효과가 있는' 방대한 도구 상자를 갖고 있다. 사실 이는 현대 의학 대부분에도 해당된다.

이쯤 되면, 내가 즐거운 시간을 보내는 방식이 실험실이나 차고를 찾아가는 것이라는 사실도 놀랍지 않을 것이다. 휴스턴에서는 내 친구 소니 화이트를 만나러 리미틀리스 스페이스 인스티튜트(Limitless Space Institute)에 갔다. 그는 전혀 농담하는 기색도 없이 워프 드라이브 연구를 하고 있었다. 빛보다 빠른 우주선을 만드는 개념, 그러니까 스타트렉에 나오는 그것이다. [GO-INCREDIBLY-FAST] 아이러니하게도 소니는 내가 아는 사람 중 가장 현실적인 사람이었다. 그가 워프 드라이브에 대해 이야기할 때는 마치 노를 젓는 배 이야기를 듣는 것처럼 고개를 끄덕이게 된다. 마치 조지 클루니가 아무렇지 않게 "점심 먹으러 프로키마 센타우리에 가자"라고 말하는 것 같달까. 그의 차분하고 자신감 넘치는 목소리 때문에 그냥 고개를 끄덕이게 되는 것이다. 물론 워프 드라이브가 실제로 구현된 적은 한 번도 없지만, 아직 그것이 불가능하다고 증명된 적도 없다.[59]

나는 소니의 실험실을 둘러보며, 그가 원자 현미경과 다른 장비들을 보여주는 모습을 지켜봤다. 그러다 그가 옴미터(저항 측정기)를 집어 들며 말했다. "이거 꽤 멋지지 않아요?"

거기에는 전선이 달려 있었고, 작은 브레드보드에 컴퓨터 칩처

---

59 내 다른 친구들은 워프 드라이브가 가능하다는 것을 증명한 것처럼 보인다. [WARP-DRIVE]

럼 보이는 것이 연결되어 있었다. 그는 측정기를 켜서, 작은 배터리에서 기대할 법한 미약한 전하가 칩에서 나오고 있음을 보여주었다.

나는 절대로 '놀람 경쟁'에서 지고 싶지 않았다. 그래서 속으로는 이렇게 외쳤다.

"세상에, 젠장 소니, 저게 도대체 뭐야? 어떻게 전기를 만들어내는 거야?" 하지만 겉으로는 이를 악물고 턱을 쓰다듬으며, 생각을 억누르고 그냥 태연하게 말했다. "오, 멋진데." 그러고는 그 장치에 대해 1년 동안 슬쩍슬쩍 괴롭히듯 질문을 퍼붓는 긴 작전을 시작했다.

소니는 충전할 필요 없는 배터리를 만든 것이다. 물리학을 조금이라도 기억한다면, 에너지는 어디선가 와야 한다는 걸 알 것이다. 분명히, 컴퓨터 칩에서 나올 수는 없다. 컴퓨터 칩은 오히려 에너지를 먹는다. 태양광 패널은 에너지를 뿜어내는 칩 같지만, 그 에너지가 태양에서 온다는 건 우리 모두 안다. 그러나 소니의 장치는 어두운 곳에서도 작동했다. 냉동고 안에서도 작동했다. 진동 차단용으로 공기 위에 떠 있는 광학 테이블 위, 무향실에서도 작동했다. 그렇다면 에너지는 도대체 어디서 오는 걸까?

만약 당신이 물리학을 계속 공부해 양자역학 대학원 과정까지 갔다면, 아마 카시미르 효과를 배웠을 것이다. 책을 닫았을 때 두 페이지 사이 공간을 상상하라. 그 책이 진공에 있고, 크기가 컴퓨터 칩만 하며, 페이지가 도전성 물질로 만들어졌다면, 그 사이에 전하가 축적될 것이다. 그것이 카시미르 효과다.

물리학자들의 정설은, 카시미르 효과에서 에너지를 뽑아낼 수는 없다는 것이다. 실제 물리학자에게 이 얘기를 꺼내면, 그들은 즐

겹게 당신을 붙잡고 "그건 안 된다, 파블로스는 헛소리쟁이, 그의 친구 소니도 마찬가지"라고 설명할 것이다. 최고의 조지 클루니 목소리를 써도 소용없다.

그럼에도, 소니의 연구소에서 그 장치는 실제로 작동했고 그것은 컴퓨터 칩처럼 제조되었다. 만약 진짜라면? 당신의 아이폰 21은 영원히 충전할 필요가 없다. 소니는 이 배터리를 상업화하기 위해 카시미르라는 회사를 세웠다. 우리는 지금까지 이것을 비밀로 했지만, 당신이 이 글을 읽고 있다면, 소니가 책에 포함시키는 걸 허락했고, 나는 물리학자들의 만류를 무시한 것이다.

결국, 자명해진 사실이 하나 있다. 자기방어를 위해서는 일본 다도(茶道)를 배우는 것이나 아키도를 수련하는 것이나 효과가 비슷했을 것이라는 점이다. 무술은 진화했지만 아키도는 뒤처졌다. 나는 여전히 누구를 때려눕힐 자격도 없지만, 그래도 나는 아키도의 나선형 기술 속에 스며든 철학을 지침 삼아 세상을 살아간다. 나는 모리헤이 우에시바가 보았던 것, 에너지를 조화롭게 만드는 길을 나도 볼 수 있는 것 같다. 나는 아서 에딩턴이 핵융합에서 보았던 가능성도 어렴풋이 볼 수 있는 것 같다. 비록 그것을 완전히 이해하려면 평생이 걸릴지라도 말이다.

스티븐 시걸은 거의 모든 것에 대해 거짓말을 하고, 결국 자신이 지어낸 헛소리를 믿고 있었다는 사실이 드러났다.[60] 살아 있는 물리학자 중 리처드 파인먼의 이 말을 외우지 않은 사람은 단 한 명도

---

**60** 스티븐 시걸의 헛소리를 다루는 유튜브 영상은 무수히 많다. [SEAGAL]

없을 것이다:

> "첫 번째 원칙은 자신을 속이지 말아야 한다는 것이다. 그리고 자신을 속이는 것이 가장 쉽다."
>
> _ 리처드 파인만

그럼에도 우리는 늘 스스로를 속인다. 나 역시 스티븐 시걸에 대해 스스로를 속였다. 미래를 믿는 것은 필요하지만, 그 믿음이 검증을 대신하는 순간, 우리는 스스로를 속이기 시작한다. 그렇다면 나는 지금 커먼웰스(공동 핵융합 시스템, CFS)에 대해서도? 카를로스에 대해서도? 소니에 대해서도? 이 책에서 다루는 다른 기술에 대해서도 나 자신을 속이고 있는 걸까?

## 미다스의 손길

우리는 평생 재활용을 해왔다. 쓰레기를 종류별로 나눠서 버리도록 배우고, 때로는 보상이나 압박까지 받았다. 그런데 결과적으로 잘 되고 있지는 않다. 새 플라스틱을 만드는 것보다 플라스틱병을 재활용하는 데 더 많은 석탄과 가스를 태우고 있다. 파란색 분리수거 통은 일종의 자기 위안일 뿐이다. 우리는 뭔가 기여했다고 느끼지만, 실제 계산은 다르다.

예를 들어 알루미늄은 사실상 전기로 만든다. 그 전기는 어디서 오나 하면, 대부분 화석연료를 태워서 얻는다. 그렇게 만들어진 금속을 다시 펴서 깡통으로 만들고, 그 안에 과당 음료를 채운다. 그런데 이 과당은 만성질환 상위 10개 중 8개를 유발한다.[61] 그러고는 새해가 지나면 덜 마셔야지 생각하면서 그것을 다시 목구멍에 쏟아붓는다. 시민적 의무감을 행사하는 듯, 당신은 그 캔을 싱크대 밑의 파란 통에 던져 넣는다. 그러고는 깡통을 요구르트 통, 생수병, 샴푸병, 땅콩버터통 같은 것들과 함께 파란 통에 넣는다. 그중 일부가 재활용되는지조차 확실치 않다.

이제 시작일 뿐이다. 그 통은 뒤뜰의 더 큰 통에다 비우고, 거기에 따로 모아둔 골판지도 합쳐진다. 그러면 디젤 쓰레기차가 와서

---

61  로버트 러스티그 박사가 허버만 랩 팟캐스트에서 나눈 설탕 강연은 좋은 입문 자료. [LUSTIG]

당신의 쓰레기통과 재활용 통을 함께 비운다. 사실 많은 도시에는 재활용 시설이 없어서, 이게 실제로 벌어진다. 상황이 좀 나아도, 당신의 파란 통은 선별장으로 가고, 그곳에서 쉽게 회수할 수 있는 것이 추려져 묶인다. 이것은 재활용 공장으로 가거나, 묶여서 중국으로 보낸다(중국은 이제 우리의 쓰레기를 받지 않는다).

플라스틱은 본질적으로 천연가스와 에너지로 만든다. '천연'이라고 부르는 건 그것이 지구에 존재하기 때문이다. 하지만 그것을 플라스틱으로 바꾸는 화학 과정은 '자연적'이라는 정의를 한참 넘어선다. 그 결과 나온 물질은 진정으로, 독보적으로 유용하다. 플라스틱은 생명을 구한다. 식품 안전에 기여한 공로만으로도 플라스틱은 노벨상을 받을 만하다. 플라스틱 자체가 문제가 아니다. 문제는 그것을 잘못된 장소에 버리는 것이다.

플라스틱을 재활용하려면, 다시 트럭과 배에 실어 공장까지 간다. 거기서 다시 연료를 태워 녹이고, 재압출해 새 제품을 만든다. 그러나 새 제품은 예전의 새 제품만큼 좋지 않다. 재활용된 플라스틱은 약하고, 투명하지 않고, 색도 덜 흰색이다. 그래서 가치가 떨어진다. 이 과정을 한두 번 이상 거치면[62] 결국, 재활용할 수 없는 쓰레기가 된다.

물론, '재활용 제품'에는 시장 프리미엄이 있다! 하지만 그건 부자 아이들을 위한 것일 뿐이다. 열등한 재활용 제품을 사서 자신의 영혼을 되찾으려는 사람들의 시장은 지구에서 가장 부유한 도시

---

**62** HDPE(고밀도 폴리에틸렌)와 일부 플라스틱은 최적의 조건에서는 최대 열 번까지 재활용될 수 있다.

로 한정된다. 사람들은 수많은 예외 사례, 규모의 경제, 덴마크가 잘
하고 있다는 얘기로 반박하려 들 것이다. 하지만 지금 이 모든 논쟁
은 무의미하다. 재활용은 결국 에너지 문제이고, 우리는 아직 에너
지를 해결하지 못했다.

따라서 이 경우 우리는 스스로에게 거짓말을 그만하고, 그냥
튼튼한 플라스틱 차단막을 갖춘 매립지에 묻어야 한다. 언젠가 깨끗
하고 값싼 에너지가 남아돌게 되면, 그때 가서야 이 쓰레기를 어떻
게 재활용할지 다시 논의할 수 있을 것이다.


## 금 매립지

우리는 지구에서 가장 값싼 쓰레기, 플라스틱병과 음료 캔을
재활용해 왔다. 하지만 가장 가치 있는 것들은 시작조차 못 했다. 매
년 수백억 달러 규모의 금이 전자제품 제조에 쓰인다. 금은 전도성
이 가장 뛰어난 금속이기 때문이다. 하지만 그것은 결국 매립지라는
금광에 묻힌다. 회수율은 15%도 안 되고, 대부분 소각으로 얻는다.
전자폐기물은 모아져 가나로 보내지고, 그곳에서 맨손으로 박살난
다. 남은 것은 불에 태우고, 극도로 독성 있는 연기를 뿜는다. 산출량
은 낮고 금속 품질도 나빠, 전통적인 금광과 경쟁하기 어렵다.[63]

영국 레스터 대학교의 한 연구팀은 전자 폐기물 속 금속을 액
화할 수 있는 화학 공정인 '딥 유텍틱 용매(deep eutectic solvents)'를

---

63 가나 사람들을 탓하지 마라, 그들은 우리의 쓰레기를 치워주고 있다. [GHANA]

연구해 왔다. 이들은 20년 전에 이 작업을 시작했다. 다만 아이디어를 실용화하는 일은 쉽지 않았다. 공정에 많은 양의 화학물질을 소모해야 했는데, 그것들이 값비싸고 독성을 가질 수 있으며, 잘게 간 전자부품 슬러리의 점도를 관리하는 것도 어려웠기 때문이다. 그럼에도 연구를 계속한 끝에, 이들의 스핀오프 기업 데스사이클은 [GOLD] 무독성 화학 공정을 통해 전자폐기물에서 금속을 분리해 내고, 대부분의 화학 물질을 회수해 다시 사용할 수 있다.

전통적인 금광에서는 1톤의 암석을 잘게 부수고, 운이 좋으면 8그램 정도의 금을 얻는다. 반지를 만들기에도 부족하다. 그러나 1톤의 회로기판에서 데스사이클은 매번 236그램의 금을 회수할 수 있다. 왜냐하면 그 금은 우리가 거기에 집어넣었기 때문이다! 이 폐기물에서 가치 있는 금속의 약 75%는 금이고, 나머지는 7개의 다른 금속이 차지한다. 데스사이클은 결국 이 금속들도 회수할 수 있게 확장할 것이다.

이 공정은 기존 광산에서도 사용할 수 있고, 현재 방식으로는 채굴할 수 없는 자원까지 열어줄 수 있다. 희토류 금속에도 적용할 수 있다. 우리의 아이들이 지금 나이쯤 되었을 때, 전자제품에 필요한 모든 금은 매립지에서 채굴할 수 있을 것이다. 금속은 무한히 재활용 가능하며, 일반적으로 매번 높은 순도로 되돌릴 수 있다. 플라스틱이나 골판지와는 다르다. 그냥 그 쓰레기를 가져다 금으로 바꿔라. 말 그대로 미다스의 손길이다.

**리스크**

모든 기술 스타트업은 기술적 위험과 시장 위험을 어떤 조합으로든 안고 있다. 기술적 위험은 "이걸 실제로 만들 수 있는가, 언제까지, 얼마에, 실제로 작동할 것인가"에 관한 것이다. 시장 위험은 "누군가 이걸 살 것인가, 충분히 돈을 낼 것인가, 매달 계속 돈을 낼 것인가"에 관한 것이다.

소프트웨어 회사에서는 기술적 위험이 있다 해도 크지 않다. 냅킨 위에 스케치할 수 있는 어떤 아이폰 앱이든 결국 만들어낼 수 있다. 더 큰 문제는 사람들이 그것에 돈을 낼 것인가 하는 점이다. 소프트웨어 산업은 기술적 위험을 최소화하는 대신 시장 위험을 감수하는 쪽에 익숙하다. 반면 깊은 기술(Deep Tech)에서는 보통 그 반대다. 무언가가 가능하다는 걸 증명하기 위해 초기 단계에서 큰 기술적 위험을 감수하지만, 그 대가로 거대한 산업 시장에 접근할 수 있다.[64]

얕은 기술(swallow tech)에서는 '제품의 시장 적합성' 같은 이정표가 있지만, 금에는 그런 게 없다. 금은 그 자체로 유동성을 정의한다. 우리가 확보하는 만큼 다 팔 수 있다.

기술적 위험은 유한하다. 데스사이클이 금을 재활용하는 날, 라돈 선박이 첫 항해를 하는 날, 우리가 우주에서 전력을 쏘아 보내고 돈을 받는 날, 그날 이후엔 기술적 위험은 없다. 시장 위험은 애초부터 없었다.

줌(Zoom: 화상회의 소프트웨어)이나 슬랙(Slack: 팀 협업용 메신저)

---

은 다르다. 그들은 무한한 시장 위험에 노출되어 있다. 언제 어디서, 후드티 입은 게이머 몇 명이 디스코드(Discord)[65]를 뚝딱 만들어 내거나, 마이크로소프트가 수천 명의 엔지니어를 투입해 팀즈(Teams)[66]를 내놓아 당신을 단번에 무너뜨릴지 알 수 없기 때문이다.

## $CO_2$, 식물이 원하는 것

2006년, 닐 스티븐슨, 키스 로즈마, 그리고 나는 지구 온난화를 어떻게 되돌릴 수 있을지에 대해 걱정했다. 각국 정부가 탄소 배출 상한을 두겠다고 선언했고, 우리는 대기에서 탄소를 제거하는 프로젝트에 돈을 지불하는 시장이 생기리라 예상했다. 키스는 천재적인 아이디어를 떠올렸고, 내가 이 글을 쓰는 지금까지 아무에게도 말하지 않았다. 이제 말해주겠다.

식물은 땅에서 자라는 게 아니다. 사실은 하늘에서 내려와 자란다. 물 대부분은 하늘에서 내리고, 광합성을 가능하게 하는 모든 에너지는 태양에서 온다. 이 과정은 공기 중에서 탄소 분자를 끌어와 서로 결합시키는데, 그것이 바로 나무다. 나무는 탄소 기반 생명체다. 나무는 열매를 맺고, 당신은 그것을 먹고, 그 탄소가 당신 몸의 세포를 구성한다. 당신 역시 탄소 기반 생명체다. 이 모든 건 정말 기적 같은 일이다.

---

[65] 슬랙의 시장 점유율을 갉아먹는 인기 제품 디스코드. 원래 게이머용 음성·채팅 플랫폼으로 시작, 지금은 커뮤니티·스터디·회사 회의 등 무료 음성, 화상 채팅 서비스로 확장.

[66] 슬랙 나머지를 집어삼킨 마이크로소프트 팀즈. 마이크로소프트가 제공하는 협업 플랫폼.

나무가 죽어 분해되고, 그 잔해가 수십억 년 간 땅에 압축되면 석탄이나 석유가 된다. 그것이 화석연료다. 우리가 그것을 캐내 태우거나, 나무를 베어 태우면, 탄소 분자가 공기 중의 산소 분자 두 개와 결합한다. 열이 방출되고, 결과적으로 이산화탄소($CO_2$)가 만들어진다. 대부분 우리는 그것을 그냥 하늘로 떠오르게 둔다.

사실 당신도 비슷한 일을 한다. 당신은 공기를 들이마시고, 감자튀김에서 얻은 탄소를 산소와 섞는다. 그리고 숨을 내쉴 때 다량의 $CO_2$를 내보낸다. 당신은 탄소를 배출하는 존재다. 또 다른 쪽 끝으로는 메탄까지 방출한다!

왜 $CO_2$를 온실가스라고 부르는지 아는가? 온실에서는 식물이 더 빨리 자라도록 일부러 $CO_2$를 주입한다. 그렇다. $CO_2$없이는 식물도 없다. $CO_2$는 식물이 원하는 것이다. 대기 중의 $CO_2$농도가 높아지면서 숲이 더 빨리 자란다. 이는 좋은 일이다. 왜냐하면 우리는 숲을 베어내고, 독일인이 핵발전소를 멈추면서도 여전히 옥토버페스트(독일 뮌헨에서 매년 가을 열리는 세계 최대 맥주 축제)에서 비너슈니첼(송아지고기를 얇게 두드려 빵가루 입혀 튀긴 오스트리아 전통 요리)을 튀겨 먹을 수 있도록 나무를 태우느라 바쁘기 때문이다.

지구온난화 효과는 원래 '온실 효과'라고 불렸다. 온실이 비정상적으로 뜨겁기 때문이다. 태양광으로 뜨거워지는 유리방보다 온실이 더 뜨겁다. 영국인들은 그것을 '핫하우스'라 부른다. 그 이유는, 공기를 이루는 주성분인 질소나 산소보다 $CO_2$ 분자가 훨씬 더 잘 데워지기 때문이다.

우리는 지구의 온도 조절 장치를 계속 올리는 게 좋은 생각이 아니라는 걸 안다. 그러니 대기에서 $CO_2$를 일부 다시 빨아들이면 놀라운 일이 될 것이다.

탄소 포집은 대기에서 분자를 잡아 다시 땅속에 넣는 아이디어다. 현재 대기 중 $CO_2$는 약 400ppm이다. 즉, 공기 100만 분자 중 400개가 $CO_2$라는 뜻이다. 당신이 시애틀에서 400명의 트럼프 지지자를 찾는다고 생각해 보라. 행운을 빈다. 이는 지구상에서 가장 무질서하고 희석된 $CO_2$원천을 대상으로 개별 분자 하나하나를 모으려는 것과 같다. 상상할 수 있는 어떤 방법도 엄청난 에너지가 들지 않고는 불가능하다. 탄소를 포집하고 싶다면, 그냥 석탄을 땅속에 놔두면 된다. 끝.

그런데 사실 식물이 바로 그 일을 하고 있다. 그들은 거대한 무료 에너지원, 바로 태양으로부터 힘을 얻는다. 식물이 이미 우리 대신 일을 해주고 있는 것이다. 그렇다면, 우리가 굳이 식물을 태워 없애지 않고 지구 위에 그대로 두면 어떨까? 문제 해결이다. 이것이 일종의 재조림(reforestation: 숲 되살리기) 개념이지만, 벌목의 유혹 때문에 한계가 있다.

게다가 해저에는 놀라운 양의 생물량이 있다. 그곳에서 자라고, 그곳에서 죽고, 그곳에서 탄소를 묻어두는 식으로 탄소를 저장한다. 그러나 우리는 바다 바닥을 점점 더 긁어내어, 이 기능을 수행하지 못하게 하고 있다.

## 그린 다이아몬드

좋다, 이제 키스의 아이디어다….

바다에서 가장 빨리 자라는 단세포 생물인 조류(해조류나 미세 조류)를 키운다. 조류는 문자 그대로 $CO_2$로 이루어져 있다. 그다음, 조류를 발효시킨다. 썩으면서 $CO_2$ 분자가 물과 결합해 메탄($CH_4$)이 된다. 이때 산소는 대기 중으로 방출되니 문제가 없다. 그다음 메탄을 정밀하게 가열한다. 약 $1,200^\circ C$에서 메탄은 분해되며, 탄소 분자를 떨어뜨린다. 그러면 수소($H_2$) 두 분자가 남는다. 이것들은 연소를 아주 좋아한다. 뜨겁게, 깨끗하게 타며 부산물은 물뿐이다. 놀랍다. 이게 바로 메탄 분해기를 가동하는 열원이 된다.

그리고 진짜 재미있는 부분. 자유롭게 떠다니는 탄소 분자를 진공 용기에 넣어 탄소 증착을 한다. 바로 그렇게 다이아몬드를 만드는 것이다!

우리는 이 프로젝트를 그린 다이아몬드라 불렀다. 대기에서 똥 같은 걸 꺼내 다이아몬드로 바꾸는 것. 바로 미다스의 손길이다.[67]

## 시원한 뜨거움

전기 히터는 세상에서 가장 형편없는 컴퓨터다. 전기를 집어넣으면, 나오는 것은 열뿐이다. 컴퓨터도 사실 같은 일을 한다. 전자를 열로 바꾸는 것이다. 하지만 그 과정에서 컴퓨터는 존재 이유를 정당화할 만큼의 계산을 한다. 보통은 열이 필요 없기에, 오히려 더 많은 에너지를 써서 열을 없애야 한다. 데이터센터 에너지의 절반이

---

[67] 어제 만난 창업자가 실제로 이 아이디어를 구현해 회사를 키우고 매각했다. 현재 가장 큰 합성 다이아몬드 브랜드 중 하나인 에테르 다이아몬드가 되어 있다. [AETHER]

냉각에 쓰인다.

데이터센터는 거대한 토스터와 같다. 현재 전 세계 전기의 약 2%가 데이터센터로 간다. 그중 97%는 결국 열이 된다.

그렇다면 왜 그 열을 다시 전기로 바꾸지 않을까? 문제는 그 열이 별로 뜨겁지 않다는 것이다. 섭씨 약 49도(120°F)다. 발전소의 랑킨 사이클은 섭씨 약 650도(1,200°F)의 증기가 필요하다. 수백 년 동안 이 문제를 풀려는 공상이 있었지만, 지금까지의 발명품은 경제성이 있으려면 최소 섭씨 232도(450°F)는 필요했다.

스파 시스템은 [SPAR] 저온 폐열을 회수할 수 있는 유일하게 비용 효율적인 방법을 발명했다. 이들은 데이터센터에 기계를 설치해, 어차피 버리려는 열을 빨아들여 전기로 바꾼다. 그 전기는 토스터나 데이터센터 자체에 다시 쓸 수 있다. 얼마나? 조건만 맞으면 전기 요금을 약 20% 줄일 수 있다.[68]

## 오염을 이익으로

굴뚝에서 연기가 나오는 걸 볼 때, 사실 우리는 생명을 지탱하는 힘이 작동하는 장면을 보고 있는 것이다. 겨울에 집을 데우기 위해 에너지를 생산하는 발전소, 그 집을 짓기 위한 자재를 만드는 제철소, 음식을 상하지 않게 하기 위한 냉장고를 만드는 공장. 하지만 우리가 떠올리는 건 그렇지 않다. 독성 연기, 스모그, 오염, 질병, 피

---

[68] 언젠가 스파 시스템의 데이터 센터 적용가능성이 모두 소진되면, 같은 기술이 얕은 지열발전을 실용적으로 만들 수 있을 것이다.

해다.

둘 다 사실이다. 현대인에게 이 둘을 화해시키는 것은 늘 어려웠다. 우리는 세대에 걸쳐 소비를 줄이라고 가르쳤지만, 그들 역시 우리만큼 실패했다. 우리는 이런 회사의 리더를 악마화했지만, 그들이 만든 것을 점점 더 많이 사왔다. 우리는 순환 경제와 지속가능성 같은 그럴듯한 구호를 만들어냈고, 플라스틱 병을 분리하며 스스로를 달랬다. 그러나 그것들을 재활용하려고 더 많은 가스를 태우고 있다.

에너지는 창조할 수도, 파괴할 수도 없다. 단지 다른 형태로 전환될 뿐이다. 굴뚝은 단지 전환의 결과를 내뿜을 뿐이다. 우리는 원하는 것을 얻었다. 대개는 무언가를 태워 얻은 열. 하지만 굴뚝에서 나오는 건 우리가 그냥 버리고 있는 값진 기체의 혼합물일 뿐이다. 누군가의 쓰레기는 다른 누군가의 보물이다.

클리어 스카이(Klir Sky: 2021년에 설립한 기후 온실가스 관련 스타트업)는 [KLIR] 이 연기를 포집해, 굴뚝 밖으로 나가기 전에 극저온으로 얼려버리는 방법을 발명했다. 가스는 각기 다른 온도에서 액화된다. 일련의 장치를 통해, 그들은 $CO_2$, 산소, 질소, 메탄, 수소, 그리고 다른 가치 있는 가스들을 분리한다. 그것들은 트럭에 실려 산업 시장으로 팔린다. 클리어 스카이는 무료로 시스템을 설치하고, 굴뚝 소유주와 수익을 나눈다. 때로는 굴뚝 주인이 원래 하던 사업보다 이 방식으로 더 많은 수익을 얻기도 한다.

2006년, 그린 다이아몬드는 나의 첫 번째 탄소 포집 프로젝트였다. 나는 그때 정부가 탄소 상한제를 시행할 줄 알았다. 그러나 그 상한제는 너무 늦게, 너무 적게 도입되어 의미 있는 차이를 만들지 못했다. CO$_2$를 포집할 수 있는 기술은 무수히 많지만, 대부분은 경제적으로 규모를 확장할 수 없는 것들이다. 규모를 확장할 수 있는 건 사업뿐이다.

만약 이산화탄소를 포집하고 싶다면, 가장 좋은 방법은 애초에 배출하지 않는 것이다. 세상은 산업 활동을 완전히 멈출 수 없고, 멈추지도 않을 것이다. 사실 멈추어서는 안 된다. 인류는 그것에 의존하고 있기 때문이다. 우리가 할 수 있는 건, 그 폐기물을 사람들이 돈을 주고 사갈 무언가로 바꾸는 것이다. 탄소 상한제도, 회계 눈속임도, 자선도 필요 없다. 오직 좋은 사업만이 오염을 이익으로 바꾼다.[69]

---

[69] 재활용 일을 하는 사람들을 악마화해선 안 된다. 그들은 우리가 맡긴 일을 하고 있다. 실패한 접근을 개발한 사람들도 개척자로서 기려야 한다. 더 많은 아이디어와 기술을 시도해 도구 상자를 키워야 한다. 지금은 순서를 잘못 풀었을 뿐이다.

## 패스트 패션 이후의 세계

세계 패션 산업은 매년 20억 톤이 넘는 온실가스를 배출한다. [FASHION-ON-CLIMATE] 이는 항공과 해운을 합친 것보다 많다. 해양 플라스틱의 최소 20%, [OCEAN-PLASTIC] 전 세계 담수 오염의 20%는 의류 생산에서 비롯된다. 거대 기업들은 사실상 그린워싱(greenwashing: 실제보다 친환경적인 것처럼 꾸며 홍보하는 행위)의 대명사와 같다. 이들이 얼마나 친환경적인지를 장황하게 설명하는 150쪽짜리 연례보고서를 읽을 수 있겠지만, 중국의 어떤 도시에서는 모든 것이 청바지 색깔이다. 단순히 원단만이 아니라, 건물, 거리, 사람, 음식까지, 모든 것이 군청색으로 물들어 있다. 강물조차 파랗다. 블루워싱(bluewashing: 실제보다 윤리적·사회적 책임이 큰 것처럼 포장하는 행위)은 그린워싱보다도 더 심각하다.

의류 산업은 방대하다. 1조 8천억 달러 규모의 산업이며, 인류 모두가 고객이다. 지난 한 세기 동안 구축되었지만 여전히 놀라울 정도로 분절되고 계층화되어 있다. 디자이너는 브랜드가 아니고, 브랜드는 제조업체가 아니며, 제조업체는 유통업체가 아니고, 유통업체는 소매상이 아니다. 모두가 비용 절감을 위해 자신보다 아래 있는 사람을 압박한다. 누구도 혁신에 투자할 만큼 충분히 수익성이 없어서, 업계 전체가 크게 개선되지 않는다.

옷이 어떻게 만들어지는지 생각해 보라. 우리는 한 나라에서 면화를 재배하고, 다른 나라로 보내 두들기고 표백한다(면은 원래 하얗지 않다). 또 다른 나라로 보내 방적하여 실로 만들고, 또 다른 나라로 보내 편직이나 직조하여 원단으로 만든다. 또 다른 나라로 보내 티셔츠로 재단하고 봉제한다. 또 다른 나라로 보내 "Team Building Exercise 1999"라는 문구를 스크린 프린팅한다. 당신은 그것을 세 번 입고 버리고, 이 모든 과정의 가치는 고작 4달러다. 우리가 과연 이보다 더 잘할 수 있을까?

미국에서는 주요 경기가 있을 때 이긴 팀과 진 팀 양쪽의 티셔츠를 인쇄한다. 절반은 판매되고, 나머지는 남아프리카로 보내져 자선 기부로 처리된다. 일부 아프리카 국가는 서구에서 쏟아져 들어온 공짜 의류 때문에 현지 산업이 붕괴되었다. 이제 그들은 이런 덤핑을 금지한다.

패션 디자이너라면, 콘셉트를 스케치하고, 샘플 몇 개를 제작해 런웨이에 올린다. 주문을 받아 팩스로 아시아 어딘가로 보낸다. 그리고 6개월, 7개월, 8개월, 어쩌면 9개월 뒤 배를 타고 제품이 돌아오길 기다린다. 제품은 창고에 들어가 다시 포장되고 소매업체로 보내진다. 매장 진열대에 올라간 후에야 사람들이 원하는지 알게 된다. 디자인, 색상, 사이즈, 판매량에 대해 제대로 맞췄는가? 맞췄다면, 90일 뒤쯤 대금을 받을 수도 있다.

아무도 제대로 맞추지 못한다. 이 업계에 있는 모든 사람은 재고 관리 예측 실패로 인한 상처를 갖고 있다. 주문을 너무 적게 했으면 벌 수 있었던 돈을 놓치게 된다. 너무 많이 했으면? 그래도 그걸 만들고, 배송하고, 보관하고, 처리하는 비용을 다 치러야 한다.

맞다. 노드스트롬(미국의 대형 백화점 체인)은 손해를 보지 않는다. 그들은 그 재고 쓰레기를 당신에게 다시 돌려보낼 것이고, 당신은 그걸 TJ 맥스 같은 곳에 보내 조금이라도 손실을 줄이길 기대해야 한다. 그래도 안 팔리면 매립지나 소각장으로 간다. 스웨덴의 한 도시는 H&M이 만들었지만 팔지 못한 옷을 태워 도시 전체 전력을 공급했다는 사실을 자랑하기도 했다.[70]

의류 산업 전체는 투기적 제조를 한다. 사람들이 실제로 원하기 훨씬 전에 의류를 만든다. 과잉 생산은 과잉 재고로 이어지고, 할인 매각, 브랜드 가치 하락, 폐기로 이어진다. 왜일까? 내가 앞에서 말했듯, 아무도 제대로 추측할 만큼 똑똑하지 않기 때문이다. 그래서 의류 산업의 해법은 시장에 쓰레기를 쏟아붓고 누군가 사주길 바라는 것이다.

규모는 충격적이다. 작년에만 1,500억 벌의 의류가 생산되었다. 그중 3분의 1은 사람에게 단 한 번도 입혀지지 않았다! 생산된 의류의 절반 이상은 12개월 안에 매립지로 간다. 마치 우리가 자동차의 3분의 1을 공장에서 바로 매립지로 보내고, 그 길에 맥도날드 드라이브스루조차 들르지 않는 것과 다름없다. 그 규모가 거의 비슷하다.

의류 산업은 변화에 가장 저항적인 분야 중 하나다. 100년 전 방적 · 봉제 공장은 오늘날과 거의 다르지 않다. 기계는 전기 모터가

---

70  현재는 더 이상 그렇지 않다는 말도 있지만, 한때는 그랬다. [BURNING]

달렸지만, 여전히 컴퓨터 칩은 없다. 물론, 생산은 아시아로 옮겨졌다.[71]

의류 산업 전체는 박물관 전시와 같다. 전체 구조는 지구에서 가장 싼 노동력을 찾는 것에 맞춰져 있다. 제2차 세계대전 이후, 유럽이나 미국에는 그런 노동력이 없었다. 1980년대까지 미국인 의류의 대부분은 Made in USA였다. 지금은 3%뿐이다. 그것도 국내 생산 의무가 있는 군복이 대부분이다. 우리는 제조를 중국으로, 그 다음은 베트남과 방글라데시로 옮겼다. 그러나 이제는 하루 몇 달러에 일할 사람을 찾을 장소가 거의 없다.

우리는 외과 수술용 로봇도 만들고 자율주행차도 만들 수 있다. 그렇다면 로봇이 옷을 만들 수 있게 되려면 얼마나 걸릴까? 지금 당신이 입고 있는 모든 옷은 인간의 손으로 바느질된 것이다. 바느질은 로봇에게 어려운 작업이다. 로봇은 대체로 단단한 물체에 능하다. 정밀하고 반복적인 동작을 좋아한다. 하지만 원단은 물처럼 흐른다. 꼬이고, 뒤틀리고, 늘어나고, 예측 불가능하게 변형된다. 봉제공은 손끝으로 감각하며 작업한다. 로봇에게는 손끝이 없다. 그들에게는 '끝단 작동기(end effector: 로봇 팔 끝에 달린 장치로, 물체를 집거나 센서를 달아 작업을 수행하는 부분)'가 있을 뿐이다. 인간의 손가락처럼 감각할 수 있는 로봇 손가락을 만드는 데는 거의 진전이 없다.

그러나 로봇에게는 손가락보다 더 나은 것이 있다. 바로 눈이

---

71 NPR의 플래닛 머니(Planet Money) 팀이 티셔츠의 일생을 기록한 놀라운 웹사이트를 만들었다. [T-SHIRT]

다. 지난 10년간 컴퓨터 비전은 엄청난 발전을 이뤄, 로봇이 자신이 보고 있는 것을 훨씬 더 깊이 이해할 수 있게 되었다. 이제 유튜브에 올라온 수많은 예시 영상을 봤을 것이다. 이건 흥미롭다. 왜냐하면 로봇이 할 수 있는 일은 대개 엄청난 속도로 할 수 있기 때문이다. 인간은 무엇이든 처리 속도에 한계가 있어 보인다. 하지만 로봇은 눈부신 속도로 처리할 수 있다. 이것이 자율주행차를 가능하게 했고, 곧 모든 것이 자율주행이 될 것이다. 심지어 자율주행 재봉틀까지도.

한 가지 가능성은, 눈이 곧 손가락이 될 수 있다는 것이다. 확실히 알 수는 없지만, 인간의 뇌가 촉각과 시각을 같은 방식으로 처리할 가능성이 있다. 나는 반투명 젤리 고무로 만든 로봇 손가락을 개발한 팀을 만난 적이 있다. 손가락 내부에는 CMOS(디지털 카메라: 스마트폰 카메라 등에서 빛을 전기 신호로 바꾸는 장치) 센서가 들어 있는데, 마치 아이폰 카메라와 같다. 일련의 LED 조명도 장착되어 있다. 손가락이 무엇인가를 만질 때마다 고무가 조금씩 휘어진다. 이로 인해 LED 빛이 왜곡되고, 카메라는 이를 모두 감지할 수 있다.

여기에 머신러닝(machine learning)을 적용하면, 손가락을 여러 테스트에 통과시켜 무엇을 만졌을 때 무엇을 '느끼는지(feeling)'를 학습하게 할 수 있다. 여기에 머신러닝을 적용하면, 수많은 테스트를 통해 그 손가락이 만지는 것이 무엇인지 "느낄 수" 있도록 훈련할 수 있다. 이 모든 것은 로봇이 탁구를 치도록 훈련시키는 컴퓨터 비전의 기술적 접근과 똑같다. 이런 기법은 곧 로봇에게 손가락을 줄지도 모른다.

나는 나에게 마사지를 해주고 싶어 하는 로봇이 필요하다.[72]

좋아, 그런데 옷은? 실리콘밸리의 젊은이들이 컴퓨터 비전을 로봇 손가락에 연결해 원단을 재봉틀에 밀어 넣게 만들려면 얼마나 걸릴까? 그날이 오면, 인류 모두가 고객인 지구상 최대 산업 중 하나에서 대격변이 일어날 것이다. 이 일을 위해 특별한 기적이나 새로운 기술이 필요한 것도 아니다. 나는 이 변화가 H&M 같은 패스트패션 기업들이나, 엉덩이에 'Juicy'라고 프린팅된 스웨트팬츠 같은 '혁신?'을 가져온 사람들에게서 나오지 않을 것이라 확신한다. 나는 새로운 슈퍼파워를 무기로 가진 완전히 외부의 사람들이 이 산업 전체를 대체하리라 것에 내기를 걸겠다. 계속 지켜보라.

## 레이디봇

해커봇 랩에 자주 드나들던 괴짜 중 또 다른 인물은 브레 페티스였다. 그는 중학교 미술 교사였고, 아직 인터넷 영상이 일반적이지 않던 시절부터 인터넷에 동영상을 만들었다. 그는 "낡은 VCR을 자동 고양이 급식기로 바꾸는 법" 같은 흥미로운 DIY 영상들을 제작했다. 시애틀의 작은 아파트에 작업장을 차려 두고 이것저것 만들었다. 만들기 관련 블로그도 운영했으며, 에릭과 내가 진행하던 기괴한 로봇 프로젝트를 찍으러 오기도 했다.

한번은 우리가 로봇 전투대회에 출전할 로봇을 만들고 있었다. 우리는 1파운드급 전투 로봇을 위한 천재적인 설계를 구상했다. 항

---

**72** 에이스케이프(Aescape)는 훌륭한 마사지를 해줄 수 있는 최초의 로봇을 만들었다. 여기 딥퓨처 팟캐스트에 출연한 창업자 에릭 리트먼의 이야기를 들어보라. 에이스케이프는 2017년에 설립한 라이프스타일 로봇공학 기업이다. [AESCAPE]

공우주 소재, 경화 금속 합금, 케블라, 그리고 가장 강력한 브러시리스 DC 모터를 장착했다. 블렌더 칼날처럼 회전하는 도끼날을 장착해, 모든 기술적 우위를 확보한 로봇이었다.

브레 페티스도 로봇을 하나 만들기로 했다. 그는 작은 RC 자동차를 집어 들더니, 몇 입방미터 정도 되는 분홍색 발포 단열재에 강력 접착테이프를 붙였다. 그리고 그것을 깎아 커다란 무당벌레 모양으로 만들었는데, 움직이는 눈알과 파이프 클리너로 만든 더듬이까지 달았다. 우리는 그가 위협 대신 귀여움에 최적화된, 터무니없이 단순한 로봇을 만들었다고 조롱했다.

결과는 뻔할 줄 알았다. 대회 날, 우리는 경기장을 봤다. 12피트 사각 렉산 상자 안에서 로봇들이 싸웠고, 파편은 안에 갇히도록 되어 있었다. 예상 못 한 게 있었다. 바닥에서 톱날이 튀어나오는 장치였다. 에릭이 규칙을 읽어야 했는지 내가 읽어야 했는지 모르지만, 우리는 둘 다 안 했다. 우리 로봇에는 바닥 방어가 전혀 없었다. 톱날에 걸리면 즉시 끝이었다. 게다가 우리는 로봇을 조종하는 연습도 거의 못 해서 더욱 걱정스러웠다.

우리의 첨단 로봇은 외관상 3파운드급 로봇을 모두 제압할 듯 보였지만 실제 무게는 15.9온스에 불과했다. 반면, 브레 페티스는 아홉 살 소녀들에게 둘러싸여 있었다. 그들의 눈에는 그의 귀여운 로봇이 단연 최고였기 때문이다.

우리는 첫 경기 라운드에 배정됐다. 로봇을 경기장에 올려놓고 카운트다운을 기다렸다. 신호음이 울리자마자, 우리는 곧장 톱날 위로 돌진해버렸고, 과잉 설계된 로봇은 한순간에 무용지물이 되었다.

이야기를 짧게 줄이자면, 브레 페티스의 레이디봇이 대회를 휩쓸었다. 마치 걸스카우트가 록히드 마틴(항공우주·방위 산업 분야의 세계 최대 미국 군수기업)을 이긴 것 같았다. 단열재가 두꺼워 어떤 무기도 핵심 부품에 닿지 못했다. 모두가 레이디봇을 사랑했다. 그때 알았다. 브레 페티스가 한때 짐 헨슨 머펫 스튜디오〈(세서미 스트리트), (머펫 쇼) 등 인형극과 캐릭터로 유명한 미국 제작사〉에서 일했다는 사실을. 그는 내가 아직도 완전히 이해하지 못하는 무언가를 분명히 알고 있었다.

어쨌든 사람들은 브레 페티스를 로봇만큼이나 좋아했다. 그는 머펫 캐릭터 같은 외모, 덥수룩한 눈썹, 야성적인 머리, 그리고 넘치는 열정을 가진 사람이었다. 그의 동영상은 온라인에서 화제를 모았고, 결국 메이크 매거진(DIY·메이커 문화 전문 잡지로, 전자공학, 로봇, 공예, 3D 프린팅 등 스스로 만드는 기술과 프로젝트를 소개하며 글로벌 메이커 운동을 확산시킨 매체)에서 영상을 제작하게 되었다. 브레는 유명해졌고, 마침내 브루클린으로 이사해 해커봇 랩보다 훨씬 더 체계적인 새 해커 스페이스 NYC 레지스터를 설립했다.


## 기계를 만드는 기계

많은 괴짜들이 NYC 레지스터에 모여들었다. 브레는 몇몇을 모아 주말 동안 3D 프린터를 만들기로 했다. 그들 중 누구도 실제 3D 프린터를 본 적은 없었다. 당시 그런 장치는 '래피드 프로토타이핑(rapid prototyping) 머신'이라 불렸고, 수십만 달러를 호가하며 이국적인 연구소에서만 볼 수 있었다. 그럼에도 그들은 철사와 오픈소스 코드를 엮어 기계를 작동시켰다.

이는 DIY 괴짜들에게 엄청난 이정표였다. 이미 RepRap 프로젝트(2005년 시작된 오픈소스 3D 프린터 개발 프로젝트로, 자기 자신을 복제할 수 있는 3D 프린터 제작을 목표로 함)에서 수년간 자기 복제 3D 프린터 개념을 실험하고 있었는데, 모든 부품을 출력해 자기 자신을 복제할 수 있는 프린터였다. 멋진 개념이지만 DIY 프린터에겐 어려운 과제였다. 자기 복제 제약을 없애자 전체 아이디어가 훨씬 실용적이 되었고, 그렇게 최초의 메이커봇(MakerBot)이 탄생했다.

얼마 지나지 않아, 그 팀은 다른 사람들이 직접 3D 프린터를 만들 수 있는 키트를 제작했다. 주문이 쇄도했다. 메이커봇은 풀뿌리형 오픈소스 하드웨어 운동이 되었고, 레고 대신 마인크래프트로 자란 세대의 상상력을 불태웠다. 컴퓨터 화면에 그린 것은 무엇이든 플라스틱으로 출력할 수 있었다. 브레는 사람들이 출력 가능한 디자인을 공유할 수 있도록 싱기버스(Thingiverse: 메이커봇이 운영하는 3D 프린팅 오픈소스 디자인 공유 플랫폼)라는 웹사이트를 만들었다.

3D 프린터는 1980년대에 발명되었지만, 메이커봇 덕분에 대중의 의식에 들어왔다. 나는 브레를 연구소로 초대해, 그가 직접 만든 것 외에는 처음 보게 될 고가의 산업용 3D 프린터를 보여주었다.


우리 딸은 집에 메이커봇을 두고 자랐다. 네 살쯤 되었을 때 우리는 그녀를 위해 3D 프린터로 하이힐을 출력해 주었다. 이제 한 세대 전체가 이런 데스크톱 장치와 함께 성장했고, 그들에게는 그것이 곧 물건이 만들어지는 방식으로 인식된다. 3D 프린터는 프로그래밍 가능한 도구의 대표적인 기계다. 이 기계들은 똑같은 걸 두 번 만들든 안 만들든 전혀 개의치 않는다. 이는 제조업의 엄청난 전환점이다. 우리가 모든 물건을 소프트웨어를 만들 듯이 제작할 수 있게 된다면, 우리는 이미 소프트웨어에서 누적된 효율성을 모두 얻게 될 것이다.

1980년대까지 대부분의 제품은 "Made in America"였다. 그러다 우리는 아시아의 저임금 노동에 취해 모든 것을 지구 반대편에서 만들었다. 다른 나라에 사는 당신도 아마 비슷한 경험이 있을 것이다. 비윤리적 노동 관행, 공급망 취약성, 긴 제품 주기, 해운으로 인한 엄청난 배출량, 문제는 방대하고 점점 커지고 있다. 탈세계화, 지정학적 긴장, 그리고 일반적인 혼란은 제조업을 미국과 다른 나라로 다시 불러들이도록 압박한다. 그런데 어떻게?

세계에서 가장 부유한 나라에서 제조할 수 있는 방법은 세 가지뿐이다. 사람을 수입하거나, 로봇을 수입하거나, 로봇을 만들 사람을 수입하거나. 당신은 어떤 게 더 나아 보이는가?

전통적인 공장 자동화는 엄청난 혜택을 가져왔다. 토스터를 만들고 싶다면, 금속을 압착하는 기계를 사고, 원하는 모양을 위한 맞춤 도구를 제작하고, 수백만 개의 동일한 제품으로 그 비용을 분산시켰다. 더 큰 토스터를 원하면? 처음부터 다시 시작해야 한다.

현대의 로봇 자동화를 활용하면 프로그래밍 가능한 도구를 만들 수 있다. 3D 프린터가 그 대표적인 예다. 같은 것을 두 번 만들 필요가 없다. 토스터를 원한다면, CAD로 그려놓고 출력 버튼을 누르면 된다. 더 큰 토스터? 문제없다. 커피 잔, 선글라스, 자전거도?

그냥 출력 버튼만 누르면 된다. 여전히 기계 비용은 수백만 단위 제품에 분산되지만, 이제는 매일 마음을 바꾸거나 고객이 마음을 바꿀 때마다 대응할 수 있는 유연성을 얻는다. 모든 제품이 달라질 수 있다.

우리는 메이커봇으로 가득 찬 공장을 짓고, 그것을 '지금 구매' 버튼에 연결해 주문 즉시 제품을 출력할 수 있으리라 상상했다. 재고도 없고, 문제도 없을 것이다. 하지만 그게 15년 전 이야기다. 아직도 현실화되지 않았다. 아마 당신이 가진 제품 중 3D 프린터로 만들어진 것은 하나도 없을 것이다. 왜일까?

제조용 3D 프린팅은 대체로 과장되었고 제대로 활용되지 못했다. 두 가지 이유 때문이다. 첫째, 3D 프린터는 보통 한 번에 한 픽셀씩 출력한다. 쇠라의 점묘화처럼 느리다. 둘째, 이 프린터는 고품질의 입력 재료가 필요한데, 값이 비싸다. 결국 이런 과정을 다 거치고 나면, 대부분의 경우 무언가를 만드는 가장 저렴한 방식인 사출성형(플라스틱 원료를 녹여 틀에 주입한 뒤 냉각·굳혀 원하는 모양의 제품을 대량 생산하는 공정)과 경쟁하게 된다.


### 물질 컴파일러

예외적인 경우가 있는데, 바로 분말 금속을 사용하는 3D 프린터다. 이 방식은 픽셀 단위가 아니라 층 단위로 출력하기 때문에 훨씬 빠르다. 또 금속 부품은 부가가치가 높은 편이어서, 산업 현장에서 점차 활용되었다.

마블 랩스(Marvel Labs: 폐기물 기반 소재로 3D 프린팅 제품을 만드는 혁신 제조 스타트업) [MARVEL]는 이 분말 금속 프린터를 활용하는 또 다른 방식을 발명했다. 바로 원료로 커피 찌꺼기를 사용하는 것이다. 이들은 커피숍에서 찌꺼기를 수거해주고 돈까지 받는다. 마블 랩스는 이렇게 확보한 바이오매스를 활용해 세면대, 조명 기구, 자전거를 출력하고 있다. 출력된 부품은 분말 코팅이나 금속화 처리를 거친다. 더 놀라운 건, 마블 랩스가 슈퍼글루보다 강력한 효소 결합제를 발명했다는 사실이다. 언젠가는 당신의 화장실 변기가 100% 유기물로 만들어질 수도 있다! 겉으로 보면 커피로 만든 것임을 전혀 알 수 없지만, 이들 부품은 거의 완전 자동화로 세계 어디에서나 필요할 때 즉시 제작할 수 있다.

나 역시 3D 프린팅 관련 특허를 수십 개 갖고 있고, 이 기계를 제조업에 활용하는 경제성에는 오랫동안 비관적이었다. 하지만 마블 랩스의 창업자 제이크 밀러는 이 기술의 잠재력과 경제성을 완전히 뒤집을 수 있는 가능성으로 나를 단번에 설득했다. 제조 공정은 아시아에서의 사출 성형 비용보다도 더 저렴하게 많은 내구재를 만들 수 있다.

마블 랩스는 심지어 해조류나 톱밥으로도 제품을 만들 수 있어, 탄소를 격리하고 바이오매스를 매립지로 보내지 않는 무료 보너스 효과까지 얻는다. 하지만 대부분의 고객은 단순히, 수요에 따라 즉시 부품을 생산할 수 있는 더 안정적인 공급망을 갖게 된 것에 만족하고 있다.[73]

---

**73** 재활용 소재를 3D 프린터에 활용하는 발상은 닐이 『다이아몬드 시대(The Diamond Age)』에서 다룬 훌륭한 아이디어 중 하나였다. [DIAMOND-AGE]

## 밤쉘러

이 모든 것이 가능해지기 훨씬 전부터, 나는 주문형(on-demand) 제조가 가능한 사업을 만들고 싶었다. 그 당시에는, 지금의 마블 랩스처럼 3D 프린터를 활용하는 실용적인 방법이 없었다. 그래서 시작하기 좋은 분야가 의류라고 생각했다. 밤쉘러(Bombsheller: 주문형 그래픽 레깅스를 만드는 소규모 의류 스타트업)는 2013년에 몇몇 친구들과 함께 밤과 주말을 자원봉사처럼 투자하며 시작했다. 우리는 모든 것을 조금씩 모아 그래픽 레깅스를 만들었고, 시애틀 시내에 작은 공장을 세웠다

전 세계의 아티스트들이 우리 웹사이트에 디자인을 업로드하면, 그 디자인은 3D 비디오 게임 툴을 이용해 구현되어 주문 가능 상태가 되었다. 우리는 1만 개의 상품구성을 보유했지만 재고는 0이었다. 주문이 들어오면 즉시 원단에 디자인을 프린트하고, 잘라서 봉제해, 다음 날 바로 배송했다. 대부분의 과정은 자동화할 수 있었지만, 마지막 봉제는 여전히 대학 교육을 받은 미국 여성들이 맡았다.

그럼에도 불구하고 밤쉘러는 놀라운 단위 경제성을 갖췄다. 우리는 기존의 의류 산업 모델을 완전히 뒤집었다. 이미 판매된 이후에만 생산했기 때문에, 초과 재고도, 재고 떨이 세일도, 브랜드 가치 하락도, 폐기물도, 낭비도 없었다. 이것이야말로 의류 산업의 미래임을 입증했지만, 우리는 그저 아주 작은 회사에 불과했다. 그래서 나는 레깅스 이상의 더 많은 제품을 생산할 수 있는 대규모 버전을 만들려고 했다. 나는 모든 것을 걸었다. 2020년 3월, 첫 번째 대규모 자금 조달 라운드를 마무리하려던 참이었는데 결국 코로나19로 투자 시장이 멈춰섰고 모든 계획이 무너졌다.

## 팬티 속 로봇

우리 팀원 중 한 명이 결국 크리에이트미(CreateMe: 의류 제조 자동화를 개발하는 혁신 공정기술 스타트업)라는 [CREATEME-APPAR-EL] 회사에서 일하게 되었다. 이 엔지니어팀은 이미 전자기기와 반도체용 자동화 공장을 구축한 경험이 있었다. 비교적 어려운 기술 분야였다. 그들은 곧 의류 제조를 어떻게 자동화할 수 있을지 연구하기 시작했다. 나는 그들의 연구실을 방문했는데, 정말 감명 깊었다. 로봇 손가락이 아직 준비되지 않았기 때문에, 그들은 봉제 접합 방식을 개선하는 방법을 찾아냈다. 노스페이스 재킷에서 본 적이 있을 것이다. 봉합 대신 테이프를 덧대고 마이크로파로 봉합해 방수 성능을 높인 이음새 말이다. 이런 방식은 겉옷에는 훌륭하지만, 다른 대부분의 옷에는 별로다. 이유는 세 가지 (1) 특정 원단에서만 가능하다. (2) 강도가 약하다. (3) 신축성이 없다.

크리에이트미는 이 모든 문제를 해결했다. 이 팀은 잉크젯 프린터처럼 원단 위에 인쇄할 수 있는 새로운 접착제를 발명했다. 덕분에 로봇이 어떤 원단에도 접합 이음새를 넣을 수 있게 되었다. 이 음새는 봉제된 것보다 강하며, 심지어 신축성까지 있다. 모든 것이 프로그래밍 가능한 공장(소프트웨어로 제어·설계 변경이 가능해, 주문에 따라 유연하게 다양한 제품을 자동 생산할 수 있는 공장)으로 나아가는 길을 닦는다. 크리에이트미는 이미 상당히 진척됐다. 이 글을 읽을 즈음이면, 캘리포니아에서 전자동으로 제작된 속옷을 입고 있을 수도 있다.

아이러니하게도, 캘리포니아는 지구에서 옷을 만들기에 가장 멍청한 장소 중 하나다. 크리에이트미 공장은 기존 공장 대비 10분의 1의 공간과 10분의 1의 노동력만 필요로 한다. 캘리포니아에서 가능하다면, 어디서든 가능하다. 크리에이트미의 제품 라인은 속옷에서 시작해 티셔츠, 레깅스, 후디, 커머번드로 확장될 것이다. 결국, 아마존 물류센터 내부에 직접 구축해 "지금 구매" 버튼에 연결한 뒤 불을 끄고 운영할 수 있을 것이다.

크리에이트미의 접착제는 되돌릴 수 있다. 언젠가 당신이 "Keep Calm 티셔츠(영국 2차 세계대전 포스터 'Keep Calm and Carry On: 침착함을 유지하고 나아가라' 문구에서 유래해 전 세계적으로 유행한 패러디 티셔츠)"를 한가득 모아 굿윌(Goodwill: 미국의 기부·중고 매장)에 가져간다면, 그것들이 매립지로 가지 않고 실제로 재활용될 수 있다. 보통은 불만에 찬 작업자가 모든 심과 지퍼, 단추를 잘라내야 재활용 소재를 건질 수 있다. 하지만 크리에이트미의 의류는 열과 자동화를 통해 쉽게 분해된다. 심이 갈라지고, 원단은 다시 당신 아이가 입을 스위프티(Swiftie: 테일러 스위프트 팬) 굿즈의 원료가 되는 것이다.

이건 허구가 아니다. 지금 이 순간 실제로 벌어지고 있다. 내가 이렇게 많은 예시를 늘어놓은 이유는, 당신이 실제 문제와 여기에 투입되는 기술, 혁신을 좌우하는 메커니즘을 명확히 이해할 수 있도록 하기 위해서다. 그리고 앞으로 수년 동안 당신이 지켜볼 수 있는, 신뢰할 만한 이야기를 제시하기 위해서다. 나는 여기서 의류 산업을 예로 들었지만, 사실 거의 모든 산업에 이런 이야기가 존재한다.

## 실리콘밸리의 법칙

예전에는 DEF CON이라는 해커 컨퍼런스에 가서 우리가 새롭게 찾아낸 보안 취약점을 시연하곤 했다. 수천 명의 컴퓨터 전문가 앞에서 절대 바뀌어서는 안 되는 시스템 상의 '0'을 '1'로 바꾸는 장면을 보여줄 때의 짜릿함은 이루 말할 수 없다. 하지만 시간이 지나자, 해커들 앞에서만 이런 걸 보여주는 건 '알 만한 사람들에게 설교하는 것'처럼 느껴졌다. 해커들은 이미 세상이 얼마나 허술하게 짜여 있는지 잘 알고 있기 때문이다.

그래서 2001년쯤부터는 해커가 뭘 할 수 있는지 전혀 경험해 보지 못한 청중 앞에서 시연을 했다. 무대에 올라가 비밀번호를 훔치고, 사람들의 휴대전화를 해킹하여, 청중을 단숨에 충격에 빠뜨렸다. 나는 촬영 중인 줄도 몰랐는데, 유튜브에서 "Top Hacker"를 검색해 보면 TED 강연 [TOP-HACKER] 영상이 나온다. 거기서 나는 2,500만 명 앞에서 신나게 신용카드 번호를 훔치는 방법을 보여주고 있다. 그 이후로는 정말 수많은 사람이 내게 "전처 이메일을 해킹해 달라"는 메일을 보냈다. 제발, 그러지 말자.

이 기묘한 '해커 마술쇼'는 나로서는 무척 재미있었고, 청중에게도 충분히 흥미로워서 더 많은 행사에 초청받게 되었다. 나는 무대 위에서 다른 연사의 음성사서함을 해킹해 보여주면서 친분을 쌓기도 했다. 이건 세계 곳곳의 똑똑하고 흥미로운 사람들을 만날 수 있는 최고의 트로이 목마가 되었다. 그렇게 하다 보니 지금은 글로벌 기업의 CEO들과 각국의 대통령을 알게 되었고, 노벨상 수상자들과도 바로 연락할 수 있는 사이가 되었다. 지적 호기심이 끝없는 나로서는 정말 놀라운 삶이었고, 감히 말하건대, 기회가 된다면 누구에게든 이런 삶을 추천한다.

나는 전 세계를 돌아다녔다. 집에 있을 때조차 기내용 가방 하나로 산다. 그 덕분에 연구소, 공장, 스타트업을 직접 찾아다니며, 현장에서만 얻을 수 있는 전혀 다른 시각으로 세상을 볼 수 있었다. 그렇다면 지금 전 세계 기술 산업에서는 어떤 일이 벌어지고 있을까?

유럽에서 떠오르는 대형 테크 기업을 몇 개나 말할 수 있을까? 스포티파이(Spotify)? SAP? 영국, 이탈리아, 스페인, 네덜란드, 폴란드, 포르투갈? 없다. 중국은? 알리바바, 텐센트, 또 뭐 있더라? 테무(Temu)? 호주는? 남미는? 아프리카는? 전부 대륙인데도 말이다.

그럼, 이번에는 미국 안에서 보자. 시카고, 워싱턴, 애틀랜타, 마이애미에서 나온 대형 성공 테크 기업은? 뉴욕은? 아마 손에 꼽을 정도일 것이다. 오스틴, 보스턴, 로스앤젤레스는? 시애틀은? 드디어 나왔다. 마이크로소프트, 아마존… 그리고 또 하나는? 스타벅스?

이제 실리콘밸리를 떠올려 보라. 내가 기다려주겠다. 휴대폰을 꺼내지 않아도 최소한 10개에서 20개는 술술 나올 것이다.

내가 가는 곳마다 사람들은 '실리콘 앨리(Silicon Alley)', '실리콘 갤리(Silicon Galley)', '남미의 실리콘밸리'를 보여주려 한다. 그러나 솔직히 말해, 내가 보는 건 대부분 그냥 스타트업 코스프레다.

누구나 "혁신하지 않으면 죽는다"는 말을 들었다. 죽는다는 걸

반쯤은 이해한 듯하다. 하지만 혁신이 무엇인지, 어떻게 해야 하는지는 잘 모른다. 그건 내가 답을 줄 수 있을 거라 생각한다. 내가 아는 건 단순하다. 실리콘밸리가 이긴다. 거기서 끝이다.

내가 잘난 척하는 게 아니다. 이게 옳다고 말하는 것도 아니다. 나는 누구 못지않게 실리콘밸리를 비판한다. 다만 다른 이유에서다. 내가 말하는 건, 실리콘밸리가 특정 영역에서 어떻게 성공하는지 그 방식을 알아냈고, 이제는 우리 스스로에게 솔직해져야 한다는 것이다. 무엇이 통하고 무엇이 통하지 않는지를 제대로 인정해야 한다.

기술의 미래는 결국 글로벌해질 것이다. 실리콘밸리에서 시작된 혁신은 전 세계로 확산될 것이다. 그러나 현실적으로 말하자면 우리는 흔히 현실을 직시하지 않지만 세계 대부분 지역은 실리콘밸리와 경쟁할 가능성이 거의 없다.

왜일까?

실리콘밸리에는 돈이 몰려 있다. 벤처캐피털(VC)들은 엘리트 의식에 사로잡혀, 예전 동아리 친구들에게만 투자하고 싶어 한다. 기술은 다 스탠퍼드에서 나온다는 이런 말에는 일말의 진실이 있지만, 대부분은 단순한 변명일 뿐이다.

나는 세계에서 가장 똑똑한 사람들과 함께 일하면서 한 가지를 배웠다. 미래에 무엇이 성공할지 아무도 알 수 없다는 것이다. 가장 똑똑한 사람들은 자신의 두뇌에만 의존하지 않는다. 무엇이 효과적인지를 검증하는 시스템에 의존한다. 이건 다양한 분야에서 똑같이 나타난다. 예를 들어 스포츠를 보자. 경기에서 이기는 것처럼 성공의 기준이 명확하다면, 선수들을 맞붙여 최고의 성과를 내는 사람을 선발할 수 있다. 관중이 하는 건 추측일 뿐, 그건 도박이다. 실제로 경기를 해봐야 결과를 알 수 있다.

실리콘밸리는 거대한 생태계다. 수천 개의 '백만 달러짜리 실험'이 동시에 돌아가는 곳이다. 스타트업 하나하나가 실험이다. 대부분은 실패로 끝난다. 하지만 전체적으로 이 과정이 승리한다. 최고의 창업가, 최고의 아이디어, 최고의 기술, 최고의 제품, 최고의 비즈니스 모델을 찾아내고, 거기에 자금을 집중한다.

이탈리아에서 스타트업이 실패하면 범죄 수사가 시작될 수도 있다. 하지만 실리콘밸리에서 내 스타트업이 망하면, 나는 다음 날 VC(벤처캐피털)들로부터 전화를 받는다. 그들은 내가 어떻게 돈을 날렸는지 묻지 않는다. 내가 다음에 무엇을 할 계획인지 궁금해한다. 과장이 아니다. 실제로 내게 일어난 일이다.

실리콘밸리 사회 전체가 실패를 포용한다고 말할 수는 없다. 정확히 말하면, 수많은 시도를 하고, 안 되는 건 버리고, 되는 건 반복해 개선해야 한다는 사실을 모두가 받아들인 것이다. 이 도전 문화에 모두가 참여한다. 내가 팔로알토 카페에서 원자로 이야기를 시작하면, 바리스타는 나를 그녀의 남자친구 대학 룸메이트(엔지니어)와 연결해주려 한다. 다른 도시에서 같은 얘기를 했다면, 돌아오는 건 멍한 표정이나 쫓겨나는 신세였을 것이다.

## 키네넷

한 가지 예외가 있다. 텔아비브(Tel Aviv: 실리콘밸리 외 유일하게 혁신 생태계가 강하게 자리 잡은 도시)다. 1990년대, 나는 대형 테크

콘퍼런스에 가서 수많은 마케팅 담당자 사이를 헤치며 진짜 '너드'들을 찾곤 했다. 적어도 연사들은 흥미로웠고, 결국 우리는 바에 모여 어울리곤 했다. 2000년대 초, 팀 오라일리는 흥미로운 사람들만 모아 자기 사무실에서 주말을 함께 보내자는 아이디어를 냈다. 무역 박람회도, 무대도, 들러리(NPC)도 없이, 화이트보드와 200여 명의 열정적인 기술인들만 있는 모임. 그는 이를 FOO Camp(Friends of O'Reilly Camp)라 불렀다.

이것이 바로 최초의 '언컨퍼런스'였다. 사전에 정해진 의제는 없지만, 기술에 열광하는 사람들을 선별해 모은 자리였다. 오라일리는 세계 최대의 기술 서적 출판사를 운영했기에 이런 기획이 가능했다. 참가자들은 화이트보드에 자기 이름과 이야기하고 싶은 주제를 적었고, 행사는 스스로 조직되었다. 이 경험이 얼마나 신선했는지는 말로 다 설명하기 어렵다.

한 해는 도요타가 첫 번째 프리우스를 출시했을 때였다. 데이브 매튜스[74]가 차를 빌려 FOO Camp에 가져왔다. 우리는 모여서 구동계를 해체하며 내부가 어떻게 작동하는지 살펴보았다. 다시 조립했을 때는 '여분의 부품'이 꽤나 많이 트렁크에 남았다는 건 좀 창피한 일이었지만 말이다.

나는 해커봇(Hackerbot)과 슈무 그룹(Shmoo Group)의 다른 해커가 만든 스나이퍼 야기라는 장치를 가져갔다. 소총 개머리판에 거

---


[74] 가수 데이브 매튜스가 아니라 발명가 데이브 매튜스.

대한 통 모양의 안테나를 달고, 스코프까지 장착한 장치였다. 목적은 수 킬로미터 떨어진 와이파이 네트워크에서 비밀번호를 훔치는 것이었다. 이 장치는 요시 바르디를 감탄시켰고, 그는 나를 이스라엘에서 열리는 자기 언컨퍼런스에 꼭 초대하려 했다. 나는 정중히 거절했지만, 요시는 이미 내 항공권을 사놓았다며 와야 한다고 말했다.

텔아비브 첫날 밤, 나는 시차로 피곤한 눈을 비비며 호텔 창밖을 보았다. 거대한 수평선이 있었는데, 호수치고는 너무 컸다. 혹시 바다인가? 나는 이곳이 어디인지 전혀 몰랐다. 이스라엘에 대해 아는 건 수천 년 전 얘기뿐이었다.

밖으로 나가 해변을 걸었다. 해변 바에는 비키니 차림의 여성들이 살사를 추고 있었다. 내가 자란 곳에서 해변은 뾰족한 바위로 이루어져 있다. 물은 너무 차가워서 들어가면 죽을 수도 있고, 비키니 같은 건 없었다. 그 순간, 나는 내 모든 삶의 선택, 적어도 아키도를 연습한 것과 살사를 배우지 않은 것을 후회했다.

나는 바에 가서 세 명의 매력적인 젊은 이스라엘 여성을 만났다. 그들 모두 군대에서 자동무기를 다루는 법을 배웠고, 자신들의 테크 스타트업에 대해 얘기하고 싶어 했다. 내가 발을 들인 이 세계는 도대체 무슨 평행우주인가?

며칠 뒤, 나는 갈릴리 호수로 향했다. 바로 예수가 물 위를 걸었다고 전해지는 곳이다. 그곳에서 요시는 나 같은 해외 인사들을 포함해, 약 150명의 '미친' 이스라엘 기술 괴짜를 모아 놓고 있었다. 요시는 FOO 캠프에서 영감을 받아, 자신만의 이벤트를 만들었다. 이름하여 키네넷. 이 모임은 '언컨퍼런스' 형식으로, 기본 규칙은 일이야기는 금지, 그리고 누구든 무언가를 기여해야 하며, 그렇지 않으면 다음에 다시 초대받을 수 없다는 것이었다.

모두가 참여했다. 어떤 괴짜들은 헬리콥터를 가져와 비디오게임 컨트롤러로 쓰고 있었고, 감자 머리 인형으로 자화상을 만드는 워크숍도 열렸다. 선택할 수 있는 부품만 천 가지가 넘었다. 수영장은 우블렉으로 가득 차 있었다. 옥수수 전분으로 만든 비뉴턴성 유체인데, 평소에는 액체 같지만 순간적으로 압력을 받으면 단단해진다. 충분히 빠르게 달리면 그 위를 달릴 수도 있었으니, 마치 물 위를 걷는 예수 같았다. 불타는 자전거, 로켓 추진 서핑보드, 세계 챔피언 원격조종 헬리콥터 조종사까지 등장했다.

키네넷에는 전통 프로그램이 하나 있는데, 이름하여 엑스트라버건자다. 일종의 장기자랑으로, 참가자 전원이 무조건 참여해야 하지만 정작 자신이 잘하는 것은 하면 안 된다. 가짜 재능이 없다면 요시가 직접 하나 지정해준다. 가장 인기 있는 건 파워포인트 카라오케다. 무대에 올라가, 처음 보는 난해한 슬라이드 자료를 가지고 실제 벤처캐피털(VC) 앞에서 발표해야 했다. 분위기는 완전 혼돈이었지만, 내 인생 최고의 경험 중 하나였다.

요시는 최초의 인스턴트 메신저 회사인 ICQ에 투자했고, 1998년 AOL에 약 4억 달러에 매각했다. 이는 인터넷 회사 초창기의 이례적 성공 사례였다. 이 일로 요시는 부자가 되었고, 이스라엘에서 일종의 '인터넷의 대부' 같은 존재가 되었다.

아무도 안 볼 때, 그냥 최고의 '사인펠드(1989~1998년 미국 NBC에서 방영된 인기 시트콤)' 억양을 흉내 내며 이렇게 말해보라.

"쟤도 했는데, 나라고 못 하겠어?"

ICQ 매각 이후, 이스라엘 사람들은 모두가 기술 창업자가 된 듯했다. 그들은 회사를 마치 복권 사듯 창업한다. 하지만 중요한 건, 이스라엘인들은 똑똑하고, 교육 수준이 높으며, 엄청난 동기를 가진 사람들이라는 점이다. 창의적이고 유쾌하며, 의무 군복무 제도 덕분에 협력하는 법을 자연스럽게 배운다.

결국, 나는 요시의 권유로 이스라엘 스타트업을 자문하게 되었고, 이스라엘을 아마도 스무 번은 넘게 오갔다. 수많은 친구를 사귀었고, 그들이 구축한 스타트업 커뮤니티의 역동성이 얼마나 중요한지 깨달았다. 텔아비브의 카페 바리스타에게 무슨 얘기를 해도, 너무 터무니없는 아이디어란 존재하지 않는다.

이스라엘인들은 소셜 네트워크에 가장 늦게 합류한 사람들이지만, 사실 그 자체가 하나의 소셜 네트워크다. 나라 전체가 거의 사촌들로 이루어져 있다. 무언가 필요하면 사촌에게 물어보면 되고, 사촌은 또 아는 사람을 연결해준다. 이런 사람들과 있으면 실리콘밸리가 오히려 구식이고 느리고 따분하게 보일 때도 있었다.

이스라엘 안에는 시장이 없기 때문에, 조금이라도 성공한 기업은 결국 뉴욕이나 캘리포니아로 옮겨가야 한다. 하지만 그것마저도 어렵지 않다. 이스라엘인들은 뉴욕과 캘리포니아에도 사촌을 두고 있으니까!

이스라엘 스타트업은 내가 본 어디와도 달랐다. 그들은 모두 '미친' 사람들 같았다. 미국 스타트업에서 나는 흔히 지나치게 실용적인 계획을 '세계 정복 전략'으로 키우는 역할을 했다. 그러나 이스라엘 스타트업에서는 내가 이성의 목소리가 되어야 했다. 훨씬 재미는 덜했다.

텔아비브에서 첫 방문을 마치고 미국으로 돌아오자마자, 나는 아키도 훈련을 접고 살사 댄스로 갈아탔다. 파트너와 춤을 제대로 추려면 몇 년은 걸리지만, 아키도로 몸을 회전시키던 집착이 큰 도움이 되었다. 결과적으로 대단한 업그레이드였다. 살사 댄서들은 내가 입던 리눅스 풍자 문구가 적힌 검은 티셔츠를 모두 버리게 만들었다. 대신 단추 달린 셔츠와 멋진 청바지를 입게 했다. 그들은 내 포니테일도 잘라버렸다. 무엇보다 중요한 건, 땀에 젖은 일본 노인들과 수련하는 대신, 상상에 맡기겠다.

수년 뒤 나는 TEDx 텔아비브에서 강연했다. 18분 동안 원자로와 모기를 잡는 방법에 대해 이야기했는데, 요시는 나를 놀라게 할 이벤트를 준비해 두었다. 이스라엘 〈So You Think You Can Dance〉 우승자가 갑자기 무대에 올라와, 나는 그녀와 함께 회전하며 춤을 추게 된 것이다. 지금까지도 아마 살사 댄스가 포함된 유일한 TED 강연일 것이다. 그 결과 나는 엉뚱한 이유로 이스라엘에서 유명해졌다. 원자로나 말라리아 퇴치에 대해 내가 한 말은 아무도 기억하지 못한다.

물론 강연이 끝난 후 나는 해변으로 내려가, 비키니를 입은 여성들이 춤추는 바를 찾아가 댄스 플로어에 불타는 분화구 같은 흔적을 남겼다.

## 메이저 리그

텔아비브는 실리콘밸리를 성공하게 만든 요인들이 복제 가능하다는 것을 보여주는 증거다. 변명은 통하지 않는다. 세계 곳곳에서 기술 성공을 가로막는 것은 문화적 요인이다. 경쟁하려면 새로운 롤모델, 새로운 신화가 필요하다. 이스라엘이 해냈다면, 당신도 해낼 수 있다.

1980년대, 최초의 셀룰러폰 네트워크는 대부분 미국에서 개발된 기술을 바탕으로 구축되었다.[75] 그 이후 내가 세계 곳곳을 여행하며 본 모든 도시의 도심에서 가장 높은 건물은 늘 통신사 빌딩이었다. 무선 통신은 어디에서나 놀라운 경제 성장의 원동력이 되었다. 각국에서 통신사들이 생겨났고, 결국 한두 개의 대형 기업으로 통합되었다. 사람들은 부자가 되었고, 수백만 개의 일자리가 창출되었으며, 많은 나라에서는 유선 전화조차 없던 지역에 휴대전화 서비스가 제공되며 도약 기술이 되었다. 지난 수십 년간, 이는 세계에서 가장 민주화된 인프라가 되었고, 이제는 휴대폰 신호가 닿지 않는 사람을 찾는 게 더 어려울 정도다. 즉, 미국이 개발한 기술이 결국 전 세계 산업과 부를 고르게 나눠준 셈이다.

하지만 실리콘밸리는 다시는 그런 일이 일어나게 두지 않을 것이다. 과거의 실수에서 배웠고, 새로운 방식으로 승리하고 있다. "유럽의 우버는 어디에 있을까? 라틴아메리카의 왓츠앱은? 전 세계를 대표할 AWS(아마존웹서비스)는? 어느 지역에서든 성공적인 기업이 나타나면, 우리는 즉시 자금을 투입해 글로벌 무대로 확장시킨다." 과거에는 기술이 전 세계로 흩어져 각국이 성장할 기회를 얻었지만, 이제 실리콘밸리는 성공한 스타트업을 즉시 글로벌화하는 자

---

[75] 실제로 세계 최초의 상용 셀룰러 네트워크를 구축한 나라는 일본이었다.

본·네트워크 시스템을 갖췄다. 이번에는 기회를 나누지 않고, 세계 무대 전체를 장악할 것이다. 우리는 이제 메이저 리그에서 뛰고 있다. 그러니 제발, 진짜 경쟁자가 되어 달라.

그렇다면 어떻게 해야 할까? 먼저, 자신들의 강점을 극대화하는 것부터 시작해야 한다. 이스라엘 사람들은 아이디어를 내고 시제품을 만드는 데 뛰어나다. 하지만 엔지니어링은 독일인들만큼 잘하지 못한다. 독일은 제조에 강했지만, 지금은 중국만큼 규모와 비용 경쟁력에서 앞서지 못한다.

마케팅에서는 이스라엘과 독일 모두 약하다. 이유는 다르다. 독일인은 너무 진지해서, 이스라엘인은 철자에 신경을 쓰지 않기 때문에. 이들은 세 개 언어를 능숙하게 구사하고 표현력도 뛰어나지만, 굳이 철자를 확인하지 않는다. 이스라엘 스타트업 아무 웹사이트를 봐도 창의적인 철자법을 발견할 수 있을 것이다. 그러나 언어와의 관계가 워낙 창의적이라, 스타트업 이름만큼은 언제나 멋지다. ICQ라는 이름만 해도 천재적이다. 천천히 발음해 보라.

이스라엘에는 판매할 시장 자체가 없으니, 마케팅이 강점일 리 없다. 그러나 미국은 다르다. 1980년대 이후로 미국은 사실상 마케팅 외에는 모든 것이 멈췄다. 마케팅의 미래가 궁금하다면, 이 책을 읽을 필요도 없다. 그냥 영화 〈이디오크러시(Idiocracy)〉 [IDIOCRA-CY]를 보라. 미래를 가장 예리하게 예측한 작품이다.

세상에서 배울 수 있는 최고의 것을 배우고, 베끼고, 훔쳐라. 어떤 일을 하든, 가장 뛰어난 제품·사람·프로세스를 모방하라. 진정한 혁신은 정말 좋은 이유가 있을 때, 그리고 개선할 방법이 있을 때 사용하라. 실리콘밸리의 '테크 브로(tech bro: 실리콘밸리의 젊은 남성 창업자·투자자를 비꼬는 말로, 자기 확신이 강하고 오만하게 보이는 IT 업계 문화를 가리킴)'들이 트위터에서 헛소리를 하는 데 분노할 필요는 없다. 사실 그들은 자신이 너무 똑똑하다고 생각해, 아는 것을 전부 공짜로 내놓고 있는 셈이다. 그들이 어떻게 당신을 압도하는지 파악하고, 그대로 베껴라. 그러고 나서, 더 멋지게 그들을 이기는 방법을 찾아라.

대부분의 미국인처럼, 나 역시 중동에 대한 인식은 낚시성(자극적인 제목으로 클릭을 유도하는 콘텐츠나 기사) 기사에서 얻은 만화 같은 이미지였다. 하지만 지금 가장 영감을 주는 광경 중 하나는 이 지역 일부 국가들이 빠르게 발전하고 있다는 점이다. 그 출발점은 보통 두바이다. 전 세계 여행과 비즈니스의 허브가 된 덕분에, 많은 사람이 현대적이고 화려한 도시를 직접 볼 기회를 가졌다. 처음 두세 번은 수많은 람보르기니와 금빛으로 치장된 마천루에 눈이 부시다. 하지만 그곳에서 시간을 보낼수록, 나는 이 나라 지도자들이 하고 있는 일의 가치를 점점 더 이해하게 되었다. 이곳은 전 세계에서 사람들을 끌어들인다. 두바이 인구의 단 10%만이 토박이 에미리트인이며, 나머지는 모두 외부에서 온 사람들이다.

이미 1930년대부터 이들 국가 중 많은 곳은 인재를 수입했다. 미국에서 석유 산업을 세우는 데 도움을 줄 수 있는 엔지니어들을 불러온 것이다. 그들은 이들로부터 배우는 법을 배웠다. 내가 아랍에미리트와 사우디아라비아에서 발견한 문화는 바로 학습에 대한 갈망이었다. 오랜 세월 동안, 이들은 모든 분야의 전문가를 불러와 후하게 대가를 지급하며 부동산, 산업, 대학, 도시, 사실상 모든 것을 세워왔다. 맥킨지, 베인, 액센추어 출신 컨설턴트들이 곳곳에 널려 있는 것도 놀랍지 않다.

석유로 악명 높게 부유해진 이들은 기회를 낭비하지 않았다. 오히려 자국과 자국민에게 과감히 투자하고 있다. 수십 년이 아니라 불과 몇 년 단위의 짧은 기간에 사회 전반을 근본적으로 바꾸고 있다. 내가 만난 에미리트인과 사우디인들은 놀라울 만큼 훌륭한 사람들이었다. 그들은 미국이나 다른 나라를 그대로 복제하는 방식이 아니라, 자국의 고유한 문화를 존중하면서 현대화를 추진하고 있다. 우리가 살아 있는 동안 초현대적으로 변모했지만 서구의 외형을 거의 받아들이지 않은 일본을 생각해 보라. 딱 하나 예외가 있다면, 야구 정도일 것이다.

물론 내가 아직 알지 못하는 것도 많고, 가보지 못한 곳도 많다. 하지만 지금 이 순간, 내가 발견한 가장 흥미로운 장소는 바로 아랍에미리트와 사우디아라비아다. 이곳 사람들은 매일 아침 눈을 뜨며, 자신들의 나라가 미래를 향해 또 다른 놀라운 도약을 하고 있음을 확인한다. 두바이에서는 매주 일요일 '딥테크 바비큐(Deep Tech BBQ)'가 열린다! 당신이 사는 곳에서도 이런 일이 일어나고 있는가?

최근 나는 한 유럽 스타트업과 화상 통화를 했다. 창업자들은 자신들이 세제 혜택 때문에 키프로스에 본사를 두고, 미국과 중국 양쪽 시장 판매를 위해 스위스에 운영 회사를 두었다는 이야기를 장황하게 늘어놓았다. 정작 회사가 무슨 일을 하는지는 30분이 지나서야 알 수 있었다.

유럽인들이라면 누구나 말해줄 수 있을 것이다. 미국인만큼 오만하고 남을 깔보는 종족도 드물다. 우리는 그들의 생각이 틀렸음을 증명하려고 하지도 않는다. 오히려 우리 스스로 뿜어내는 자기중심적 태도가 전 세계 사람들을 우리에게서 돌아서게 만들고 있다. 그러나 서유럽도 마찬가지다. 그곳은 수천 년 된 고집 센 문화들이 각자 자신의 우월감을 지니고 있다. 그들은 축구뿐 아니라 모든 면에서 자신들이 최고라 믿는다. 그리고 이탈리아, 스페인, 프랑스, 독일 어디에서도 외국 전문가를 불러들여 배우는 문화가 없다. 이들 나라가 경제 순위에서 하락하는 과정은, 배우기를 거부할 때 어떤 일이 벌어지는지 보여주는 교훈이다.

안타까운 진실은, 유럽인들이 미국을 비판하는 게 틀리지 않았다는 점이다. 미국이 정말 특별하다면, 왜 우리는 중국보다 빠른 기차를 만들지 못하는가?[76] 왜 우리의 도시는 도쿄처럼 깨끗하지 못하고, 두바이처럼 안전하지 못하며, 리야드처럼 친절하지 못한가? 우리 역시 세계로부터 배우려는 노력을 해야 한다.

사우디아라비아와 아랍에미리트는 세상이 하나의 거대한 축구 리그와 같다는 사실을 이미 간파했다. 그들은 전 세계에서 최고의 사람들, 최고의 아이디어, 최고의 기술을 사들여 자기들의 미래를 건설하고 있다. 심지어 최고의 축구 선수들까지도.[77]

---

**76** 중국은 고속철도를 대규모로 보유하고 있으며, [CHINA-RAIL] 그 건설 단가는 마일당 캘리포니아의 10분의 1 수준이라고 한다. 반면 캘리포니아에서는 여전히 꿈만 꾸고 있다. [CAL-RAIL]

**77** 사우디아라비아는 세계 정상급 선수들을 대거 끌어들이고 있다. [SAUDI-SOCCER]

# 맛의 알고리즘

나는 한 번은 이탈리아 파르마에서 강연 초청을 받았다. 파르마는 파르메산 치즈로 유명한 곳이지만, 또 하나의 명물은 바로 파스타다. 세계 최대의 파스타 공장이 이곳에 있으며, 바릴라 형제는 친절하게도 나를 공장까지 안내해 주었다.

그들은 1960년대에 설계된 거대한 전기기계식 설비를 보여주었다. 설계자들은 이미 수십 년 전에 세상을 떠났고, 지금은 아무도 그 기계의 작동 원리를 완전히 알지 못하는 듯했다. 회사를 확장하기 위해 바릴라는 이 기계를 다른 대륙에도 그대로 복제했다. 설비는 건물 하나만큼 크다. 내가 다녔던 고등학교만 한 건물, 체육관, 수영장, 구내식당, 극장, 목공실까지 갖췄던 그 크기다. 트럭으로 실린 밀은 건물 꼭대기에서 투입되어 밀가루로 빻아지고, 기계 한쪽 끝으로 들어간다. 반대편 끝에서는 파란 상자에 담긴 파스타가 나온다.

사람 작업자는 없고, 움파룸파(영국 작가 로알드 달의 아동 소설 '찰리와 초콜릿 공장'에 나오는 작은 키의 공장 일꾼들)도 없으며, 땀 흘리는 노동자도 없다.

놀랍게도 이 기계에는 컴퓨터 칩이 전혀 없다. 컴퓨터 이전 시대 엔지니어들이 만들어낸 경이로운 산물이었다. 기계의 핵심은 한쪽 끝, 진짜 '마법'이 일어나는 곳, 파스타 반죽이 눌려져 나오는 작은 황동 금형이었다. 구멍의 모양이 면발의 모양을 결정한다. 파스타 업계의 모든 혁신은 바로 이 지점에서 나온다. 몇 년마다 한 번씩, 어떤 이탈리아 천재가 구멍을 약간 넓게 깎아내면 새로운 모양의 면이 탄생하고, 그럴듯한 이탈리아식 이름이 붙는다. 전 세계는 이를 "수세기 동안 바티칸이 숨겨온 신의 비밀 조리법" 쯤으로 낭만적으로 포장한다. 그렇게 우리는 링귀니, 페투치니, 파파르델레라는 파스타 종류를 얻게 되었다.

그리하여 나는 전 세계에 파스타를 공급하는 일에 인생을 바쳐온 1,200명의 이탈리아 청중 앞에서 무대에 섰다. 불경스럽게도, 이렇게 말했다. 파스타는 신이 발명한 게 아니다. 나무에서 열리는 것도 아니다. 사람이 직접 발명한 것이다. 사실, 세몰리나 같은 곡물을 파스타로 만드는 데는 이탈리아 할머니들의 엄청난 수고가 필요하다. 내 앞의 청중들은, 그들의 조상들이 만들어낸 거대한 '이탈리아 할머니 시뮬레이터'의 목자들이었던 셈이다.

혹시 이 말만으로 모자랄까 싶어, 나는 거기에 더해 이렇게 덧붙였다. 실리콘밸리의 몇몇 괴짜들이 아마 네스프레소 기계 옆에 둘 수 있는 파스타 3D 프린터를 설계하고 있을 거라고. 아침마다 신선한 파스타를 뽑아낼 수 있도록 말이다.

나는 다시는 파르마에 초청받지 못했다. 시간이 지나 깨달았
다. 아마 그들은 나를 실리콘밸리에서 온 건방진 인간으로 봤을 것
이다. 친구는 사귀지 못했지만, 6년 뒤 유튜브가 [3DPASTA] 내게
한 영상을 추천해주었다. 그것은 다름 아닌 바릴라가 만든 파스타
3D 프린터였다.

## 모더니스트 요리

그즈음 나는 실험실에서 모더니스트 쿠진 [MODERN-
IST-CUISINE] 팀과 어울리곤 했다. 토니 스타크가 미식가라서 직
접 실험용 주방을 만든다고 상상해 보라. 우리는 각종 과학 장비로
가득한 주방을 만들어냈다. 로터-스테이터 균질기(액체를 고르게 섞
고 입자를 잘게 부수는 혼합기), 제약 수준의 동결 건조기, 로터리 증발
기, 가열 대신 음식 재료를 얼려버리는 철판 같은 장치, 그리고 대형
액체 질소 탱크까지.

우리는 세계 최고의 레스토랑에서 온 요리사들, 식품 과학자
들, 화학자들을 고용했다. 모두가 요리를 과학으로 풀어내는 데 매
달렸다. 네이션 미어볼드가 이들을 모아, 요리사들이 새로운 도구로
활용할 수 있는 과학적 아이디어들을 탐구하도록 한 것이다. 페란
아드리아[78] 나 헤스턴 블루멘탈[79] 같은 분자 요리학자들에게 영감을

---

[78] 스페인 엘불리의 분자 요리학 개척자 페란 아드리아. [FERRAN]

[79] 한때 세계 최고의 레스토랑으로 꼽힌 더 팻 덕(The Fat Duck)의 창립자 셰프 헤스턴 블루멘탈.
[HESTON]

받아, 팀은 새로운 조리 기법을 개발하고 있었다. 그러는 동안 음식 속에서 분자 단위로 무슨 일이 벌어지는지를 설명해 주어, 요리사들이 더 이상 '전해 내려오는 옛 이야기'가 아니라 과학을 바탕으로 요리할 수 있도록 도왔다.

예를 들어, 햄버거를 요리하는 방법을 생각해 보라. 대부분은 엄청난 열을 가해, 그 중 일부가 속까지 전달되길 바라는 방식이다. 겉은 과하게 익고 속은 덜 익기 십상이다. 하지만 우리 주방에서는 버거패티를 지퍼백에 넣고, 진공 포장기로 공기를 완전히 빼낸 뒤, 수조에 몇 시간 담가 둔다. 그다음 액체 질소에 살짝 담갔다가, 샤키라의 사우나보다 더 뜨거운 그릴에 올려 겉을 시어링(고온으로 표면을 살짝 그을리는 것)한다. 그러면 지금껏 먹어본 것 중 최고의 햄버거가 완성된다. 겉과 속이 완벽하게 균일하게 익고, 그릴 자국은 최소화된다. 이 기술은 수비드(sous vide)라 불리며, 모더니스트 요리 운동에서 나온 아이디어 중 가장 실용적이고 널리 쓰이는 방법이다. 비록 우리가 처음 발명한 것은 아니지만, 우리 팀은 이를 위한 요리책을 만들기로 했다. 참고로 감자튀김을 만들 때는 초음파 공동현상기가 필요했는데, 우리가 만든 튀김은 워낙 정교해서 한 번에 하나씩만 내놓았다.

이 프로젝트는 걷잡을 수 없이 커졌다. 원래 200쪽짜리 요리책으로 시작했는데, 다섯 해에 걸친 수백만 달러 규모의 프로젝트로 불어났다. 최종적으로 출간된 책은 2,400쪽에 달했다. 거의 모든 페이지가 사진이었다. 우리는 여기서도 욕심을 내, 각종 조리 도구를 절단해 단면 사진을 찍으며 도구의 작동 원리를 보여주었다. 간단히 요약하려 했지만, 프로젝트의 규모는 말로 다 담기 어렵다. 단지 책 한 권의 무게가 50파운드(약 22.7kg)였다는 사실만 전해두겠다. 책 한 권에는 잉크만 해도 4.5파운드가 들어갔다. 그런데도 우리는 여전히 '굽는 것'에는 손도 대지 못했다. 이 팀은 그 후 4년 동안 6만 개의 빵을 구워, 첫 책보다 더 방대한 또 다른 책을 출간했다.

### 포스트모더니스트 요리

세계에서 가장 잘 갖춰진 시제품 제작 작업실 바로 옆에서, 이 팀과 함께 지내다 보니, 나는 자연스럽게 음식에 대해 생각하게 되었다. 우리가 어떻게 식사를 준비하고, 어떻게 사람들에게 음식을 공급하며, 영양·폐기물·식량 안보 문제를 풀 수 있을지 말이다.

이제 상상해 보라. 바릴라에서 온 내 (가상의) 친구 중 한 명이 이탈리아 시골에서 조부모를 방문했다고 하자. 뒷마당에는 세상에서 가장 아름다운 토마토가 자라고 있다. 손으로 따면 거의 부서질 정도로 잘 익었다. (참고로, 토마토는 신이 만든 것이지만, 이탈리아인들은 레오나르도 다 빈치가 최후의 만찬을 마친 이후 한참 뒤에야 토마토를 알게 되었고, 그때까지 마리나라 소스도 한 번도 맛본 적이 없었다.)[80] 그렇다면, 이 토마토를 딴 뒤 급속 냉동하고, 밀봉된 토너 카트리지에 담아 전 세계로 배송한다면 어떨까? 카트리지를 당신의 3D 프린터에 장착하면, 기계는 토마토 픽셀을 한 층씩 깔고, 바늘로 수분을 공급하며, 레이저로 조리한 뒤, 이 과정을 반복해 한 끼 식사를 완성한다.

---

[80] 미안하다. 나는 이탈리아를 사랑한다. 하지만 아마도 그들은 스페인 사람들이 남미에서 토마토를 약탈해 오기 전까지 토마토를 몰랐을 것이다.

이렇게 완성된 식사는 당신의 알레르기와 식이 제한을 피해 조리되고, 필요한 의약 성분까지 함께 주입한다. 기계는 당신이 먹을 양만큼만 정확히 출력한다. 결과적으로, 당신은 인생에서 가장 맛있고, 풍미와 영양까지 최적화된 토마토 요리를 맛보게 된다. 사실 나는 그런 토마토를 한 번도 먹어본 적이 없다. 지금껏 내가 먹어 온 토마토는 슈퍼마켓 운송 과정에서 무너지지 않도록, 스티로폼 같은 질감으로 '최적화'된 것들뿐이었다.

2008년쯤, 나는 음식을 출력하는 3D 프린터를 발명하려고 시도했다.[81] 이미 음식 분야에서 가장 혁신적인 사람들과 함께 일하고 있었는데, 그들조차도 이건 미쳤다고 생각했다.

와인을 위해 '하이퍼 디캔팅(hyperdecanting: 와인을 공기와 섞어서 맛과 향을 빨리 깨어나게 하는 기술)'을 발명하여 가장 잘난 척하는 음식 전문가들을 화나게 했던 네이선조차도, 와인을 30초 동안 블렌더에 붓는 방식을 발명했지만, 이번 아이디어는 미쳤다고 생각했다. 그럼에도 불구하고, 몇 명의 사람을 데려와 도움을 받았고, 우리는 기계가 식사를 만들 수 있는 여러 방법을 고안해 냈다. 이 발명들로 50건이 넘는 특허를 얻었다.

매년 이 아이디어는 덜 미친 것처럼 보였고, 일부 기업들은 이미 다양한 형태의 식품 프린터를 상용화했다. 그렇다면 왜 프린터 음식이 필요한가? 요리사가 하는 일을 생각해 보라. 그들은 맛, 향,

---

81  네이선 미어볼드(Nathan Myhrvold)와 내가 함께 쓴, 음식 3D 프린팅에 관한 IEEE(국제 전기전자 공학자협회) 스펙트럼 기사. [MORXELS]

영양, 질감을 관리한다. 앞의 세 가지는 모두 병에 담겨 팔린다. 원하는 맛과 향, 영양소는 분말이나 액체로 살 수 있다. 요리사가 하는 일은 병균을 없애고 질감을 관리하는 것이다.

우리가 알고 사랑하는 대부분의 질감은 인공적이다. 위에서 말한 파스타처럼. 신은 프랑스빵도 발명하지 않았다. 그것의 질감은 만들어내기 어려운 것이지만, 인간은 그것을 사랑하게 되었다. (이 책 끝날 무렵이면 나는 모든 나라를 기분 나쁘게 했을 것이다.) 프랑스빵은 경이롭지만, 자연이 만든 것이 아니다. 3D 프린터가 아직 그걸 못할 수도 있지만, 인간은 늘 새로운 질감을 사랑하게 된다. 아마 우리는 스무디나 에너지바 같은 쉬운 것부터 시작할 것이다. 그것은 1980년대 도트 매트릭스 프린터와 같다. 시간이 지나면 해상도를 높이고, 더 많은 카트리지를 추가해, 결국 2400dpi 해상도의 딸기, 스테이크, 바게트를 출력하게 될 것이다.

이걸 하는 진짜 이유는 우리가 지금 사람들을 먹이는 방식이 터무니없이 비효율적이기 때문이다. 음식의 약 40%는 우리가 먹기도 전에 낭비된다. 어떤 지역에서는 농업 과정에서 손실이 난다. 미국에서는 농부들이 땅에서 최대한 수확을 뽑아낸다. 우리의 낭비는 마지막 단계, 즉 마트와 입 사이에서 발생한다. 미국인들은 개별 포장된 음식을 카트 가득 담아와 냉장고에 넣고, 일부를 요리하고, 조금 먹고, 남은 건 냉장고에 넣어둔 뒤 일주일 뒤 쓰레기통에 버린다. 양고기 뼈, 상추 심, 각종 포장재까지 버린다. 이 모든 건 멀리서 운송된 것이다. 음식의 90%는 물이다. 우리는 그것을 전 세계에 나르고 있다. 바나나는 남미에서, 아보카도는 캘리포니아에서. 딸기, 라즈베리, 블루베리. 망고, 파인애플, 파파야. 이런 과일들은 매일 전 세계로 날아다닌다. 이와 비교해 보라. 상온에서 안정적인 재료 카트리지들. 아마 당신은 '분말 토마토'는 싫다고 생각할지 모른다. 하지만 밀가루 분말은 의심하지 않는다. 이런 재료들은 화학적 보존이 필요 없고, 맛과 영양이 그대로 들어 있다. 남은 건, 식사를 만들 기계뿐이다.

패스트푸드 체인점의 지저분한 10대 직원을 없애고, 작은 로봇이 당신의 점심을 만들도록 하자. 저염식을 원한다면, 매일 소금이 1mg씩 줄어들게 할 수 있다. 당신은 눈치 채지 못할 것이다. 비타민을 더 섭취해야 하지만 채소를 싫어한다면, 3D 푸드 프린터가 매 끼니에 조금씩 넣어줄 수 있다.


사람들은 음식과 매우 낭만적인 관계를 맺고 있다.[82] 음식은 단순한 영양 공급 이상의 의미가 있다. 요리라는 의식, 함께 식사를 나누는 사회적 측면, 이건 분명 소중하다. 가능하다면, 매일 가족과 친구들을 위해 추수감사절 만찬을 차려보라. 하지만 아마 당신도, 나도 그렇고, 대부분의 사람들도 그렇듯 그럴 수 없거나, 하지 않거나, 하지 못할 것이다.

일주일에 21끼를 먹는다고 하면, 그중 이상적으로 꿈꾸는 완벽한 한 끼는 1번도 채 되지 않는다. 대부분의 식사는 패스트푸드, 남은 음식, 스무디, 컵라면, 소일렌트, 스타벅스의 대용식, 그리고 배달음식이다.

---

**82** 네이선과 앨리스 워터스가 논쟁한 훌륭한 프리코노믹스 팟캐스트. [SOUP]

그렇다면 만약, ChefCAD 같은 프로그램에서 직접 식사를 디자인할 수 있다면 어떨까? 그리고 그걸 인스타그램에 업로드해 친구들과 공유할 수 있다면? 더 나아가, 조지 클루니가 저녁에 먹은 메뉴를 다운로드해 똑같이 먹을 수 있다면? 이제 다시, 식사를 사회적 경험으로 만들자.[83]

---

83 우버 창업자 트래비스 칼라닉은 이후 획기적 자동화를 갖춘 클라우드 키친 회사를 세웠다.

# 건설의 딥테크

당신과 내가 존재할 수 있는 또 다른 이유는 건설 덕분이다. 우리는 거의 모든 사람을 위한 집을 지을 수 있고, 우리가 필요로 하는 다른 모든 것을 얻는 데 필요한 기반 시설-도로, 다리, 공항, 항만, USB 포트-를 지을 수 있는 놀라운 능력을 가지고 있다.

시멘트는 세계에서 가장 큰 문제 중 하나다. (화석 연료를 제외하면) 인간이 가장 많이 사용하는 물질이다.[84] 시멘트를 만드는 과정은 엄청나게 $CO_2$ 집약적이다. 그러나 다른 재료와 같은 방식은 아니다. 강철이나 유리 같은 물질은 주로 열을 내기위해 무언가를 태우는 과정에서 만들어진다. 반면, 시멘트는 그만큼의 열도 필요하지

---

[84] 연간 약 40억 톤 규모.

만, 화학 반응 자체가 $CO_2$를 대량 방출한다. 해마다 시멘트는 전 세계 $CO_2$ 배출량의 8~13%를 차지한다.

우리는 이 물질로 초고층 빌딩, 다리, 경기장을 짓는다. 이 구조물은 약 50년 정도 지나면 서서히 부서진다. 이런 붕괴가 생명을 위협하는 사고로 이어지지 않도록, 우리는 모든 것을 강철 철근으로 보강한다. 하지만 모든 것은 말도 안 되는 짓이다. 왜냐하면 이 때문이다.

로마의 판테온.

198

로마인들은 어떻게 판테온을 지었을까? 철근도 들어가지 않은 콘크리트 건물이 지진대에 위치해 있는데도 2천 년 동안 여전히 서 있는 반면, 우리가 사용하는 철근 콘크리트는 겨우 100년 버티기도 힘들다. 무려 2천 년 동안 그 비밀을 아무도 풀지 못했다. 나는 가끔 상상하곤 한다. 로마인들이 그냥 레드와인에 취해, 넷플릭스를 보며, 천사들과 어울리다가 시멘트 제조법을 까먹어버린 게 아닐까 하고.

시멘트를 탈탄소화하기 위한 아이디어는 많다. 바이오차에서부터 플라이 애시, 그래핀까지 온갖 첨가제를 섞는 방식이 그렇다. 그러나 이런 아이디어 대부분은 공급량 문제에 부딪힌다. 특히 시멘트가 필요한 지역일수록 그런 재료가 충분하지 않다. 공급 문제를 해결하려면 막대한 비용이 들고, 결국 목적 자체가 무의미해진다. 무엇보다 심각한 건, 이런 방식은 기존 시멘트 공장을 업그레이드하기 위한 대규모 자본 지출을 요구하거나, 아예 새 공장을 지어야 한다는 점이다.

가장 단순한 발상은 전기 시멘트 공장을 만드는 것이다. 하지만 그 전기를 석탄으로 만든다면 의미가 없다. 만약 원자로에서 나오는 열로 공장을 돌릴 수 있다면 훌륭하겠지만, 전 세계에 이미 수천 개의 시멘트 공장이 있다. 하나를 짓는 데만 약 1억 달러가 들기 때문에, 이를 모두 대체할 자금을 댈 투자자는 없다.

오랫동안 사람들은 로마인들이 그냥 운이 좋았다고 생각했다. 화산재를 섞었다는 가설이 있었지만, 정확히 무슨 일이 벌어진 건지는 알지 못했다.

그러다 몇 년 전, 아드미르 마식이 그 수수께끼를 풀었다. 그는 냉전 시기 유고슬라비아에서 태어난 모든 아이들과 마찬가지로, 아드미르도 유고슬라비아 소년단에 강제로 징집되었다. 빨간 별이 그려진 파란 모자를 지급받고, 일주일에 세 번은 '공산주의 노동'에 동원되었다. 길을 치우고, 도로를 고치고 상관이 시키는 대로 무엇이든 했다.

아드미르는 당시를 떠올리며 눈을 반짝였다. 친구들과 함께 사회를 위한 중요한 프로젝트를 해냈다는 동료애 때문이었다. 나는 물론 이렇게 말했다. "우리는 미국인이니까, 그리고 악당이 아니니까, 아이들에게 그런 일을 시키지 않는다." 하지만 그는 하루 일을 마친 뒤 온 마을이 모여 축하할 때 자부심을 느꼈다고 회상했다. 그 모습은 마치 사회주의 자체를 빛내는 듯했다. 나는 동시에 부러움과 부끄러움을 느꼈다.

부러웠던 이유는, 공동체와 깊이 연결되어 있다는 감각 속에 둘러싸이고 싶었기 때문이다. 미국에서는 이런 것이 크게 약화되었다. 누구나 강제 없이 자발적으로 나서서 자기 역할을 하는 모습, 그런 사회를 보고 싶었다. 부끄러웠던 이유는, 이제 그런 사례를 거의 보지 못하기 때문이다. 더 나쁜 건, 내 딸은 그런 모습을 한 번도 본 적이 없다는 사실이다.


운 좋게도, 베를린 장벽이 무너진 뒤 유고슬라비아는 민족주의적 혼란으로 빠져들었고 전쟁이 벌어졌다. 아드미르의 마을은 파괴되었고 그는 모든 것을 잃었다. 어린 난민이 된 그는 크로아티아로 가서 화학에 몰두했고, 국제 화학 올림피아드에서 우승했다. (미국에도 화학 올림피아드가 있던가?) 그는 이탈리아 대학에 합격했고, 이어 독일의 막스 플랑크 연구소로 갔다. 결국 MIT 교수가 되었고, 지금

은 시멘트를 연구하는 자신의 실험실을 운영한다.[85]

폼페이는 화산재에 덮여 보존된 로마 도시다. 그곳의 사람들과 활동 흔적은 시간 속에 멈춰 있다. 고고학자들은 여전히 거기서 배우고 있다. 아드미르는 이런 고대 산업 공정에 매료되어 로마 시멘트를 탐구하고 싶어 했다. 그는 로마 근처에서 샘플을 얻어 분석했고, 시멘트 제조 과정을 역설계하는 데 성공했다. 2천 년 만에 로마 콘크리트의 미스터리가 풀린 것이다. [ROMAN-CONCRETE]

모든 콘크리트는 갈라진다. 물이 갈라진 틈으로 스며들어 내부에서부터 파괴된다. 로마 콘크리트의 비밀은, 콘크리트 전반에 석회 입자가 갇혀 있다는 것이다. 물이 스며들면 석회가 반응해 갈라진 틈을 메운다. 시간이 지날수록 강해지는 자기 치유 콘크리트였던 것이다. 로마 시멘트가 튼튼하다는 것은 알려져 있었지만, 그 이유를 알게 된 건 아드미르의 발견 덕분이다.

그 파급 효과는 엄청나다. 더 강력하고 자기 치유가 가능한 콘크리트를 만들 수 있다. 비용은 더 낮으며, 기존 생산 공정에 아주 간단한 변화만 주면 된다. 이는 지금까지 제시된 다른 시멘트 개선안에서는 불가능했던 특징이다. 더 흥미로운 건, 이 과정이 탄소 배출량을 10~50%까지 줄인다는 것이다. 무엇을 최적화하느냐에 따라 달라진다. 전 세계적으로 시멘트 사용량이 워낙 크기 때문에, 이는 어마어마한 개선이 될 수 있다.

연구팀은 이 시멘트를 만드는 과정을 재현하는 데 성공했고,

---

**85** 아드미르 마식과 나눈 대화 전체는 딥퓨처 팟캐스트에서 들을 수 있다. [ADMIR]

새로운 배합을 특허로 등록했으며, 그 결과를 사이언스에 발표했다.
[DMATSCIENCE] 이어서 연구실에서 스핀오프 형태로 DMAT라는 [DMAT-CEMENT] 회사를 설립해 상용화를 추진했다. 이 분야를 주시하던 사람들은 지금 모두 흥분해 있다. 시멘트 역사상 가장 큰 돌파구가 등장했기 때문이다.

이제 전 세계에서 생산되는 모든 시멘트가 불과 10년 안에 업그레이드될 수도 있다. 그렇다면 그 파급 효과는 어떨까? 시멘트는 전 세계 탄소 배출의 약 10%를 차지한다. 여기서 20%의 배출을 줄인다고 해도, 인류 전체 활동에서 나오는 탄소 배출량을 2% 줄이는 데 그친다.

$CO_2$ 배출을 줄이는 데 단 하나의 탄환은 존재하지 않는다. 어쩌면 1,000개의 탄환이 필요할 수도 있다. 그래도 이 가운데 20개를 '공짜로' 얻을 수 있다면 나쁘지 않다. 만약 더 강한 시멘트가 두 배 더 오래 지속된다면, 그 효과는 40개의 탄환을 얻는 것과 같다. 건설에 필요한 철강사용까지 줄일 수 있다면, 탄환은 더 늘어날 수 있을 것이다.

# 항생제 이후의 몸

사과를 한 입 베어 물어보라. 씨앗은 먹지 말라는 걸 알 것이다. 씨앗에는 비소가 들어 있다. 치명적일 만큼은 아니지만, 일부러 먹으면 시간이 지나 독에 면역이 생긴다고 상상할 수도 있다. 하지만 사실은, 그 한 입속 대부분을 당신 자신이 먹는 게 아니다. 당신 안에 사는 수조 개의 다른 미생물을 먹이는 것이고, 그들이 배출한 산물이 당신을 먹여 살린다.

수천 종의 미생물이 당신의 몸 구석구석, 모든 표면에서 살아간다. 어떤 미생물은 파스타를 당신의 혈류에 흡수될 수 있는 당분으로 바꾸고, 어떤 미생물은 흡수되지 않는 물질로 만들어 그대로 몸 밖으로 내보낸다. 왜 이탈리아 사람들은 매일 파스타를 먹고도 살이 찌지 않는 반면, 당신은 또 샐러드를 먹어야 하는지 알고 싶은가? 그들은 당신과는 다른 미생물을 갖고 있기 때문이다.

미생물은 장 속에도, 손 위에도, 입·질·귀에도 존재한다. 이들의 무게는 합쳐서 약 1~3kg에 달하지만, 그것이 곧 당신은 아니다. 이들은 전혀 다른 유기체다. 기술적으로 따지면, 이들은 당신 몸 속(in you)이 아니라 당신 몸 위(on you)에 존재한다. 피, 뇌, 뼈 안에 있는 게 아니라, 내부 표면 위에서 사는 것이다. 이들이 처음 몸에 들어온 건, 당신이 어머니의 산도를 통해 세상에 나올 때였다. 생각해보면 기묘한 일이다.

이들은 당신 없이는 살 수 없지만, 사실은 당신이 이들 없이는 살 수 없다는 게 더 중요하다. 그러나 이들이 잘못된 곳, 예를 들어 혈류로 들어가면 당신을 죽일 수도 있다. 그 경우를 우리는 감염이라 부른다. 오랫동안 이런 균열은 치명적이었다. 아이들은 상처로 죽었고, 여성들은 출산 중 목숨을 잃었으며, 노인들은 낫지 않는 종기로 세상을 떠났다. 말 그대로 누구나 죽었다.

이 상황을 바꾼 건 항생제의 발견이었다. 처음으로 우리는 잘못된 곳에서 자라나는 미생물들을 죽여 감염을 치료할 수 있게 되었다. 이 기적이 너무 놀라웠기에 우리는 다소 지나치게 의존했다. 귀가 아프면 아목시실린 같은 약으로 장내 미생물 군집 전체를 쓸어버렸다. 항생제를 맞아본 경험이 없는 사람은 거의 없다. 마이크로바이옴(Microbiome: 한마디로 인간을 포함한 생물의 몸속이나 표면에 사는 미생물과 그들의 유전정보 전체)은 다시 자라나려 하지만, 결코 이전과 같을 수는 없다. 당신 몸속 '팀'이 모두 졸병으로만 채워지거나, 쿼터백만 가득하거나, 주차 단속원만 가득 찰 수도 있다. 변호사만 많고 세무사는 부족할 수도 있다. 이런 경우는 승리할 수 없는 전략이다.

다음에 Z-팩(Z-Pak: 아지스로마이신 항생제 패키지)을 복용하기 전에는 다시 한 번 생각보라. 퓨렐(Purell: 손 소독제)은 당신 손에 존재하는 자연스러운 미생물 군집에는 네이팜탄 같은 존재다. 나쁜 것들을 죽이기도 하지만, 좋은 것들도 함께 죽인다. 퓨렐은 주로 알코올 성분이라 미생물을 죽이는 데 탁월하다. 그러니 예거마이스터(Jägermeister: 고도 알코올 술)에 대해서도 두 번 생각해 보는 게 좋다.

이런 부작용 때문에 항상 더부룩하거나 피부가 뒤집힐 수 있다. 하지만 그런 불편을 겪더라도 감염으로 목숨을 잃는 것보다는 훨씬 낫다. 그래서 안전을 위해 우리는 항생제를 널리 써왔다. 불과 10년 전만 해도, 대부분의 사람은 마이크로바이옴이라는 개념조차 알지 못했다. 세균이나 '벌레(cooties)'가 있다는 건 알았지만, 그것이 무엇인지, 어떤 일을 하는지, 그리고 서로 어떤 비율로 존재하는지조차 파악할 방법이 없었다.

우리와 마찬가지로, 이 작은 미생물들도 각각 고유한 DNA를 갖고 있다. 그리고 사람의 DNA를 분석해 우리를 구성하는 암호를 읽을 수 있듯이, 마이크로바이옴의 DNA도 읽어낼 수 있다. 이제 우리는 어떤 미생물이 많은지, 부족한지, 아예 없어야 할 게 있는지를 파악할 수 있게 되었다.

이 기술은 이미 가능하지만, 문제는 각각의 미생물이 어떤 일을 하는지 아직 잘 모른다는 점이다. 앞으로 이들을 관찰하고, 그 활동을 인체 건강과 연관 지어 이해하기 위해서는 수천 개의 박사 논문 수준의 연구가 더 필요하다.

아마 이미 들었을 것이다. 어떤 사람들은 분변 이식을 받기도 한다는 얘기를. 말 그대로 한 사람의 대변 일부를 다른 사람의 장에 넣어 그 사람의 마이크로바이옴을 활성화하는 것이다. 만약 당신의 장내 환경이 나쁘다면, 이식으로 더 좋은 환경을 얻을 수 있을지도 모른다. 하지만 이것은 '도박' 같은 시술이다. 상황을 개선할 수도 있지만, 더 악화시킬 수도 있다.

수십 종의 미생물에 대해서는 건강에 이롭다는 사실이 어느 정도 알려져 있다. 그래서 어떤 기업가들은 이것들을 맥주처럼 큰 탱크에서 배양해 프로바이오틱스(probiotics: 인체에 이로운 효과를 주는 살아있는 미생물)로 판매한다. 문제는, 위(胃)의 상부 소장(小腸)은 강력한 산성 환경이라 섭취한 음식이 바로 분해되는데, 이 과정에서 프로바이오틱스 역시 대부분 죽는다는 점이다. 프로바이오틱스는 몸에 좋다고 알려진 미생물의 집합체다. 요구르트, 콤부차, 사우어크라우트 같은 발효식품에 들어있지만, 장내 필요한 부위에 도달할 즈음에는 대부분 살아남지 못한다. 그래서 실제 효과를 내려면, 차라리 엉덩이에 직접 넣는 게 낫다.

내 아이디어는 당신의 대변을 조금 채취해 실험실 냉동고(-80°C)에 보관하는 것이다. 영하 80℃에서 보관하면 마이크로바이옴 샘플은 잘 보존된다. 필요한 양도 많지 않다. 스키틀즈(껌처럼 씹히는 사탕) 한 알 정도면 충분하다. 그다음, 성병 같은 감염 때문에 항생제를 맞고 장내 미생물이 전멸하면, 당신 자신의 것을 다시 주입해 마이크로바이옴을 복원할 수 있다.

나는 인포머셜(infomercial: 정보와 광고의 합성어로 정보를 제공하는 형식의 광고 방송)을 미국이 만들어낸 최고의 예술 형식이라고 믿는다.[86] 그래서 사람들이 자기 똥을 사는 서비스를 상상했을 때 정말 즐거웠다. 사실 나쁜 아이디어는 아니다. FDA 임상시험도 필요 없다. 어차피 사람들에게 새로운 것을 주입하는 게 아니라, 원래 그들이 갖고 있던 것을 다시 돌려주는 것이기 때문이다. 마이크로바이옴은 시간이 지남에 따라 변하므로, 1년에 한 번 정도는 새로운 샘플을 채취해 냉동 보관하는 것이 바람직하다.

그중 일부 미생물은 슈퍼버그라 불린다. 이들은 건강에 큰 영향을 줄 수 있을 만큼 중요하다. 문제는, 우리가 인류 역사 속에서 공진화(두 종 이상이 생물이 서로의 진화에 영향을 주면서 함께 진화하는 현상)하며 몸에 품어온 많은 박테리아를 지금은 구할 수 없다는 점이다. 대신 우리는 우연히 "올바른" 미생물에 감염되기를 기대해야 하는데, 항생제 남용과 불량한 식단으로 그 가능성은 점점 줄어들고 있다.

사람의 장 속에 존재하는 것으로 알려진 박테리아 종은 약 5,000종이지만, 현재 시중에서 구매할 수 있는 건 50종에 불과하다. 홀로바이옴 [HOLOBIOME] 회사는 이 문제를 해결하기 위해 어떤 종이 중요한지 밝혀내고, 그것을 식품이나 의약품으로 개발하고 있다. 이 회사는 이미 인기 있는 항우울제보다 효과가 뛰어난 것으로 보이는 종, 통증을 완화하는 종, 스트레스를 줄이는 종을 찾아냈다. 내가 이 책을 쓰는 지금, 그들은 첫 번째 임상시험을 진행 중이다. 만약 성공한다면, 머지않아 나는 '항우울 요구르트' 인포머셜에 출연하고 있을지도 모른다.

---

**86**  혹시 [VINCE] 매춘부를 폭행한 혐의로 체포된 본인 이야기를 직접 담은 슈티키(Schticky) [SCHTICKY] 광고를 놓쳤다면, 진정한 '광고 예술' 애호가라고 하기는 어려울 것이다.

앞으로 10년쯤 지나면 우리는 훨씬 더 많은 슈퍼버그를 발견하게 될 것이다. 수백 종의 미생물이 건강과 어떻게 연결되는지 규명될 것이고, 당신은 작은 대변 샘플을 보내는 대신, 딩동(Ding Dongs), 닥터페퍼(Dr. Pepper), 페퍼로니 피자까지 거뜬히 소화해 내던 20대 시절의 장내 환경을 맞춤형 프로바이오틱스로 되찾게 될지도 모른다.

이 분야에서 가장 흥미로운 인물 중 하나는 브라이언 트레이시다. 그는 비건으로서, "고릴라가 어떻게 그렇게 강력할 수 있는가"라는 질문에 천착했다. 고릴라 역시 비건인데, 사람의 머리를 단번에 뜯어낼 정도의 힘을 가지고 있기 때문이다. 브라이언은 실제로 고릴라의 대변을 확보해 그 안의 모든 미생물 DNA를 조사했다. 그리고 인간에게는 없는, 고릴라만이 가진 특정 미생물을 발견했다. 그의 회사 슈퍼브루드 푸드(Superbrewed Food)는 [SUPER BREWED] 지금 세계 최대 치즈 스낵 제조사 중 하나에 공급할 포스트바이오틱(postbiotic) 배양 단백질을 생산 중이다.[87] 머지않아 비건 올림픽 선수들을 훨씬 더 많이 보게 되리라 나는 확신한다.

---

87 벨 그룹(Bel Group) [BEL-GROUP]은 슈퍼브루드 푸드의 비건 단백질 [VEGAN-PROTEIN]을 활용하고 있다.

# 딥 바이오

컴퓨터가 충분히 강력해지자, 우리를 특별하고 독특한 눈송이로 만들어주는 DNA 코드의 티커 테이프(tickertape: 원래는 주식 거래소에서 주식 시세 정보를 인쇄해 내보내던 종이 테이프를 말한다.)를 읽고 싶은 욕망이 생겼다. 이것은 크레이그 벤터와 그의 팀에 의해 유명하게 완수되었다. 수백 대의 기계, 수천 명의 과학자, 수십억 달러[88]가 필요했다. 현대 과학에서 가장 큰 과시 가운데 하나로, 크레이그는 자신의 DNA를 사용했다. DNA 코드를 얻는 것은 어렵지 않다. 머리카락 한 올, 몸에서 떨어져 나온 죽은 피부 세포 하나에도 이 코

---

[88] 실제로는 27억 달러가 들었다.

드가 담겨 있다. 이것은 인류에게 중요한 개척의 순간이었다. 우리는 인간 생명의 레시피를 얻으려 했던 것이다.

하지만 우리가 얻은 것은 재료 목록에 더 가까웠다. 코드를 읽어보니, 그중 많은 부분은 중복되고, 많은 부분은 더 이상 필요 없거나 쓰이지 않는 쓸모없는 코드였다. 마지막 약 15%만이 엄청나게 중요했다. 이후 모든 연구는 이 코드 조각 중 어떤 것이 중요한 역할을 하는지 밝혀내려는 시도였다. 우리는 눈 색깔이 어디서 오는지, 왜 큰 콧구멍을 가졌는지, 머리카락이 어디로 갔는지를 알게 되었다.

이 코드 중에는 심각한 질환과 밀접히 연관된 조각도 발견되었다. 대표적으로 BRCA 유전자는 유방암 발생 위험이 높은지를 알려주는데, 이를 통해 많은 여성이 유방암 예방 절제 수술이라는 선택지를 얻을 수 있게 되었다.

사실 중요한 건, 누구나 "암"을 일으킨다는 점이다. 대니 힐리스는 암을 명사보다 동사로 보는 게 맞는다고 말한다. [CANCER-ING] 즉, 우리의 몸은 늘 "암을 하고(cancering)" 있는 셈이다. 그렇다면 암이란 도대체 무엇일까?


당신은 수조 개의 세포, 다양한 유형의 세포로 이루어져 있다. 이 세포들은 자기 복제를 위한 기계를 가지고 있다. 그것이 당신이 성장하는 방식이다. 몸속 세포는 필요할 때 더 만들어지고, 충분하면 멈춘다. 새 세포가 건강한 복제라면 문제없다. 보통은 잘 작동한다. 그러나 가끔 세포가 손상을 입는다. 농담이 아니다. 우주에서 날아오는 감마선이 항상 이런 일을 일으킨다. 가끔 이 손상은 DNA 코드의 작은 돌연변이다. 대부분은 무해하고, 가끔은 유익하지만, 어떤 경우는 해롭다. 일반적으로 이런 돌연변이는 몸속 건강한 세포가 이를 이물질로 간주해 제거한다.

하지만 우리가 흔히 듣는 암은, 이 돌연변이가 살아남아 세포가 미친 듯이 복제되는 경우다. 사실 그것만으로는 보통 죽지 않는다. 더 심각해지는 건, 일부 세포가 떨어져 나와 혈류를 타고 돌아다니는 경우다. 이들은 다른 곳에 달라붙어 성장한다. 이것을 전이라고 하며, 실제로 문제를 일으키는 대부분의 종양은 이 과정을 거친다.

유방암, 췌장암, 간암, 피부암, 우리는 이들을 다른 질병으로 생각해 왔지만, 실제로는 같은 경주의 다른 출발점일 뿐이다. 수많은 연구가 암을 퇴치하는 데 투입되었고, 우리는 조기 발견과 개입에 점점 더 능숙해졌다. 매년 암으로 죽는 사람은 줄어들고 있다. 이 모든 연구는 문자 그대로 수많은 사람의 생명을 구해왔다.[89]

더 나아질 수 있다. 유전 코드 연구 등에서 더 알게 된 사실은, 면역 체계가 암을 다루는 데 매우 능숙하다는 것이다. 면역 체계는 항상 이 일을 한다. 다만 가끔 속도가 늦어져 약간의 시간과 도움이 필요하다. 오리오니스 바이오사이언스[90] 같은 회사들은 암을 공격하는 새로운 접근법을 취하고 있다. 환자 자신의 면역 체계를 조율해, 암 조직을 여러 방면에서 정밀하게 표적하는 것이다. 저격수처

---

**89** 이 통계의 복잡한 지표를 이해하려면 [CANCER-DEATH] 참고.

**90** 리카르도 사바티니(Riccardo Sabatini)의 강연 'A New Attack on Cancer(암을 공격하는 새로운 방법)'을 보라. [NEW-ATTACK]

럼 세포 하나하나를 제거한다. 최고의 장점은? 한 번 성공하면, 암의 유형이 무엇이든 어디서든 효과가 있다는 점이다.


## 항염증 에어팟

염증은 필수적인 생리학적 방어 메커니즘이다. 그러나 잘못된 곳에서 너무 오래 지속되면 치명적일 수 있다. 염증은 회복과 손상 모두에 역할을 하기 때문에 이분법이 존재한다.

예를 들어, 뇌졸중은 염증 반응을 촉발하며, 회복 가능성이나 생존 확률을 크게 낮출 수 있다. 매년 미국에서는 80만 명, 유럽에서는 100만 명이 뇌졸중을 겪는다. 대부분은 중환자실(ICU)에 입원하며, 연간 1,250억 달러가 넘는 비용이 든다.

염증은 면역 체계가 세포 잔해나 박테리아 같은 건강 위협 요소를 제거하기 위해 세포와 단백질을 활성화할 때 발생한다. 당신이 상처를 입으면, 염증은 손상 부위를 제거하고 치유를 돕는다. 하지만 뇌졸중 환자의 경우, 손상된 뇌 조직이 국소 염증을 일으켜 치유를 돕지만, 동시에 전신적 염증을 촉발한다. 이 전신 염증은 다른 신체 시스템에 큰 위험 요소가 되어, 며칠 안에 환자를 죽일 수도 있다.

상처라면 그냥 이부프로펜(소염진통제)을 먹으면 되지만, 뇌졸중은 더 복잡하다. 항염증약은 추가 출혈을 일으킬 수 있다. 우리는 뇌졸중 직후 수 시간, 수일의 중요한 회복기에 전신 염증을 줄이는 방법이 필요하다.

나는 예전에 인텔렉추얼 벤처스 랩에서 에릭 루트하르트 박사와 함께 뇌수술 도구를 비롯한 몇 가지 발명을 진행한 적이 있다. 얼마 전 그가 전화를 걸어왔다. 그의 팀이 비침습(noninvasive)적이고, 비약물적이며, 통증 없는 방식으로 전신 염증을 줄일 수 있는 방법을 발견했다는 소식이었다.

오레나는 미주신경 자극 웨어러블(wearable: 몸에 착용할 수 있는 전자 기기나 장치) 기기를 개발했다. 귀에 착용하는 장치를 통해 미주신경을 자극함으로써 전신 염증을 낮출 수 있는 것이다. 말하자면, '항염증 에어팟'인 셈이다.

미주신경은 뇌에서 시작되는 열두 개 뇌신경 중 하나로, 인체에서 가장 길며 여러 장기를 지배한다. 그중 귓바퀴 가지가 외이부(外耳部)까지 뻗어 있어, 이어버드(earbud) 형태의 장치로 접근이 가능하다. 다른 기업들도 이미 두통, 우울증 등 다양한 질환을 대상으로 유사한 장치를 개발하고 있지만, 염증 감소에 초점을 맞춘 것은 오레나가 유일하다.

이 기기는 값이 저렴하고 사용법이 간단하다. 중환자실(ICU) 간호사들은 환자에게 하루 두 번, 20분씩 착용하게 하기만 하면 된다. 이렇게만 해도 매년 수백만 명 환자의 치료비를 획기적으로 줄이고, 수많은 생명을 살릴 수 있다.

현재 오레나는 막대한 규모의 ICU 시장을 목표로 하고 있지만, 이 장치는 단순한 모니터링을 넘어서는 차세대 웨어러블 기기로 발전할 가능성을 보여주고 있다.

**건강의 스냅샷**

슈퍼마켓에서 무언가를 사려고 할 때, 단지 포장지에 적힌 성분표만 읽고 그 맛을 짐작해 본다고 상상해 보라. 성분은 알 수 있지만, 조리법 즉 실제 어떤 과정을 거쳐 음식이 되는지는 알 수 없다. 인체도 마찬가지다. 이 조리법에 해당하는 것이 바로 단백질이다. 타코벨(Taco Bell: 미국에서 인기 있는 멕시코 스타일 패스트푸드 체인, 타코·부리토 전문점)에 가본 적 있다면, 단 7가지 재료만으로도 무궁무진한 메뉴가 만들어지는 걸 본 적 있을 것이다.

단백질은 작은 기계와도 같다. DNA에서 재료를 가져와 각각의 프로젝트를 수행한다. 지금 우리는 인체 안에 있는 모든 단백질을 찾아내고, 그것이 어떤 일을 하는지 이해하려는 시도를 하고 있다. 이들 중 일부는 음식에서 들어오며, 아마도 당신은 이미 경험적으로 어떤 단백질을 얼마나 섭취하면 몸에 잘 맞는지 어느 정도 알고 있을 것이다.

하지만 그것은 일부에 불과하다. 우리 몸 안에는 수많은 단백질이 존재한다. 혈류 속을 떠다니며, 우리가 섭취한 영양소를 흡수해 실제로 몸이 생존하고 성장하는 데 필요한 모든 것을 만들어낸다. 이처럼 혈액 속에는 엄청나게 많은 단백질이 있기 때문에, 그것을 관찰하고 세고 이해하는 것은 인류 건강 연구의 새로운 최전선이다. 이 분야를 프로테오믹스(proteomics: 단백질체학)라 부른다. 내 친구 제이미 헤이우드는 이 단백질들이 들려주는 이야기를 해독하는 데 집착해 왔다. 그는 일찍부터 사람들의 고품질 건강 데이터를 모으고, 그것을 혈액 샘플 속 수천 종의 단백질과 연관 지어 연구해 왔다.

오늘날 나는 제이미의 참조 그룹(reference group)에 속한 55명 중 한 명이다. 우리는 인류 역사상 가장 정밀하게 측정되고 모델링되며 분석된 집단이다. 몇 달마다 채혈을 하고, 가능한 모든 혈액 검사를 받으며, 제이미가 개발한 프로테오믹스 분석도 함께 진행한다. 비용은 여전히 많이 들지만, 그만큼 고품질 데이터가 쌓이고, 이 데이터는 말 그대로 슈퍼모델(supermodel)을 훈련시키는 데 활용된다. 여기에 수천 명의 다른 사람들에게서 나온 방대한 데이터도 더해진다.

그 결과 어떤 일이 가능해졌을까? 제이미는 내가 앞으로 10년 안에 어떤 병으로 죽을지를 예측할 수 있다. 단 한 번의 혈액 샘플로, 내가 심장병, 당뇨, 뇌졸중, 알츠하이머 혹은 300여 가지 다른 질환 중 무엇에 걸릴지 높은 정확도로 예측할 수 있는 것이다.

이 모든 것이 가능한 이유는, 단백질이야말로 우리의 건강을 그대로 비추는 스냅샷이기 때문이다. 물론 데이터를 해독하는 것은 복잡한 상호작용 때문에 매우 어렵다. 하지만 데이터 자체는 놀라울 정도로 고해상도다. 놀랄 만큼 높은 확률로, 이런 모델은 단지 혈액 샘플 하나만으로도 당신의 키, 체중, 그리고 죽음까지 얼마나 남았는지를 추정할 수 있다.

머신러닝은 바로 이런 문제를 해결하는 데 적합하다. 챗지피티(ChatGPT) 같은 모델을 떠올려보라. 단, 이번에는 학습 데이터가 레딧(Reddit: 미국의 대형 온라인 커뮤니티 플랫폼)이나 스팸이 아니라 10억 건의 혈액 검사에서 관찰된 단백질이다. 여기에 각 사람의 의료 기록을 연결해 학습시킨다. 그러면 당신의 혈액 속 단백질이 프롬프트(prompt)가 되고, 모델은 유사한 단백질 구성을 가진 사람들이 겪었던 주요 건강 문제들을 보여준다.

이 방식은 의료 시스템을 완전히 뒤집을 것이다. 지금은 의사가 일종의 '점쟁이'처럼 증상을 보고 추측한 뒤, 단 하나의 질환을 검사하는 방식이다. 하지만 앞으로는 올든 사이언티픽(Alden Scientific: 미국 매사추세츠주 케임브리지에 본사를 둔 디지털 생물학 스타트업)[ALDEN]에서 1년에 한 번 혈액 검사를 받으면 된다. 그러면 당신 의사는 우선순위를 어디에 둬야 할지 훨씬 더 명확하게 알 수 있을 것이다.

## 컴퓨테이셔널 맥시멀리즘

오늘날 세상에서 컴퓨터 칩의 중요성을 설명할 때는 과장조차 부족하다. 컴퓨터로 가능한 모든 것은 칩에 의존한다. 칩은 트랜지스터(transistors: 전류를 제어하는 전자 스위치이자 증폭기, 모든 컴퓨터 칩의 기본 구성 요소)에 의존한다. 트랜지스터는 실리콘에 의존한다. 그리고 실리콘은 리소그래피(lithography: 원래는 석판을 이용한 인쇄술을 의미하나, 현대에는 반도체 제조 공정에서 패턴을 그리는 기술)에 의존한다.

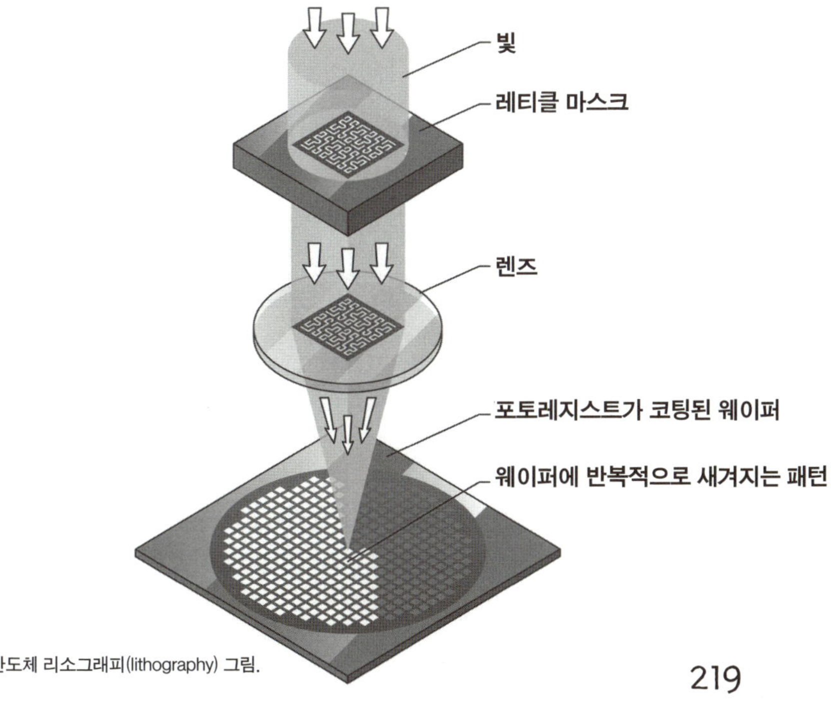


반도체 리소그래피(lithography) 그림.

리소그래피는 실리콘 표면에 이미지를 새겨 넣는 과정이다. 기본적으로는 실크스크린 인쇄로 'Team Building Exercise 1999' 같은 글자를 티셔츠에 찍는 것과 비슷하다. 다만 여기서는 인류가 만들어 낼 수 있는 것 중 가장 높은 해상도, 가장 미세한 수준의 패턴을 구현해야 한다는 차이가 있다. 무어의 법칙은 보통 트랜지스터 밀도의 증가를 가리킨다. 간단히 말해, "몇 년 전보다 트랜지스터를 절반 크기로 줄일 수 있겠는가?"라는 질문이다. 그 답을 찾을 때마다 컴퓨터는 두 배의 성능을 갖게 되었다.

최첨단 장비는 극자외선(EUV: extreme ultraviolet) 광원을 사용해 리소그래피를 수행한다. 이 장비를 개발하는 데 5백억 달러가 투입되었고, 50만 개 부품이 들어간다. 인류가 만든 장비 중 이보다 더 복잡한 것은 유일하게 CERN(유럽 원자핵 연구소)의 거대 강입자 충돌기(LHC)뿐이다. 한 대를 구매하려면 최소 2억 5천만 달러가 필요하고, 현재 400억 달러 규모의 대기 주문이 쌓여 있다. 이 장비는 네덜란드의 ASML〈세계 유일의 EUV(극자외선) 리소그래피 장비 제조사〉이 독점 공급하며, 전 세계에 단 하나의 경쟁자도 없다.

이 장비는 진공 상태에서 작은 액체 주석 방울을 떨어뜨리고, 레이저 두 개로 이를 폭격한다. 그러면 13.5 나노미터(nm) 파장의 극자외선이 순간적으로 방출되고, 이것을 실리콘 웨이퍼 표면에 쏜다. 이는 인류 공학이 이룬 절정이라 할 만하다. 이제 당신은 아이폰의 칩이 어떻게 만들어지는지 알게 되었다.

ASML은 193nm 파장에서 13.5nm 파장으로 기술을 끌어내려 이것을 가능케 했지만, 문제가 남아 있다. 13.5nm 광선의 회절 한계(diffraction limit: 빛의 파동 성질 때문에, 빛의 파장보다 작은 크기로는 더 이상 초점을 맞추거나 패턴을 새길 수 없는 물리적 한계)는 신이든 아이작 뉴턴이든 이미 정해둔 물리적 법칙이며, 이는 더 이상 줄일 수 없다. 이보다 더 짧은 파장으로 실용적 리소그래피를 구현하는 방법은 존재하지 않는다. 그래서 사람들이 "무어의 법칙이 끝났다"고 말하는 것이다. 더 이상 트랜지스터를 2년마다 절반 크기로 줄이는 건 불가능하다.

그러나 인텔의 마케팅 부서는 여전히 벼랑에서 뛰어내리고 중력을 무시하는 만화 속 코요테처럼 행동하고 있다. 미안하지만, 인텔이여, 물리 법칙은 진짜 법칙이다. 지난 10년 동안 우리는 45nm → 30nm → 20nm로의 진보를 보았다. 그런데 갑자기 12nm, 7nm, 5nm, 심지어 3nm, 그리고 옹스트롬(Å) 단위 칩까지 나왔다. 그러나 사실상 이건 전부 마케팅 허풍이다.

칩 크기 측정은 원래 두 회로 패턴 중심 간의 절반 거리를 기준으로 했다. 하지만 마케팅 팀이 개입한 이후, 이제는 두 패턴 가장자리 간의 절반 거리로 측정한다. 즉각적인 개선 효과처럼 보이게 된 것이다. 이후에는 임의의 기준을 끌어와 수치를 내놓았다. 물론 칩 설계의 다른 개선이 이런 한계를 가려주었지만, 사실상 트랜지스터를 2년마다 50% 줄이는 진보는 멈춘 것이다.

오늘날 반도체 생산을 둘러싸고는 전례 없는 지정학적 경쟁이 벌어지고 있다. 미국은 칩을 마치 전투기나 대륙간 탄도미사일처럼 전략 자산으로 보고 새로운 관세와 수출 통제를 시행하고 있다(실제로 이 무기들도 칩으로 가득 차 있다). 반도체 생산에 대한 접근은 석유만큼이나 초강대국에게 치명적으로 중요하다.

무어의 법칙은 실리콘밸리 사람들에게 거의 '진리'처럼 여겨졌다. 마치 이마에 문신처럼 새겨져, 모두가 당연하게 받아들인 것이다. 하지만 사실을 따지고 보면, 우리는 원인과 결과를 거꾸로 착각하고 있었다. 무어의 법칙은 자연 법칙이 아니라, 인텔이 자기 제품을 2년마다 성능을 두 배로 만들겠다고 세워 놓은 계획표였을 뿐이다.

문제는, 업계 전체가 이것을 진짜 법칙처럼 믿어버리면서, 다른 방식의 컴퓨팅 혁신을 짓눌러버렸다는 점이다. 왜냐하면 투자자들이 볼 때, 이미 "2년마다 성능이 두 배"라는 지수 성장 곡선이 눈앞에 있는데, 거기에 맞서 다른 아이디어를 내는 건 너무 위험해 보였기 때문이다. 지수 성장과 경쟁하는 것만으로도 투자자를 겁주기에 충분한데, '법칙'과 경쟁하는 건 더더욱 불가능하기 때문이다.[91]

## 컴퓨터는 어떻게 계속 빨라질 수 있는가?

지금쯤이면 골프 친구들이 당신에게 묻고 있을 것이다. "비트코인을 팔아 엔비디아 주식 샀어?"라고. 인텔이 그려놓은 세계관에서 벗어난 몇 안 되는 성공 사례 중 하나가 바로 그래픽 보조 프로세서(GPU)의 등장이었다. 그래픽 연산에 필요한 데이터를 처리하는 데 훨씬 효율적인 이 칩은 처음에는 비디오 게임용으로 보급되었고, 이후 발전을 거듭하며 오늘날에는 AI 모델을 계산하는 최적의 방식으로 자리 잡았다.

---

[91] 인텔 사람들을 비난해야 한다는 사실이 안타깝다. 그들은 오랫동안 지금의 반도체를 이끌어온 주역이었다. 우리는 인텔이 한때 그랬던 것처럼 다시 업계를 선도해 주길 바라며, 그들이 현재 개발 중인 새로운 기술이 상황을 반전시켜 주길 희망한다.

이른바 가속 컴퓨팅(accelerated computing)은 특정 연산에 최적화한 칩을 설계하는 것과 관련이 있다. 이는 물론 중요하지만, 계산 능력의 비약적인 발전은 주로 이들 칩을 서로 연결하는 방식에서 비롯되었다. 무어의 법칙 시대 대부분의 칩은 노트북이나 휴대폰 속에 들어가 고립된 채로 앉아 스팸이 도착했다는 것을 알릴 때까지 대기하곤 했다.

하지만 지금은 다르다. 오늘날 대부분의 칩은 데이터센터 서버 랙에 들어가 있다. 이들은 놀고 있지 않다. 거의 최대치에 가까운 부하로 돌아가며, 광속 네트워킹으로 긴밀히 연결되어 서로 협력한다. 이러한 형태의 컴퓨팅을 키워내기 위한 투자는 이루 말할 수 없을 만큼 방대하다. 지구 전체의 계산 능력은 2년마다 두 배씩 증가한다. 나는 이를 '젠슨의 법칙(Jensen's Law)'이라 부르며, 뒤늦게라도 다듬어야 할 개념이라고 생각한다.

엔비디아는 훌륭하다. 그러나 원래라면 컴퓨팅을 개선하기 위한 수많은 새로운 접근 방식이 등장하고 발전했어야 한다. 하지만 현실적으로 시장으로 이어지는 길이 없었기에, 우리는 혁신이 거의 멈춘 긴 침묵의 겨울을 지나야 했다. 이제 그 겨울은 끝났다. 나는 매일 새로운 알고리즘, 새로운 칩 아키텍처, 새로운 컴퓨터 가속 방식을 보고 있다. 그것들은 기존보다 100배, 1,000배, 때로는 100만 배 더 빠른 컴퓨팅 성능을 약속한다.

## 실리콘은 구리(SUCKS)다

컴퓨터 칩을 두바이에 비유할 수 있다. 사람은 전자이며, 복도와 도로를 따라 빠르게 움직인다. 아스팔트나 콘크리트 대신, 칩의 경로는 구리로 만들어져 있다. 건물, 집, 사무실, 공장, 부엌-실제로 일이 벌어지는 곳-이것들이 바로 실리콘으로 만든 트랜지스터다. 실리콘은 말 그대로 모래로 만든 것이다. 마치 두바이처럼.

하지만 실리콘은 칩을 만들 수 있는 유일한 기판이 아니다. 사실, 가장 좋은 것도 아니다. 실제로 당신의 아이폰 충전기는 이미 질화갈륨(GaN)을 반도체로 사용한다. 연구자들은 더 성능 좋은 칩을 만들기 위해 그래핀, 다이아몬드 같은 소재도 연구 중이다.

칩 업계는 이미 실리콘보다 나은 트랜지스터 채널 물질이 필요하다는 것을 안다. 특히 원자 단위에 가까운 2nm 이하 초축소 노드에 접근하면서 그렇다. 선두 주자는 이황화몰리브덴($MoS_2$)이다. 퍼즐 조각을 맞추는 데 많은 노력이 필요하지만, 대부분의 업계는 앞으로 이 물질을 사용할 계획이며, 10년 이상 걸릴 것으로 본다.

그러나 Lab 91 [LAB91]은 지금 시작했다. 전략적으로 무선 라디오에 쓰이는 스위치를 겨냥해, 단 몇 년 안에 $MoS_2$ 칩을 시장에 내놓을 수 있다. 이런 RF 스위치는 초고주파를 지원해, 6G 이후의 모든 휴대폰에 초강력 성능을 제공할 것이다.

그리고 그것은 단지 교두보일 뿐이다. 이 물질이 컴퓨터 칩에 사용되면, 우리는 테라헤르츠(terahertz: 주파수 단위 중 하나로, 1초에 1조번 진동하는 전자기파) 클럭 속도에 도달할 수 있을 것이다.


## 딥러닝은 구리(SUCKS)다

겉보기에는 연산 능력이 넘쳐나는 것 같지만, 사실 대부분은 추상화 계층(layer of abstraction)을 만드는 데 사용되었다. 이는 컴퓨터를 설계하고 그 위에서 소프트웨어를 개발하기 쉽게 만들었지만, 더 많은 메모리와 더 많은 연산을 요구하게 만들었다. 예를 들어, 파이썬(Python)에서 숫자 2 하나를 표현하는 데 28바이트 메모리가 쓰인다. 단 두 비트(2bit)면 충분한 일을 무려 224비트가 차지하는 셈이다. 파이썬에서 단순히 2+2를 계산하는 데에도 수백만 개의 트랜지스터가 작동하지만, 실제로는 서른 개 남짓이면 충분하다. 현대의 딥러닝 모델은 이런 비효율이 층층이 누적되는 것을 고스란히 경험한다. 말하자면 '지수적 마찰(exponential friction)'이다.

마치 어린아이들이 수학 문제를 직접 계산하는 대신 주판 [ABACUS]을 사용해 배우듯, 에보칩(EvoChip) [EVOCHIP-AI]의 연구진은 자신들이 발명한 새로운 수학적 접근법과 진화 알고리즘을 활용해, 트랜지스터에서부터 계산 모델에 이르기까지 시스템 전체를 다시 설계하고 있다. 이 접근법을 통해 많은 계산 사이클과 연속적인 처리 계층을 제거할 수 있어 효율성이 크게 향상된다.

이미 그들은 정량적 AI 애플리케이션에서 소프트웨어만으로도 1,000배 이상의 성능 향상을 경험하고 있으며, 이 기술은 업계가 그 가능성을 인식하게 되면 미래의 반도체 칩 설계에도 적용될 예정이다.

사실 딥러닝은 언어를 다루기에 썩 좋은 방식이 아니다. 연산 집약도가 너무 높아 인간의 뇌가 같은 방식으로 언어를 처리한다고는 도저히 상상할 수 없기 때문이다. 우리는 여전히 뇌가 어떻게 그렇게 언어를 잘 다루는지 모른다. 하지만 지금까지 나온 방법 중에서는 그나마 가장 뛰어난 접근법이다. 덕분에 대규모 언어 모델(LLMs)을 만드는 데 딥러닝이 성공을 거두었고, "그보다 더 나은 무언가"를 찾기 위한 거대한 보상이 전 세계 연구자들을 새로운 접근법 탐구로 이끌고 있다.

최근에는 정말 놀라운 발명이 속속 등장하고 있다. 내가 직접 본 것만 해도, 딥러닝보다 100만 배 빠른 언어 모델, 실시간 주식시장 데이터를 처리하는 데 있어 ChatGPT가 대학 에세이에 끼친 충격과 맞먹는 AI 시계열 알고리즘, 우주에서 다이아몬드 웨이퍼를 생산해 칩 성능을 극대화하는 계획,[92] 전자(electron)를 쓸모없는 열로 버리지 않고 재활용하는 가역 컴퓨팅(reversible computing) 칩 설계,[93] 그리고 GPU처럼 스트리밍 데이터를 처리하면서도 CPU처럼 튜링 완전성을 갖추고 FPGA처럼 재프로그래밍 가능하면서도 ASIC 속도로 구동되는 혁신적인 칩 아키텍처[94] 가 있다. 그리고 이건 내가 말할 수 있는 것들만 나열한 것이다!

### 계산 수익 체감점은 어디인가?

"계산 자원을 계속 투입했을 때, 어디까지 그 성과가 계속될까?"

---


**92**　아스트럴 머티리얼즈(Astral Materials). [ASTRAL]
**93**　베어(Vaire). [VAIRE]
**94**　튜링 마이크로(Turing Micro). [TURING-MICRO]

당신의 새로운 세계관은 이 한 가지 질문에 달려 있다. 그리고 이 질문으로부터 우리는 인류의 잠재력을 전망하는 데 필요한 거의 모든 것을 도출할 수 있다. 한쪽에는 계산을 의미 있게 만드는 데 필요한 입력값이 있다. 데이터, 알고리즘, 칩. 다른 한쪽에는 계산을 통해 얻게 되는 출력값이 있다. 효율성, 역량, 더 나은 의사결정. 그 사이에는 반드시 넘어야 할 제약 조건이 존재한다. 이 질문에 대한 답에 따라, 인류는 앞으로 에너지, 전도체, 고품질 모래(실리콘 원료)와 같은 자원의 한계를 극복하기 위해 막대한 힘과 자본을 쏟아붓게 될 것이다.

세상 모든 회사는 더 빠르고, 더 깨끗하고, 더 싸고, 더 수익성 있고, 더 큰 규모로 제품과 서비스를 제공하려 애쓴다. 단순히 이익이 괜찮거나 작년보다 나은 수준이 아니라, 세계 최고의 회사들과 맞먹을 만큼 좋아야 한다. 그렇지 않으면 투자자들은 떠난다. 이 압력은 엄청나고, 잔혹하기까지 하지만, 지금까지 인류 전체를 돌보는 가장 좋은 방법이기도 했다. 그렇다면 기업을 막는 건 무엇일까? 짧은 답은, 모두가 자원에 제약받고 있다는 것이다. 어떤 자원일까?

인재: 모든 회사가 마이크로소프트와 경쟁해 하버드 출신 임원이나 스탠퍼드 엔지니어를 데려올 수는 없다.

자본: 언제나 자본은 당신이 그 학교에서 사귄 친구들에게서 온다.

재료: 코발트, 헬륨, 실리콘은 사실상 모두 에너지로 만든 것이다. 땅 속에서 캐내고, 전 세계에 운송하고, 가공해 쓸 수 있는 형태로 만드는 데 에너지가 필요하다. 그 비용은 결코 줄지 않고, 계속 올라간다.

에너지: 올해까지만 해도, 우리는 계산 능력이 단순히 컴퓨터 칩으로 만든다고 생각했다. 하지만 이제 세계는 깨달았다. 더 많은 계산 능력은 곧 더 많은 '힘'을 뜻한다는 것을. 더 나은 결정을 내릴 힘, 상상조차 못 한 일을 해낼 힘. 그리고 이제 우리는 안다. 그 힘은 결국 에너지로 만든다.

## 더 많은 컴퓨트!

이제 하이퍼스케일러(hyperscaler: 대규모 클라우드 컴퓨팅 인프라를 운영하며, 수십만~수백만 대의 서버를 효율적으로 확장할 수 있는 기업을 의미) 기업은 자신들이 곧 에너지로 이루어져 있다는 사실을 잘 알고 있다. 그들은 앞으로도 세계의 승자가 될 것이다. 왜냐하면 이 게임에 이미 수년 전부터 뛰어들어 있었기 때문이다. 그들은 전 세계 곳곳에서 확보할 수 있는 미래의 에너지 생산 능력을 모조리 사들였다. 아마존은 최근 원자로 바로 옆에 붙어 있는 데이터센터를 인수했다. 마이크로소프트는 한때 사고가 있었던 스리마일섬 원자로를 되살리려 하고 있다.

이런 흐름은 계속될 것이다. 클라우드 기업이 새로운 전력 계약을 체결할 때마다 당신의 전기요금은 올라간다. 그러나 이 과정에서 수요는 점점 더 값싸고, 깨끗하고, 대규모인 발전소의 개발을 강제하고, 결국 당신의 전기 요금은 제로에 가까워질 것이다.

지금까지 우리가 알고 있던 컴퓨터는 대부분 예측 가능한 일만 처리했다. 우리는 엑셀에서 스프레드시트 하나를 계산하는 데 얼마나 비용이 드는지 정확히 안다. 지난 십여 년 동안 우리의 컴퓨터는 주로 이런 일에 쓰였다. 데이터센터에서조차 구글, 아마존, 메타의 제품들은 본질적으로 거대한 스프레드시트와 다름없었다.

계산 능력을 더 늘려도 성능이 획기적으로 나아지진 않았다. 사실 우리는 대부분의 연산 잉여분을 소프트웨어 개발자들이 더 쉽게 개발할 수 있도록 하는 데 써왔다. 이제는 개발자들이 컴퓨터가 어떻게 작동하는지 알 필요조차 없다. 그저 레고 블록을 쌓듯 웹사이트와 모바일 앱을 만들어내면 된다. 우리는 계산 능력의 부족에 갇혀 있던 게 아니라, 상상력의 부족에 갇혀 있었다.

AI는 그동안 형편없었다. 하지만 어느 순간, 형편없지 않게 된 순간부터 모든 게 바뀌었다. 대규모 언어 모델(LLM)이 세상에 증명한 것은, 넘쳐나는 계산 능력을 투입해 전에는 상상할 수도 없던 '슈퍼 파워'를 구현할 수 있다는 사실이었다. 지금 우리가 목격한 AI의 기적은 샌프란시스코 괴짜들의 천재성만으로 이뤄진 게 아니다. 대부분은 기하급수적으로 더 많은 계산 자원을 기계학습에 쏟아부은 복리 효과 덕분이다.

언어를 이해하고 '사인펠드(Seinfeld: 미국의 대표적인 시트콤)' 스타일로 논문을 쓰는 일은, 앞으로 다가올 것들에 비하면 아이 장난이다. 수많은 AI 에이전트가 등장할 것이다. 각각 특정 영역에서 믿기지 않을 정도로 잘 훈련된 존재들이다. 이제는 그것이 어떻게 만들어지느냐는 중요하지 않다. 만들 수 있다는 걸 알게 되었으니까. 우리는 충분한 계산 능력만 있다면 원하는 거의 모든 시스템을 만들어낼 수 있음을 안다. 가치 있는 일이라면 무엇이든 계산 자원을 쏟아 부어 결국 좋은 결과를 얻게 될 것이다.

자율주행차가 해마다 조금씩 덜 형편없어지는 모습만 봐도 알 수 있다. 매년 그 문제에 투입되는 계산 능력이 10배씩 늘어나고 있다. 하지만 자율주행차조차도 아이 장난이다. 우리는 곧 자율주행 기업을 만들 수 있을 것이다. 기업이란 무엇인가? 결국 좋은 결정을 내리려 애쓰는 사람들의 집합체에 불과하다. 만약 AI의 도움으로 더 나은 결정을 내릴 수 있다면, 당신이라면 쓰지 않겠는가? 만약 당신이 쓰지 않는다면, 경쟁자는 쓰지 않겠는가? 지금 당신이 쓰고 있는 AI가 최고의 결정을 내리고 있는가? 아니면 더 많은 계산 자원이 투입되면 훨씬 나아질 수 있는가? 그렇다면 질문은 이것이다.

"계산 자원을 더 늘려도 더 이상 성과가 개선되지 않는 지점은 언제일까?"

이 질문이 세계관을 좌우하는 이유는 오늘날 거의 모든 혁신은 컴퓨팅 파워에 의존하기 때문에, 연산 자원을 늘려서 성과도 무한히 비례해 늘어난다면 인류는 계속해서 계산 능력만 키우면 문제를 풀 수 있다는 기술낙관주의 세계관을 갖게 될 것이다. 반대로 연산 자원 투입 대비 성과가 점점 줄어드는 지점(수익 체감)이 온다면 다른 혁신적 접근(뇌과학, 새로운 알고리즘, 다른 패러다임)이 필요하다는 세계관으로 가야 한다. 즉, "컴퓨팅 확장의 한계가 있느냐, 없느냐"에 따라 인류가 미래를 설계하는 세계관 자체가 달라진다는 뜻이다. 수익 체감의 한계가 나타날 것인지에 대한 질문은 단순한 기술 문제가 아니라 인류의 미래 전략과 사고방식, 즉 세계관을 결정하는 핵심 질문이 된다.

또한 의학, 과학, 산업, AI 등 인류의 잠재력은 전적으로 계산 능력의 확장 가능성에 달려 있기 때문에, 이 질문에 대한 답은 곧 "인류가 앞으로 어디까지 성장하고 어떤 한계에 부딪힐 수 있는가" 를 가늠하게 하는 지표이다.

# 공포의 경제학

나는 열두 살 때 다음과 같은 교훈을 배웠다. 내 수업 중 하나에서 이상심리학을 배웠는데, 그 시간에 나는 '무비판적 내면화'라는 개념을 알게 되었다. 즉, 사람들-특히 아이들-은 두려움과 함께 주어진 이야기를 쉽게 내면화하고 그런 이야기에 쉽게 조종될 수 있다는 것이다. 아마도 아이들이 직접 위험한 경험을 하지 않아도 지혜를 물려줄 수 있도록 인류가 진화해 온 방식일 것이다. 예를 들어, 부모가 아이들에게 "하이에나는 믿으면 안 된다"라는 사실을 경험이 아닌 이야기로 가르칠 수 있을 테니 얼마나 좋겠는가.

그렇긴 해도, 우리 아이는 내가 말로 해준 건 거의 배우지 않았지만 내가 행동으로 보이는 건 죄다 내면화한 것 같다. 나는 초코칩 쿠키 다이어트를 하면서 아이에게 브로콜리를 먹으라고 말하는 것은, 전혀 설득력이 없었다.

공교롭게도, 내가 처음 돈 받고 한 아르바이트는 베이비시터였고, 바로 그 주에 무비판적 내면화에 대해 배웠다. 내가 맡은 첫 아이들은 몇 블록 떨어진 집에 사는 애들이었는데, 부모가 외출한 덕분에 늦게까지 깨어 있는 걸 무척 즐거워했다. 나는 그 아이들을 재우려 했지만 불가능했다. 나는 똑똑했지만 지혜는 없어서, 이렇게 말했다.

"밤늦게 되면 부기맨(영어권 문화에서 어린아이들을 겁주기 위해 만들어진 상상의 괴물 또는 공포의 존재)이 나온다. 자러 가지 않으면 큰일 난다!"

이건 마법처럼 통했다. 아이들은 즉시 방으로 들어가 조용히 있었다. 나는 권력에 취했고, 사람들을 쉽게 조종할 수 있는 새로운 도구를 손에 넣은 기분이었다. 다음 날, 아이들의 부모님이 전화했고 나는 칭찬과 다음 예약을 기대했다. 그런데 그들은 화가 나 있었다. 아이들이 밤새 잠을 못 자고 겁에 질려 있었다는 것이다. 다시는 베이비시터 일을 하지 못했다.

오늘날 기술 발전은 기하급수적으로 겹겹이 쌓이며 가속하고 있다. 변화의 속도는 사람들이 편안하게 받아들이기 어렵다. 인스타그램이 당신을 늙게 느끼게 하지 않더라도, 스냅챗은 분명 그렇게 만들 것이다. 당연히, 이런 변화가 당신의 생계나 삶의 방식, 오랫동안 쏟아온 커리어를 위협한다면 불안해질 수밖에 없다. 이해한다. 그렇기에 이런 전환기에 휘말린 개인에게 우리는 연민과 배려를 가져야 한다.

하지만 여기에는 우리가 잘 이야기하지 않는, 훨씬 더 어두운 문제가 있다. 바로 그 불안감이 우리를 예민하게 만들고, 무언가 잘못할 조짐이 없는지 경계하게 만든다는 것이다. 이로 인해 우리는 오히려 더 취약해지고, '부기맨' 같은 공포 이야기를 퍼뜨리며 사람들에게 조종당하기 쉬운 상태가 된다.

나는 내 경력에서 이걸 수없이 목격했다. 새로운 기술이 나올 때마다, 어떤 부류의 파멸론자는 우리가 망할 거라는 이야기를 지어낸다. 할리우드 역시 부기맨을 필요로 한다. 왜냐하면, 무서운 이야기는 팔리기 때문이다. 새로운 기술은 언제나 이야기 속에서 인류를 위협하는 다음 악역으로 등장한다.

## 범프키

해커들은 자물쇠 따기를 아주 좋아한다. 그들이 꾸준히 흥분하는 몇 안 되는 '물리적' 활동 중 하나다. 도둑 영화에서 작은 도구를 자물쇠에 쑤셔 넣고는 "딱" 하고 열리는 장면을 수도 없이 봤을 것이다. 하지만 현실에서 이런 도구들은 꽤 성가시다. 정교한 손놀림이 필요하고, 제대로 다루려면 많은 시간을 들여 기술을 갈고닦아야 한다. 강박적인 집착(OCD)이 있다면 이런 활동은 딱 맞는 취미다.

현관문의 자물쇠는 위쪽 핀 세트와 아래쪽 핀 세트로 작동한다. 이 핀들은 모두 크기가 제각각이며, 자물쇠가 돌아가지 못하도록 막는 역할을 한다. 열쇠를 자물쇠에 넣으면, 열쇠의 톱니들이 핀들을 밀어 정확한 위치에 일렬로 맞춰주기 때문에 자물쇠가 돌아갈 수 있다. 다른 열쇠를 넣으면 핀들이 엉뚱한 위치에 맞춰져서 자물쇠가 돌아가지 않는다.

주의력이 산만한(ADHD) 사람을 위해, 더 새로운 기술이 있는데 그것이 바로 범프키(bumpkey: 어떤 자물쇠든 쉽게 따기 위해 특별히 만들어진 열쇠)다. 방법은 간단하다. 그냥 평범한 열쇠 하나를 가져다가 톱니를 전부 가장 낮은 위치까지 갈아낸다. 어렵지 않다. 그다음 이 열쇠를 어떤 자물쇠에나 꽂고, 작은 망치로 '툭툭' 치면 된다. 숟가락으로도 괜찮다. 몇 번만 치면 철컥 열린다.

여기서 일어나는 일은 뉴턴 역학 교과서 그대로다. 고등학교 물리 선생님이 꼭 가지고 있는 뉴턴의 진자를 떠올려 보라. 줄에 매달린 다섯 개의 강철 구슬. 한쪽 끝의 구슬을 들어 떨어뜨리면, 반대쪽 끝의 구슬이 위로 튀어 오르고, 가운데 구슬들은 제자리에 남는다.

자물쇠도 똑같다. 망치의 에너지가 열쇠로 전달되고, 그 힘이 아래쪽 핀을 통해 위쪽 핀으로 전달된다. 그러면 위쪽 핀들이 전부 동시에 튀어 올라가 틈이 생기고, 그 순간 자물쇠는 돌아간다. 철컥 열린다!

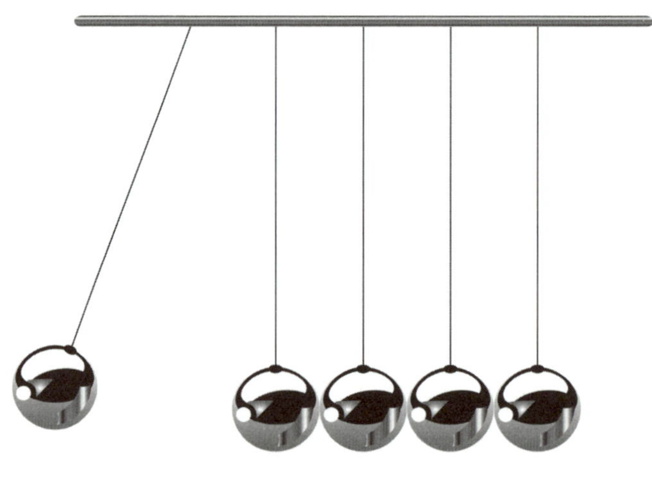

뉴턴의 진자.

단순히 웃기다고 생각해서, 나는 무대에서 사람들에게 자물쇠 따는 법을 라이브로 보여주기 시작했다. 열쇠 제작기를 사서 범프키를 많이 만들었고, 조금 도를 지나쳐 인턴까지 고용해 수천 개를 만들었다. 그래서 사람들에게 자물쇠 따기가 얼마나 쉬운지 보여준 뒤, 나는 관객 전원에게 범프키를 나눠주며 새로운 초능력을 가지고 집으로 돌아가게 했다. 덕분에 나는 많은 친구를 만들었다!

나는 수천만 명에게 자물쇠 따는 법을 보여주었고, 수천 명에게 범프키를 나누어주었다. 그게 무책임한 걸까? 도둑질이 급증하지 않았을까? 분명 아수라장이 되었을 것 같지 않은가. 그런데, 당신의 TV는 사라졌는가? 왜 안 그럴까?

당신은 자물쇠 따기가 어렵고, 전문적인 기술이며, 열쇠공만 할 수 있는 것이라고 생각했을 것이다. 결국, 열쇠공은 몇 백 달러를 받는다. 당신은 현관문 자물쇠가 사람들을 막아주고 있다고 생각했을 것이다. 하지만 문을 1년 동안 잠그지 않고 살아도, 아마 당신의 TV는 여전히 그 자리에 있을 것이다. 아무도 문이 잠겨 있는지 확인하러 오지 않는다. 대부분의 문 옆에는 창문이 있고, 돌멩이는 여전히 유리창을 효과적으로 깨뜨린다.

내가 강조하려는 요점은, 당신을 안전하게 지켜주는 것은 당신이 생각하는 것과 전혀 다르다는 것이다. 아마도 당신은 꽤 안전한 동네에 살고 있을 것이다. 만약 절도 사건이 잦아지면 CCTV를 뒤지고 단서를 잡아 도둑을 찾아 기소할 것이다. 약간의 변형은 있겠지만, 우리가 당연하게 여기는 '안전'이 만들어지는 데는 수많은 역동적 요소가 작용한다. 사실, 당신의 현관문 자물쇠는 처음부터 당신을 지켜주는 핵심 요소가 아니다.

## 슈무 그룹

해커 집단 슈무 그룹(THE SHMOO GROUP)과 함께, 우리는 세상에 다음과 같은 것을 보여주었다. 와이파이 암호를 깨는 법,[95] 불량 액세스 포인트 만드는 법, 비밀번호 훔치는 법, 전자기기를 수동으로 감시하는 법, 실제 웹사이트처럼 보이는 가짜 사이트를 만드는 법,[96] 무선으로 신용카드를 훔치는 법,[97] 자동차를 훔치는 법 그 외 일반 대중에게 마구잡이로 공개하기에는 너무 위험해 보이는 온갖 것들. 예전에는 해커 컨퍼런스에 가서 다른 해커들을 감탄시키려고 했지만, 그들은 정말 최악의 청중이다. 자신이 너보다 똑똑하다고 생각하고, 네가 헛소리한다는 걸 지적할 기회를 노리고 있기 때문이다. 해커들은 세상이 이미 망가져 있다는 걸 잘 알고 있다. 어떤 것의 보안이 실제로 얼마나 허술한지도 환상 없이 정확히 이해하고 있다. 그렇다고 그들이 범죄자라는 뜻은 아니지만, 이런 성향 덕분에 누군가가 그들을 조종하거나 속이기는 매우 어렵다는 뜻이기도 하다.

해커 카에자르[98]는 이런 관객을 다루는 방법을 알아냈다. 그는 유명한 1337[99] 해커를 맨 앞줄에 앉히고, 무대에서 노골적으로 그를 조롱하게 만든다. 유치하지만 효과적이다. 나는 이 술책을 좀 과하게 쓴 적도 있는데, 한 번은 끈질긴 DNS 해커 댄 카민스키(DNS 보안 취약점을 발견하고 알린 대표적인 보안 연구자)를 슈무콘 무대에서

---


**95**   AirSnort(에어스노트).

**96**   Punycode(푸니코드).

**97**   Pwnpass(폰패스).

**98**   다음은 딥퓨처 팟캐스트에 출연한 카이자르의 인터뷰. [CAEZAR]

**99**   해커들 사이에서 '엘리트'를 뜻하는 속어.


238

"좀처럼 사라지지 않는 치질" 사례로 소개하기도 했다.[100] 우리가 더 가까운 친구가 된 건, IRC(헤커가 모여 소통하던 오래된 실시간 채팅 서비스)에 인생을 너무 많이 쏟았다는 증거일 뿐이다.

안전하다는 잘못된 착각이 대체 무슨 도움이 되겠는가? 나는 사람들이 사물이 어떻게 작동하는지, 혹은 왜 작동하지 않는지, 보여주는 데 아무런 거리낌이 없다. 내가 존중하지 않는 건, 이런 지식을 이용해 사람들의 공포 반응을 조종하려 드는 자들이다. 우리는 이런 일을 컴퓨터 보안 분야에서 늘 본다.

"당신의 복잡한 네트워크가 얼마나 위험한지 보세요, 세상에, 포트가 열려 있네요! 해커가 침입해서 모든 비밀을 훔쳐갈 수도 있습니다. 걱정 마세요, 저희가 최첨단 스네이크 루브(Snake Lube: 겁을 주고 돈을 벌기 위해 파는 가짜 보안 솔루션을 비꼰 표현)를 팔고 있으니 금방 완전히 안전해지실 수 있습니다."

### 활주로 위의 하늘

1994년, 우리는 인터넷을 일반인들에게 열었다. 처음에는 소수였지만, 이내 물결처럼 몰려들었다. 우리는 보안 문제가 큰 문제가 될 것임을 쉽게 예측할 수 있었다. 그래서 우리는 가상의 위협을 상상했다.

---

100  DNS 해커: 원래의 뜻은 인터넷 주소 변환 시스템(DNS)을 악용해 접속을 가로채거나 속이는 사람/공격을 뜻하지만 여기서는 DNS 보안 분야의 전설적인 연구자라는 의미. 댄, 사랑해요. 명복을 빕니다.

해커들이 침입해 비밀번호를 훔치면 어떡하지? 웹사이트를 다운시키면 어떡하지? 이메일을 전부 훔쳐 가면 어떡하지? 세상에, 전력망을 다운시킨다면? 내 메인프레임의 메일 폭탄 기억나는가? 15년 뒤, 그것들은 한 컴퓨터에서 다른 컴퓨터로 전파되는 바이러스로 진화했다. 2001년, 인터넷에서 등장한 최초의 대형 바이러스 중 하나는 블래스터였다. [BLASTER] 다음은 타임라인이다.

8월 10일: 첫 발견
8월 11일: 30,000대 감염
8월 12일: 400,000대 감염

세상에, 이것은 우리가 인터넷에서 본 가장 빠른 바이러스였다. 대학 파티에서 퍼지는 코로나19처럼 퍼지고 있었다. 그런데 2003년 8월 12일에 무슨 일이 일어났는지 기억하는가?

미국 북동부 대정전이 [BLACKOUTS] 발생했다. 5,500만 명이 전기 없이 지냈고, 그 원인은 끝내 밝혀지지 않았다.[101] 그런데 무슨 일이 있었을까? 맞다. 시스템 업데이트를 돌리고, 재부팅하니 전기가 돌아왔다. 게임 오버였다.

시간이 지나면서, 내 많은 친구가 직업적 편집증 환자가 되었다. 우리는 무슨 일이 잘못될 수 있을지를 상상하는 데 아주 능숙했다. 또, 그런 일이 일어나지 않도록 막을 수 있는 천재적인 암호화

---

101    이 블래스터(Blaster) 이야기를 정리해준 리바이어던 시큐리티 그룹(Leviathan Security Group) [LSG]의 프랭크 하이트에게 감사를 전한다.

프로토콜을 설계하는 데도 뛰어났다. 그런데 실제로는 무슨 일이 일어났을까? 그 기술은 전혀 사용되지 않았다. 범죄 해커들은 모든 신용카드 번호와 비밀번호를 훔쳤고, 전력망에 침입해 셧다운시켰다.

지금 우리는 AI에서도 똑같은 상황을 겪고 있다. 새로운 세대의 '직업적 편집증 환자'들이 AI의 위험과 악영향을 경고하고 있다. AI가 전력망을 마비시킬 거라는 식의 온갖 무서운 이야기를 만들어낸다. 더 나아가, AI가 사람들에게 너프건(Nerf gun: 스펀지나 폼으로 만든 안전한 탄환을 발사하는 장난감 총)이 장착된 드론이나 심지어 핵폭탄을 만드는 법을 가르칠지도 모른다고 말한다! 하지만 이런 논리는 사실, 과거에도 늘 있어왔다. 유튜브, 위키피디아, 인쇄기, 아마도 석판에 대해서도 똑같이 히스테릭하게 떠들었다.

AI 파멸론자들은 "안전위원회" 설립부터 시작해, 전 세계 정부가 아예 AI를 불법화해야 한다는 등 다양한 해법을 내놓는다. 가장 목소리를 크게 내는 이들 중에는 애초에 이 기술을 발명한 사람도 있다.

AI PTA(학부모회)가 말하는 'AI 군비 경쟁을 막자'는 구호는 정치적으로는 그럴듯해 보인다. 하지만 실제 의미는 무엇일까? 미국이 중국보다 너무 앞서가지 않도록 AI 개발 속도를 늦추자는 것인가? 아니면 부탄이나 북한도 상 받아 가도록 속도를 맞추자는 것인가?

실제로 우리가 필요한 것은 AI의 에스컬레이션 전쟁이다. 네 허접한 생성형 AI는 내 AI에게 팩트체크를 당해, 엉터리이거나 정치적으로 편향된 결과를 걸러내야 한다. 문제를 더 빨리 발견하고, 우선순위를 정하며, 방어책을 만들도록 인센티브를 부여하는 진화적 과정이 필요하다. 천연두가 백신을 예상하고 등장한 건 아니었다. 그렇다고 천연두를 법으로 금지했으면 더 효과적이었을까? 고대의 골리앗 역시 자신을 향해 새총을 든 왜소한 꼬마가 나타날 거라곤 예상하지 못했다.

파국론자들은 거대한 상상의 위협에 스스로 빠져들고 있다. 그들이 지적하는 AI의 기술적 문제는 틀리지 않았다. 일부 멍청한 사람들이 AI를 잘못된 목적에 활용할 것이라는 점도 맞다. 그러나 그들이 틀린 것은 이 모든 일이 시간이 흐르며 어떻게 긍정적인 방향으로 풀려갈 수 있는지 상상하지 못한다는 것이다. 문제를 해결할 새로운 기술이 반드시 등장한다는 사실을 그들은 보지 못한다. 안타까운 건, 바로 그들이 실제로 해야 할 일이 이것이라는 점이다. 실질적인 기술적 문제를 해결할 수 있는 실질적인 기술적 해법을 만드는 것.

해커들이 상상했던 최악의 상황은 결국 다 일어났다. 우리는 그야말로 재앙의 예언자였다. 우리가 잘못될 거라고 말했던 것들은 모조리 맞았다. 그러나 그것을 옳은 방향으로 만들 수 있는 방법에 대해서는 틀렸다. 그렇다면 모든 것이 그렇게 끔찍하다면, 왜 우리는 여전히 여기 있는 걸까?

우리가 여전히 존재하는 이유는, 우리의 두뇌가 늘 상상의 위협에 과도하게 집착하기 때문이다. 원시 시대에는 그게 잘 작동했을 것이다. 살아남아 번식하는 것만이 중요했으니까. 그러나 현대 인류는 훨씬 더 중요한 일을 해야 한다. 시스템 업데이트를 돌리는 것처럼, 우리는 해결책을 발명하고, 실행에 옮기고, 그것을 당연시한다.

인생은 곧 끝없는 확전이며, 이 게임에서 지는 유일한 방법은 참여하지 않는 것이다.

상상의 문제는 너무 많아, 전부 막을 수 없다. 우선순위를 정해야 한다. 가장 좋은 방법은 언제나 가상의 문제보다 실제의 문제를 먼저 다루는 것이다. 따라서 우리는 필연적으로 어떤 인지 부조화를 경험한다.

당신이 이해하지 못하는 것을 규제하는 건 잘못된 것이며, 효과도 없고, 비윤리적이다. 의회 청문회 영상을 틱톡 릴스로 보면, 지금 정책 입안자들이 AI를 얼마나 이해하고 있는지 금방 알 수 있다. 우리는 다소의 부작용과 희생을 겪어야만 실제로 무엇을 다루고 있는지 깨닫게 될 것이고, 그다음에야 제대로 된 방어 체계를 만드는 중요한 일을 시작할 수 있을 것이다.

하늘이 무너지고 있지 않다. 당신의 삶이 곧 무너져 내리는 것도 아니다. 세상에 부기맨 같은 괴물은 존재하지 않는다. 진실을 알고, 삶을 이어가라. 파국론자들을 무시하고, 멋진 무언가를 만들어라.

# 탈중앙화 사회

1994년, 나는 알래스카에 있는 지오데식 돔(삼각형 구조를 반복적으로 사용해 만든 구형 또는 반구형 건축 구조물)에서 살고 있었다. 그 전에는 은빛 불릿 같은 에어스트림 트레일러(에어스트림 회사가 만든 소형 경량 트레일러)에서 살았는데, 그보다 한 단계 업그레이드였다. 바로 그 해, 전설처럼 회자되는 해에 인터넷이 대중에게 공개되었다. 나는 이미 10년 넘게 어떤 식으로든 연결되어 있었지만, 이번은 달랐다. 최초로 쓸 만한 웹 브라우저 모자이크(Mosaic: 초기 웹브라우저 이름)가 등장하면서 모든 것이 바뀌었다. 세상 모든 컴퓨터 괴짜들이 웹페이지를 만들고 서로 연결했다.

나는 세상에서 처음으로 설치된 웹 서버 중 하나를 침대에 두었다. 여자애들을 집으로 초대해 내 컴퓨터를 보여주곤 했다.

"봐, 저 링크를 클릭하면 원하는 걸 읽을 수 있어. 계속 클릭해 봐!"

마치 끝없이 이어지는 마법 같은 토끼 굴을 따라가는 것 같았다. 여자애들은 뭐랄까, 난처해했다?

그 분위기는 중독성이 있었다. 유즈넷(Usenet: 인터넷 이전부터 존재했던 세계 최초의 분산형 온라인 토론 시스템)은 레딧(Reddit: 사용자가 콘텐츠를 공유하고 토론하는 미국의 소셜 뉴스·커뮤니티 플랫폼)의 조상 같은 곳이었고, 그곳에서는 무엇이든 대화할 상대를 찾을 수 있었다. 당신이 그 자리에 있었든, 아니면 들어서만 알든, 중요한 건 그때만큼은 인터넷에 있는 모든 사람이 어느 정도는 기술적 소양을 가지고 있었다는 점이다. 스팸은 아직 발명되지도 않았다. 우리 모두는 새로운 공동체, 어쩌면 새로운 인종의 일부라고 느꼈다.

그 당시 대부분의 사람들은 웹페이지조차 본 적이 없었지만, 나는 그들에게 미래는 웹 애플리케이션에 있다고 설득하느라 바빴다. 데이터베이스와 연결된 동적 웹페이지. 당시 유즈넷에서도 이는 매우 주변부 주제였다. 그래서 나는 친구들을 끌어들여, 세계 최초 웹 애플리케이션 개발 회사 중 하나를 알래스카에 세웠다. 나는 B&B(민박) 운영자들을 찾아가서 예약할 수 있는 웹페이지를 만들어주려 했다. 알래스카는 넓었지만, 사고방식은 좁았다.

결국, 나는 같은 주의 또 다른 인터넷 기업가인 랜스 에이헌과 손잡았다. 그는 지역 인터넷 서비스 제공업체(ISP)를 세워 놀랍게도 400만 달러에 지역 전화 회사에 팔았다. 당시 우리에겐 이 돈이면 뭐든 할 수 있을 것처럼 보였고, 우리는 암호화를 이용해 온라인에서 안전하게 결제할 수 있는 방식을 만들기로 했다. 회사 이름은 포트 녹스(Fort NOCS)였는데, 해커들만 알아들을 법한 말장난이었다.[102] 결론부터 말하자면, 1990년대 후반에 암호화폐를 시도한 건

246

너무 이른 시도였다.

나는 인터넷을 더 안전하게 만들려는 해커들과 어울리고 있었다. 그중에서도 가장 사려 깊고 기술적으로 깊이 있는 토론이 이루어진 곳이 바로 사이퍼펑크 메일링 리스트(Cypherpunks Mailing List)였다. 사이퍼펑크는 익명성과 암호화, 탈중앙화를 지지한 인터넷의 지적 급진파였고, 그들이 활동하던 메일링 리스트는 철저히 무정부적이면서도 의도적으로 어떤 검열이나 통제를 두지 않은 열린 공간이었다. 누구든 인터넷에서 익명으로 글을 쓸 수 있었고, 당연히 수많은 쓸데없는 잡음도 함께 들어왔다. 하지만 변치 않는 주제는 명확했다. 프라이버시, 보안, 익명성, 자율성, 그리고 이것들이 인터넷의 자유를 보존하기 위해 필요한 핵심 요소라는 것이었다. 방법론은 탈중앙화, 개방형 프로토콜, 신뢰할 수 있는 시스템(즉, 신뢰할 필요조차 없게 만드는 것)이었다. 우리의 도구는 바로 암호학이었다.[103] 이 메일링 리스트의 아카이브(archive: 자료나 기록을 장기간 보관하기 위해 모아둔 저장소)는 아직도 온라인에 공개되어 있다.

현대의 암호화폐, 디파이(DeFi: Decentralized Finance: 은행이나 중개 기관 없이 블록체인과 스마트 계약으로 운영되는 탈중앙화 금융 서비스), NFT(Non-Fungible Token: 대체 불가능 토큰: 디지털 그림·음악·게임 아이템 등 고유한 디지털 자산의 소유권을 증명하는 블록체인 기반 토큰), 웹3(Web3: 블록체인과 암호화폐 기술을 기반으로, 중앙화한 플랫폼

---

**102**　브랜딩 팁: 아무리 영리한 이름이라도, 친구나 가족에게 설명하거나 철자를 말해줘야 할때는 전혀 웃기지 않게 된다. 그냥 하지 마라.

**103**　닐 스티븐슨은 암호화폐를 깊이 탐구한 최초의 소설을 썼다. 사이퍼펑크에서 느슨하게 영감을 받은 『크립토노미콘(Cryptonomicon)』은 1999년에 출간되었다.

대신 이용자가 직접 데이터와 자산을 소유·통제하는 차세대 인터넷 패러다임) 등 거의 모든 것의 기원을 그 안에서 확인할 수 있다. 그 논쟁은 애정 어린 적대감과 지적 적대성이 공존했다. 인간 사회의 모든 실패를 비난하며, 그런 실패를 막기 위해 프로토콜을 어떻게 설계해야 하는지 논하는 글들이 넘쳐났다. 기존 사회를 비판하는 정도, 감시·권력·기술문명에 대한 비난의 강도, 시스템을 뒤집으려는 급진성의 수준이 유나바머(Unabomber: 기술문명과 현대 사회를 비판하며 일련의 폭력 사건까지 일으킨 수학자출신 극단적 사상가·테러리스트)조차 얼굴을 붉힐 만한 급진적이고 극단적인 내용까지 있었다. 한 문단 안에서 나치 감시 체제에 대한 고발과 일방향 해시 알고리즘에 대한 난해한 비판을 동시에 읽을 수 있었다. 지금 이 아카이브를 읽는 것은 마치 고대 아람어(고대 중동의 언어로, 성경과 고대 문헌에서 중요한 역할을 한 셈족계 언어) 고문서를 해독하는 인류학적 작업과도 같다.

나는 그 시절이 몹시 그립다. 오로지 기술적으로 참인가 아닌가만을 기준으로 삼았기 때문에, 우리는 가능한 모든 미래를 상상하고 그것을 구축하는 방법을 자유롭게 논의할 수 있었다. 사이퍼펑크를 은둔형 인간 혐오자들이라고 규정하는 것은 유혹적이지만, 게으른 해석이다. 우리는 최소한 하나의 공통된 유산을 가지고 있다.

# 사이퍼펑크 선언문

에릭 휴즈

ftp://soda.berkeley.edu/pub/cypherpunks/people/hughes.html

전자 시대의 개방사회에서 프라이버시는 필수적이다. 프라이버시는 비밀이 아니다. 사적인 일은 세상 모두가 알기를 원치 않는 것이고, 비밀스러운 일은 누구에게도 알리기를 원치 않는 것이다. 프라이버시는 자신을 세상에 선택적으로 드러낼 수 있는 힘이다.

두 사람이 어떤 방식으로든 거래를 했다고 하자. 그러면 각자는 그 상호작용에 대한 기억을 갖는다. 각자는 자신의 기억에 대해 말할 수 있다. 이걸 누가 어떻게 막을 수 있겠는가? 법으로 금지할 수는 있겠지만, 개방사회에서 프라이버시보다 더욱 근본적인 것은 표현의 자유다. 우리는 어떤 말도 억제하지 않기를 바란다. 많은 사람이 같은 포럼에서 함께 말하기 시작하면, 각자는 다른 모든 이들에게 말할 수 있고 개인이나 다른 당사자에 대한 지식을 모을 수 있다. 전자적 통신의 힘은 이러한 집단적 발화를 가능하게 했고, 우리가 그것을 원치 않는다고 해서 사라지지 않는다.

우리가 프라이버시를 원한다면, 우리는 거래에 참여하는 각 당사자가 그 거래에 직접적으로 필요한 것만 알도록 해야 한다. 어떤 정보든 말할 수 있으므로, 우리는 가능한 한 적게 드러내도록 해야 한다. 대다수 상황에서 개인의 실명 정체성은 중요하지 않다. 내가 가게에서 잡지를 사고 계산원에게 현금을 건넬 때, 내가 누구인지 알 필요는 없다. 내가 전자우편 제공자에게 메시지를 보내고 받게 해 달라고 요청할 때, 제공자는 내가 누구와 이야기하는지, 내가 무슨 말을 하는지, 다른 이들이 나에게 무슨 말을 하는지 알 필요가 없다. 제공자가 알아야 할 것은 메시지를 목적지로 어떻게 전달할지와 내가 얼마의 비용을 지불해야 하는지 뿐이다. 거래의 기저 메커니즘 때문에 나의 정체가 드러난다면, 나는 프라이버시가 없다. 나는 선택적으로 자신을 드러낼 수 없고, 항상 자신을 드러내야만 한다.

따라서 개방사회에서의 프라이버시는 익명 거래 시스템을 필요로 한다. 지금까지 그 대표적 시스템은 현금이었다. 익명 거래 시스템은 비밀 거래 시스템이 아니다. 익명 시스템은 개인이 원할 때만, 원할 때에 한해 자신의 정체를 드러낼 수 있게 해 준다. 이것이 프라이버시의 본질이다.

개방사회에서의 프라이버시는 또한 암호학을 필요로 한다. 내가 무언가를 말할 때, 나는 그 말이 의도한 사람에게만 들리기를 원한다. 내 발화의 내용이 세상 누구에게나 열려 있다면, 나는 프라이버시를 갖지 못한다. 암호화란 프라이버시를 원한다는 의사를 밝히는 행위이고, 취약한 암호화로 암호화하는 것은 프라이버시에 대한 의지가 그다지 강하지 않다는 표시다. 더 나아가, 기본 값이 익명인 환경에서 자신이 누구인지 확실하게 드러내려면 암호학적 서명(전자서명)이 필요하다.

우리는 정부, 기업, 또는 다른 거대하고 얼굴 없는 조직이 자비롭게 프라이버시를 제공해 줄 것이라 기대할 수 없다. 그들에게는 우리에 대해 말하는 것이 이익이므로, 우리는 그들이 그렇게 하리라 예상해야 한다. 그들의 발언을 막으려는 것은 정보의 본질에 거스르는 것이다. 정보는 자유로워지고 싶어 한다. 정보는 가용한 저장 공간을 가득 채운다. 정보는 소문의 젊고 강력한 사촌이다. 정보는 소문보다 더 빨리 달리고, 더 많은 눈을 가졌으며, 더 많은 것을 알지만 덜 이해한다.

우리가 프라이버시를 가지려면, 우리는 스스로 그것을 지켜야 한다. 우리는 함께 모여 익명 거래를 가능하게 하는 시스템을 만들어야 한다. 사람들은 수세기 동안 속삭임, 어둠, 봉투, 닫힌 문, 비밀 악수, 전령으로 프라이버시를 지켜왔다. 과거의 기술은 강력한 프라이버시를 허용하지 않았지만, 전자 기술은 가능하다.

우리는 사이퍼펑크로서 익명 시스템을 구축하는 데 헌신한다. 우리는 암호학, 익명 메일 연결 시스템, 디지털 서명, 전자 화폐로 프라이버시를 지킨다.

사이퍼펑크는 코드를 쓴다. 우리는 누군가가 소프트웨어를 작성해야 프라이버시를 지킬 수 있다는 것을 알고 있다. 모두가 프라이버시를 얻으려면, 우리 모두가 해야 한다. 그러므로 우리는 코드를 쓴다. 우리는 코드를 공개해, 다른 사이퍼펑크들이 그것을 연습하고 실험할 수 있도록 한다. 우리의 코드는 전 세계 누구나 사용할 수 있도록 무료다. 당신이 우리가 쓴 소프트웨어를 마음에 들어 하지 않더라도 우리는 상관하지 않는다. 우리는, 소프트웨어를 파괴할 수 없으며, 널리 분산된 시스템은 결코 차단할 수 없음을 안다.

사이퍼펑크는 암호 기술에 대한 규제를 개탄한다. 왜냐하면 암호화는 본질적으로 사적인 행위이기 때문이다. 실제로 암호화 행위는 정보를 공적 영역으로부터 제거한다. 설령 암호화를 금지하는 법이 있다 하더라도, 그것이 미치는 범위는 한 나라의 국경과 그 나라의 폭력의 팔이 닿는 데까지일 뿐이다. 암호학은 필연적으로 전 세계로 퍼질 것이며, 그와 함께 암호학이 가능케 하는 익명 거래 시스템도 퍼질 것이다.

프라이버시가 널리 퍼지려면, 그것은 사회적 계약의 일부가 되어야 한다. 사람들은 함께 모여 이러한 시스템을 배치해야 하며, 이는 공익을 위한 것이다. 프라이버시는 사회 구성원들의 협력만큼만 확장된다. 우리는 사이퍼펑크로서, 여러분의 질문과 우려를 환영하며, 스스로를 속이지 않기 위해 소통하기를 바란다. 그러나 일부가 우리의 목표에 동의하지 않는다고 해서 우리의 길을 바꾸지는 않을 것이다.

사이버펑크들은 네트워크를 보다 안전하게 만들기 위해 적극적으로 활동하고 있다.

함께 신속히 나아가자.

에릭 휴즈 hughes@soda.berkeley.edu
ftp://soda.berkeley.edu/pub/cypherpunks/people/hughes.html

1993년 3월 9일

30년 된 프라이버시 선언문. 그렇다면 지금 우리는 어떻게 되고 있을까? 솔직히 말하자면, 사회는 거의 프라이버시를 포기한 것 같다. 우리 딸은 스냅챗(Snapchat)에서 수백 명의 친구와 자신의 위치를 실시간으로 공유한다. 그뿐만 아니라, 스냅챗도 알고, 구글도 알고, 애플도 안다. 그들은 우리 딸이 지금까지 무엇을 보았는지, 무엇을 클릭했는지, 전부 알고 있다. 딸은 그것이 문제일 수도 있다는 생각조차 하지 않는다. 사이퍼펑크에게 이런 세상은, 다음 홀로코스트를 집단 지성으로 준비하는 것처럼 보일 뿐이다. 공공 여론의 영역에서 본다면, 우리는 지금 꽤 크게 패배하고 있다.

그 무렵 우리는 회사(Fort NOCS)를 베이 지역으로 옮겼다. 토요일마다 지역 사이퍼펑크들이 모였다. 오래된 AT&T 건물이나 스탠퍼드 캠퍼스, 혹은 우리 사무실에서였다. 그곳, 아웃사이드들 사이에서, 나는 인생에서 가장 좋은 친구를 몇 명 얻었다.


사이퍼펑크에게도 성공담이 있다. 1990년대 당시, 암호 기술은 핵탄두를 규제하는 법률과 동일한 법의 통제를 받았다. 즉, NSA(미국 국가안보국)이 풀 수 없는 알고리즘으로 데이터를 암호화하는 소프트웨어는 해외로 수출하는 것이 불법이었다. 내 친구 존 칼라스, 할 피니, 그리고 다른 사이퍼펑크들은 이메일 암호화를 위한 PGP(Pretty Good Privacy)를 개발하고 있었다. 사이퍼펑크 모임에서 럭키 그린이 PGP의 전체 소스코드를 프린트해 가져왔던 기억이 난다. 그 암호화 소프트웨어는 수출이 불법이었다.

사이퍼펑크들은 이 상황의 모순을 곧바로 간파했다. 미국 연방 정부가 표현의 자유를 보장한 수정 헌법 제1조를 스스로 어기고, 표현의 자유를 침해하는 것은 위선적이라는 것이다. 럭키의 인쇄본을 해외로 보내는 행위는, 결국 『동물 농장』[104]을 수출하는 것과 다를 바 없다는 논리였다. 그 인쇄본은 독일로 보내졌고, 그곳에서 꼼꼼히 스캔되어 미국 법률 관할권 밖에서 코드가 다시 컴파일될 수 있었다.

이 사건은 "코드는 언어다(code is speech)"라는 문장이 현실에 처음으로 구현한 사례 중 하나였다. 사이퍼펑크들은 암호학을 해방시키는 싸움에서 승리했다.

사이퍼펑크는 또 미국 정부가 당시 만들려 했던 잘못된 발상인 클리퍼 칩(Clipper Chip) 반대에도 작은 역할을 했다. 클리퍼 칩은 모든 컴퓨터에 암호화 칩을 넣되, 키는 정부가 보관하겠다는 것이었다. 우리는 여권에 칩을 넣는 정책, 공항의 생체인식 시스템 도입에도 반대했다. 그렇다면 지금은 어떤가? '테러와의 전쟁'이라는 이름 아래, 그 전쟁에서 우리는 대부분 패배했다.

2001년, 닷컴 붕괴가 샌프란시스코의 모든 스타트업을 쓸어버린 후, 나는 렌 새서먼,[105] 브램 코헨, 빌 스캐넬과 함께 '자유실업자' 상태였다. 빌은 우리를 모아 드미트리 스클랴로프(Dmitry Sklyarov: 러시아 출신의 컴퓨터 프로그래머이자 보안 연구자로, 2001년 미국에서 체포된 사건으로 유명하다)를 감옥에서 구출하자는 대의명분을 제시했

---

**104**  조지 오웰의 책 『동물 농장』. 검열, 선전, 반대 의견 억압에 대한 이야기. 소련에서는 금서였고, 미국인들은 이 책이 상징하는 바를 자랑스러워했다.

**105**  렌 새서먼, 고인의 명복을 빈다. [LEN]

다. 드미트리는 러시아 해커로, DEF CON(해커 콘퍼런스)에서 자신의 연구를 발표하러 왔다. 그런데 그 연구 내용이, Adobe PDF 암호화 시스템이 얼마나 엉망인지에 관한 것이었다. 드미트리는 어떤 PDF든 손쉽게 해독할 수 있었다.

그런데 어도비는 고객들에게 그들의 문서가 '안전하다'고 말하며 이걸 팔고 있었다. 드미트리는 미국에서 체포되어 무기한 구금되었다. 우리는 티셔츠와 범퍼스티커를 만들었고, 내가 차를 몰아 모두를 데리고 산호세에 있는 어도비 본사 앞에서 시위를 했다. 우리는 역사상 가장 창백한 시위자들이었다. 결국, 드미트리에 대한 기소는 취소되었고, 그는 아내와 아이들 곁으로 돌아갈 수 있었다.


## 비트토렌트

집으로 돌아오는 길에 브램이 내게 말했다. "비트토렌트(BitTorrent: 2001년 브램 코언이 개발한 탈중앙화 파일 공유 기술. 파일을 수많은 조각으로 나누어, 사용자들이 서로 동시에 주고받는 방식으로 작동한다. 중앙 서버가 없어 누구도 시스템을 통제하거나 차단할 수 없으며, 인터넷 자유와 분산 구조의 상징으로 불린다)가 이제 제대로 작동해." 어떤 중앙 집중식 서비스든 가장 근본적인 문제는 중심부를 공격할 수 있다는 것이다. 냅스터(Napster: 1999년 등장한 세계 최초의 P2P(개인 간) 음악 공유 서비스. 사용자들이 서로의 컴퓨터에 저장된 MP3 음악 파일을 주고받을 수 있게 하며 디지털 음악 시대의 문을 열었다. 하지만 중앙 서버를 통해 파일 정보를 관리했기 때문에 저작권 소송으로 2001년 서비스가 중단되었다. 이 사건은 이후 탈중앙화 기술(비트토렌트 등)의 필요성을 일깨운 계기가 되었다.) 역시 중앙 서버를 두었기에, 법적 공격 한 번에 무너졌다. 그래서 사이퍼펑크들은 탈중앙화한 파일 공유 프로토콜을 구상하기 위해 바쁘게 움직였다.

그러나 우리 대부분은, 누군가가 네트워크에 디스크 공간, 대역폭(데이터를 보낼 수 있는 최대 용량), 연산력 같은 자원을 제공했을 때 그에 대한 보상을 지급할 방법이 없으면 이 시스템은 절대 작동하지 않을 거라고 확신하고 있었다. 브램은 처음에 모조네이션(MojoNation: 2000년대 초 브램 등이 참여한 탈중앙화 파일 공유 프로젝트. 사용자들이 파일 공유에 제공한 자원에 따라 '모조'라는 디지털 화폐 보상을 주는 실험적 시스템이었다. 너무 복잡하고 과도하게 설계되어 상용화에는 실패했지만, 이 경험이 이후 비트토렌트 개발의 밑거름이 되었다.)이라는 프로젝트에서 일했다. 지나치게 야심차고 복잡하게 설계된 끝에 실패로 끝난 프로젝트였다. 그 경험 이후, 그는 오직 '탈중앙 파일 공유'라는 한 가지 문제에 집중했다.

그 시도는 당시 매우 중요했다. 왜냐하면 그때까지만 해도 막대한 데이터 전송량을 감당할 수 있는 대역폭은 대기업만의 특권이었기 때문이다. 브램이 비트토렌트를 세상에 공개한 그날, 세상은 조금 더 나은 방향으로 바뀌었다. 비트토렌트는 암호학을 기반으로 한 최초의 완전한 탈중앙화 프로토콜로서, 현실 세계에서 실제로 성공적으로 작동한 첫 사례였다.

비트토렌트를 증오하는 산업은 많지만, 그들은 그것을 없앨 수 없다. 그로부터 10년이 지난 후에도, 비트토렌트는 여전히 인터넷 전체 트래픽의 25% 이상을 차지하고 있었다. 그것은 곧, 우리가 가던 길이 옳았다는 결정적인 증거이자 정당한 보상이었다.

## 어니언 라우터

사이퍼펑크는 토르 브라우저를 만들었다.[106] 이 브라우저는 익명 메일 포워딩 시스템에서 발전한 개념 위에 세워졌고, 그 핵심 기술인 '양파 라우팅⟨onion routing: 데이터를 보낼 때, 여러 개의 암호화 층을 덧씌워서 중간 경유 노드(서버)들을 여러 번 거쳐 전달하는 방식⟩' 덕분에 사용자는 인터넷을 익명으로 탐색할 수 있다.

보통의 웹페이지는 당신이 클릭할 때마다 그 정보를 수십 개의 추적기에 보고한다. 이 구조를 하나하나 뜯어보면 끔찍할 정도로 노출되어 있다. 예를 들어 CNN 웹사이트만 해도 당신이 클릭할 때마다 여러 광고 네트워크와 데이터 분석 서버에 정보가 전송된다.

토르(Tor)는 이러한 네트워크 트래픽 전체를 사용자의 신원을 난독화하는 특별한 프로토콜로 감싼다. IP 주소를 포함해 당신이 누구인지, 어디에 있는지 그 어떤 이도 알아낼 수 없다. 이 기술의 주요 사용 사례는 내부고발자, 인권 활동가, 그리고 권위주의 정권 아래에서 활동하는 시민운동가들이다.

하지만 토르의 방향을 뒤집으면, 우리가 흔히 말하는 다크웹(Dark Web)이 된다. 동일한 기술이지만, 이번엔 브라우저가 아니라 웹 서버의 익명성을 보호하는 방식이다. 이를 통해 누구도 위치를 추적할 수 없는 웹사이트를 운영할 수 있다. 그 사이트가 어느 대륙에 있는지조차 파악할 수 없다. 언론이 주로 다루는 사례는 청부 살인, 마약 거래 사이트 등과 같은 범죄적인 면이지만, 그게 본질은 아

---

106　토르 브라우저(Tor Browser)라는 이름은 이 네트워크의 기반이 된 프로젝트인 '더 어니언 라우터(The Onion Router)', 즉 '양파 라우터'에서 유래했다.

니다. 핵심은 정부, 기업, 사회가 행사하는 통제로부터 벗어나는 자유다. 만약 당신이 언론인을 투옥하고, 가족을 살해하는 독재자에 맞서 그를 비판하는 글을 쓰고 싶지만 그로 인해 목숨이 위태로워질 수도 있는 나라에 살고 있다면, 그때 다크웹은 당신을 위한 공간이다. 당신이 그런 상황을 절대 겪지 않기를 바라지만, 혹시 그렇다면 다크웹은 바로 그때를 위해 존재한다.

## 암호화폐의 기원

수출 제한 때문에, 우리는 때때로 해외로 나가 암호기술 작업을 하곤 했다. Y2K 괴담이(연도 오류로 인한 시스템 붕괴 공포) 허무하게 끝난 후, 나는 맥스 레브친, 루크 노섹, 피터 틸[107]과 함께 앵귈라섬의 해변에 있었다. 이들은 이제 곧 세상 최초의 성공적인 디지털 화폐가 될 페이팔(PayPal)을 막 출범시킨 참이었다.[108] 우리는 모두 금융 암호학 콘퍼런스 참석차 그곳에 모였다.

그 자리에서 나는 맥스에게 "페이팔이 암호화폐가 되어야 한다, 그리고 익명 거래를 지원해야 한다"고 설득하고 있었다. 하지만 맥스는 내가 지금껏 본 것 중 가장 인상적인 사용자 성장 그래프-불과 몇 주 만에 10만 명을 돌파한 폭발적 성장 곡선-를 들이밀며 말했다. "사용자 중 단 한 명도 익명성을 원한다는 말을 한 적이 없다."

---

107  컨피니티(Confinity)의 창립자들. 이 회사는 후에 페이팔이 되었다.
108  디지털 화폐였지만 암호화폐는 아니었고, 탈중앙화나 익명성과는 정반대였다.

그 논쟁은 명백히 내가 졌다. 이후 페이팔은 수십억 달러 규모의 기업으로 성장했다.

사이퍼펑크는 결국 비트코인을 만들었다. 내가 사토시 나카모토가 누구인지 말해주진 않겠지만, 대신 산타클로스가 누구인지는 말해줄 수 있다. 즉, 알 필요 없다는 뜻이다. 전 세계 정부들은 비트코인을 증오하지만, 없앨 수 없다. 그보다 더 평등주의적인 시스템이 있을까?

데이비드 차움을 비롯한 학자들과 사이퍼펑크들은 비트코인 이전에도 수백 가지의 암호화폐 개념을 고안했다. 일부는 실제로 구현되기도 했지만, 각기 다른 방식의 실험이었을 뿐이다. 물론 지금은 그 어떤 것도 남아 있지 않지만, 그 시도들은 모두 디지털 화폐를 향한 진보의 이정표였다. 오늘날에는 거의 모든 속성에 맞춘 암호화폐를 설계할 수 있게 되었지만, 예전엔 결코 그렇지 않았다.

최종 목표는 모든 것을 탈중앙화하는 것이다. 즉, 하나의 공격으로 시스템 전체를 무너뜨릴 수 있는 중앙 집중 지점을 제거하고, 누구나 안정적이고 자유로운 인터넷 자원에 접근할 수 있게 만드는 것.

이를 이루기 위해서는 시스템에 자원(디스크 공간, 대역폭, 처리 능력)을 제공하는 사람들에게 보상할 수 있는 방법, 즉 디지털 화폐가 반드시 필요하다. 그래서 사이퍼펑크들이 디지털 통화에 집중한 이유가 바로 여기에 있다. 비트코인 이전의 모든 암호화폐는 하나의 치명적인 결함을 갖고 있었다. 바로 중앙 발행소였다. 이는 지금까지 존재한 모든 화폐의 치명적 결함이기도 했다. 언젠가 누군가가 발행소를 장악해, 자신의 세력에게 돈을 더 찍어주고, 결국 당신이 가진 돈의 가치를 떨어뜨리게 된다.

예전에는 이것을 '부패'라고 불렀다. 이제는 그것을 '통화정책'이라고 부른다. 사이퍼펑크들은 독특한 부류의 사람들이다. 그들은 인간이란 결국 '편도체를 타고 노는 본능적 존재', 즉 장기적으로 신뢰할 수 없는 존재라고 믿는다. 따라서 인간이 운영하는 발행소는 결코 완전히 신뢰할 수 없다고 생각했다.

인간을 그 고리에서 제거해야 한다. 비트코인의 등장은 역사상 처음으로 완전한 탈중앙화 화폐 발행 시스템을 만들어냈다. 2008년, 나는 몇몇 사이퍼펑크들과 함께 비트코인을 베타 테스트하고 있었다. 우리는 그것이 기발한 아이디어라고 생각했지만, 정작 세상에 퍼질 가능성은 없다고 봤다. 당시 우리 연구소에는 대부분의 시간 동안 놀고 있는 5,000코어짜리 슈퍼컴퓨터가 있었다. 그래서 나는 장난삼아 이렇게 말했다. "이걸로 51% 공격을 해보면 어떨까?" 비트코인 프로토콜에서 잘 알려진 사실이 있다. 만약 네트워크 전체 채굴 자원의 절반 이상을 통제할 수 있다면, 시스템을 무너뜨리고 모든 비트코인을 빼앗을 수 있다는 것이다. 그때는 아마 그런 일을 실제로 시도할 수 있는 유일한 사람이 바로 나였을지도 모른다. 단지 친구들을 놀리기 위해서라도. 다행히도 그 무렵 나는 뇌수술 도구를 개발하는 일에 몰두하게 되었고, 비트코인을 파괴하기 전에 손을 떼게 되었다.

솔직히 말하자면, 이 장은 쓰고 싶지 않았다. 사이퍼펑크 친구들 중 몇몇은 이제 세상에 없다. 억압자들-가상의 존재든 현실의 존재든-에 맞서 싸우는 삶은 정신 건강에 결코 좋은 영향을 주지 않았다. 많은 이들이 그 싸움 속에서 결국 무너져 내렸다.

요즘 사람들은 나처럼 수많은 암호화폐 사기 이야기에 질려 있을 것이다. 하지만 그런 이야기들은 대부분 기술 자체와는 아무 상관이 없다. 그저 과열된 유행 속에서 돈을 벌어보려는 기회주의자들의 이야기일 뿐이다.

그럼에도 불구하고, 그 유행의 물결은 한 세대의 프로그래머들을 암호학의 세계로 끌어들였다. 그리고 그 덕분에 우리가 꿈꾸는 장기적 비전이 조금 더 현실로 다가왔다. 무엇이든 탈중앙화할 수 있는 세상. 인터넷에서 누구도 비대칭적인 권력을 갖지 못하는 구조. 아무도 당신이 무엇을 하는지 통제할 수 없어야 하고, 당신 또한 다른 사람을 통제할 수 없어야 한다. 그리고 그 원칙은, 지금 점점 더 우리의 온라인 활동을 통제하고 있는 기업과 정부에도 똑같이 적용되어야 한다.

## 지오데식 사회

1980~90년대에 우리는 AOL(America Online: 1985년에 미국에서 시작된 온라인 서비스로, 인터넷 이전의 '폐쇄형' 온라인 플랫폼. 무료 접속 CD-ROM을 대규모로 배포하며 폭발적인 가입자 수를 확보. 한때 미국 가정의 절반 이상이 AOL을 사용)이라는 중앙집중형 온라인 서비스를 사용했다. 완전히 상업적이었고, 운영 방식은 전적으로 권위주의적이었다. AOL은 온 세상에 CD-ROM을 달나라까지 쌓을 만큼 뿌려댔지만, 결국 탈중앙화 프로토콜인 TCP/IP(Transmission Control Protocol / Internet Protocol: 인터넷을 가능하게 한 기본 통신 규약. 데이터를 정확하게 나르고 연결하는 표준이며, 탈중앙화된 개방형 네트워크 구조의 기

반)에게 완패했다.

냅스터(Napster): 중앙집중형 서비스
비트토렌트(BitTorrent): 탈중앙화 프로토콜
미국 달러: 중앙집중형 서비스
비트코인(Bitcoin): 탈중앙화 프로토콜

장기적으로 보면, 탈중앙화 프로토콜이 중앙집중형 서비스보다 승리한다. 비트토렌트 때문에 전체 산업이 위협받았지만, 끝내 죽일 수는 없었다. 그 대신 고객들을 스트리밍이라는 매혹적인 울타리 안으로 유혹하는 데 성공했을 뿐이다.[109]

국가도 비트코인 때문에 위협받지만, 죽일 수는 없다. 사람들은 정부가 암호화폐를 규제할지 계속 논쟁하지만, 장기적으로는 암호화폐가 정부를 규제하게 될 것이다. 왜냐하면 근본적으로, 탈중앙화 블록체인은 인간이 서로 협력하고 세상을 조직하는 데 있어 훨씬 더 나은 방식이기 때문이다. 모두가 함께 사용하고, 동시에 신뢰할 수 있는 공유 데이터베이스, 이것이야말로 인류 문명의 근본, 즉 인간이 집단적으로 협력하는 법을 배워온 역사의 핵심이다.

---

[109] 음악 산업이 위기에 처했다는 끝없는 수사(修辭)에도 불구하고, 소비자들은 그 어느 때보다 음악에 더 많은 돈을 쓰고 있다. 아티스트들이 정당한 수익을 얻지 못하게 만드는 '해적질(piracy)'의 원인은 비트토렌트(BitTorrent)가 아니다.

암호화폐를 둘러싼 소음과 과열된 유행은 우리가 따라야 할 지향점을 흐려놓았다. 암호화폐는 '목표'가 아니라 '이정표'다. 우리는 단순히 달에 가려는 것이 아니라, 별로 향하고 있다.

탈중앙화 컴퓨팅이 진정으로 완성되려면, 다음의 핵심 속성들을 모두 해결해야 한다.

1. 탈중앙화(Decentralized)-어디에도 중앙 통제 지점이 없어야 한다.
2. 확장성(Scalable)-지연시간이 낮고, 비용과 에너지가 적게 드는 선형적 확장이 가능해야 한다.
3. 보안성(Secure)-비트코인(Bitcoin)은 이 기준을 충족하거나 능가해야 하는 기준점이다.
4. 프라이버시(Private)-기본적으로 프라이버시가 보장되어야 한다.
5. 프로그래머블(Programmable)-현대적 프로그래밍 언어를 지원해야 한다.
6. 접근성(Accessible)-누구나, 어떤 현대적 컴퓨터에서도, 허가 없이 참여할 수 있어야 한다.

비트코인은 1, 3, 6을 해결한다.

이더리움은 1, 3, 5, 6을 해결했지만, 지금은 3(보안성)을 희생하고 있다.

카르다노, 솔라나, 알고랜드 등은 2를 해결하려 하며, 1 혹은 3을 희생한다.

바이낸스와 FTX는 아무것도 해결하지 않는다.

RISC Zero(블록체인 위에서 과정은 숨기고 결과가 맞다는 것만 증명하는 기술) [RISC-ZERO]는 1, 2, 3, 4, 5, 6 모든 항목을 해결하는 타협없는 블록체인이다. 이 시스템은 기존 블록체인이 가진 구조적 한계를 어떤 대가나 절충없이 해결하려 한다.

나는 이 팀이 지난 20년 동안 암호 프로토콜을 연구하는 것을 지켜봐 왔다. 이제는 제로 지식 증명 기반의 새 블록체인을 통해 미래의 '탈중앙화된 아마존 웹서비스(AWS)'를 설계하고 있다. 나는 당신에게 어떤 잡코인을 사라고 설득하려는 게 아니다. 나는 당신이 당연하게 여기는 세상의 것들이 진화할 수 있고, 실제로 진화할 거라고 설득하려는 것이다. 오늘날 문제인 것이 항상 문제로 남아 있지는 않을 것이다. 포크나 스푼 같은 쉬운 도구들은 이미 발명되었다. 이제 우리는 더 정교한 도구를 만들고 있고, 그것은 곧 우리가 진화했음을 의미한다. 그러니 낙심하지 말라. 나도 그렇지 않다. 참고로, 페이팔의 시가총액(이베이 전체 포함)은 약 300억 달러다. 비트코인은 2조 달러다.

# 일이 사라진 뒤 남는 것

인류를 오늘의 위치까지 이끈 혁신 방법론은 생물학적 진화였다. 수많은 세대에 걸친 성적 재조합과 감마선 덕분에 셀 수 없는 변이와 돌연변이가 생겨났다. 이 과정에서 우리는 물건을 집게 만드는 엄지손가락과 음악을 감상할 수 있는 능력을 갖게 되었다.

짧고, 잔혹하며, 고된 자연도태라는 게임은 약자를 솎아냈다. 당신과 나는 그 승자들의 후손이다.

기본적으로, 과거에는 사람들이 죽어야만 혁신이 가능했다. 인간이 최상위 포식자가 되자, 상황은 훨씬 복잡해졌다. 이제는 누구나, 체력이 어떻든 간에, 살아남아 번식한다. 어느 순간 우리는 이런 질문을 던지게 된다. 정말 이렇게 많은 인간이 모두 필요한가?

물론 나는 누가 "불필요한 인간"인지 말하려는 게 아니다. 만약 당신이 그걸 안다고 생각한다면, 아마 제일 먼저 떠나야 할 사람은 당신일 것이다.

내게 인류가 가진 가장 아름답고 놀라운 점 중 하나는, 이유는 알 수 없지만 우리가 더 강력해질수록, 오히려 다른 사람을 지배하거나 제거시킬 필요가 줄어들었다는 점이다. 원래 우리는 서로의 음식을 훔치고, 앞길을 가로막는 남자를 죽이고, 뒤에 남겨진 여자를 임신시키도록 진화했다. 분명 그 일이 완전히 사라진 건 아니지만, 인류는 인구 비율로 보자면 역사상 그 어느 때보다 훨씬 덜 그렇게 하고 있다.

그럼에도 우리는 매일 세상에서 일어나는 끔찍한 뉴스에 압도된다. 우리는 AI, 드론 전쟁, 가공식품이 실존적 위협이라고 듣는다. 모든 게 너무 빨리 일어나고 있어서, 우리는 더 이상 생물학적 진화에 의존해 구원받을 수 없다. 이번에는 두뇌로 진화해야 한다. 이번에는 혁신하지 않으면 죽는다.

이게 실제로 가능할지조차 우리는 모른다. 분명히, 이런 일은 이전에 결코 일어난 적이 없다. 인간이 스스로 만들어낸 문제를 스스로 해결할 만큼 영리할 수 있을까?

그 과정에서 모두가 우리를 지탱하기 위해 일해야 했다. 살아남고, 집을 마련하고, 가족을 먹여 살리기 위해 비인간적인 양의 노동이 필요했다. 그러다 놀라운 일이 일어났다. 산업혁명과 함께, 우리는 더 적은 노력으로도 그런 필요를 충족할 수 있게 되었다. 그때 우리는 '자유 시간'을 발명했다. 우리는 그것을 낭비하지 않았다. 오히려 아주 부지런했다. 자유 시간을 채우기 위해, 우리는 엔터테인먼트 산업(책, 영화, 음악, 간식, 선거, 비디오 게임 등)을 발명했다. 사람들은 과거를 낭만적으로 기억하며 나와 논쟁하고 싶어 한다.

"베르사유 사람은 자유 시간이 많았어! 아리스토텔레스는 자유 시간이 많았지!"

명확히 하자. 역사상 많은 자유 시간을 가진 사람은, 엄청 운 좋은 인간이었고, 수많은 (아마 노예였을) 사람들이 그것을 가능하게 해준 덕분이었다. 또한, 베르사유는 똥내가 진동했다. 상수도가 발명되지 않았으니, 온수 샤워 같은 건 없었다.

당신과 나는 지금 꽤 좋은 상황에 살고 있다. 하지만 어느 순간, 우리는 "엔터테인먼트 정점"에 도달했다. 당신은 넷플릭스 시즌 14를 두 번 정주행을 했고, 〈그랜드 테프트 오토: CHAZ 에디션〉도 끝냈고, 이제는 '주의력 결핍 올림픽 예선'이라도 치르듯 무의미하게 스크롤을 내리고 있다. 더 많은 관심을 원하며 애교 부리는 고양이 영상, 백신에 마이크로칩을 넣어 사람의 생각을 조종한다는 음모론, 놀라운 K-팝 댄스 동작, 프리우스 자동차에 치일 뻔한 보행자의 대시캠 영상, 경계선상에서 취소될지도 모르는 인종 농담을 던지는 코미디언, 러시아의 선거 조작 선전, 일론 머스크의 선거 개입, 힐러리 클린턴의 부패, 트럼프의 부패, 그리고 또, 등등등. 이제 그만 좀 보고 "진짜 삶을 살아라"라고 말하고 싶어진다. 하지만 아이러니하게 도, '진짜 삶을 사는 것'은 말처럼 쉽지 않다. 특히 지금처럼 너무 많은 자유 시간이 주어졌을 때는 더욱 그렇다. 그리고 이제 곧, 로봇이 등장해 그 시간을 훨씬 더 늘려줄 것이다. 그 로봇은 우리의 일을 더 쉽게 만들어줄 것이고, 어쩌면 우리의 일을 아예 쓸모없게 만들 것이다. 지금 인간이 하고 있는 지루하고, 반복적이고, 무의미하고, 위험한 일을 로봇이 대신하게 될 것이다. 그리고 사실, 그게 맞다. 이것이 바로 매슬로의 욕구 단계다. 인간이 충만함을 느끼기 위해 필요한 것, 행복을 위해 필요한 것에 대해 생각하게 하는 틀이다.

매슬로우의 욕구 단계 이론.

피라미드의 맨 아래부터 살펴보자. 그리고 생각해 보라. 기술이 어디에서 도움을 주고 있는가.

음식: 우리는 음식을 만드는 데 수많은 기술을 사용한다. 질소를 비료로 바꾸는 하버-보슈(Haber–Bosch) 공정은 식량 생산을 혁명적으로 늘렸지만, 동시에 폭발물 제조에도 쓰인다. 노먼 볼로그가 개발한 유전적 품종 개량은 작물의 수확량을 극적으로 늘렸다. 또한 유전자 공학을 통해 해충, 질병, 가뭄에 강한 작물들을 만들고 있다. 농장 옆을 지나가며 볼 수 있는 센터피벗 관개 시스템(center-pivot irrigation: 농업에서 널리 사용되는 둥근 형태 스프링클러 관개 시스템) 역시, 작물을 재배하는 데 필요한 노동력과 물의 양을 줄이는 기술이다.

268

온기: 난방기 또한 다양한 형태의 기술이다.

성(Sex): 우리에겐 콘돔도 있고, 진동기도 있다.

건강: 우리의 건강을 유지하기 위한 기술도 다양하고, 그게 실패했을 때 고치기 위한 기술은 그보다 더 많다.

이 피라미드의 하단부 절반은 내가 '생명 유지의 문제'라고 부르는 영역이다. 이것은 사람이 살아남기 위해, 더 많은 사람이 살아남기 위해 필요한 것들이다.

이제 계속 올라가 보자. 기술이 다음 단계에서는 어떤 도움을 주고 있는가?

친구? 가족? 그런 것들을 위한 앱은 없다. 성적 친밀감? 만약 그걸 기술로 해결하려 한다면, 어딘가 잘못된 방향으로 가고 있는 것일 가능성이 높다.

피라미드의 상단부 절반은 내가 '삶의 질적 문제'라고 부르는 영역이다. 우리는 아직 이 부분에서 기술을 거의 활용하지 못하고 있다.

매슬로의 욕구 단계 중 가장 높은 수준인 '자아실현'은 창의성, 잠재력의 실현, 공동체 의식의 경험과 관련된다. 이것들이 바로, 인간이 행복해지기 위해 진정으로 필요한 것들이다.


## 고아들

2006년, 여러 인생의 우연한 흐름 끝에 (지금은 전 아내가 된) 아내와 나는 에티오피아의 어떤 고아원에서 한 아이를 입양하게 되었다. 솔직히 말하면, 나는 부모가 될 준비가 전혀 되어 있지 않았다. 하지만 '본성 대 양육' 논쟁에서 늘 양육 쪽을 믿는 편이었기 때문에, "하면 되겠지" 하는 자신감이 있었다. 무엇이든 거꾸로 분석해 익히는 독학자로 살아온 나로서는, 새로운 일도 결국 분석하고 해결할 수 있을 것이라 착각했던 것이다. 우리는 아이가 여덟 달 되었을 때, 그 여자 아이를 데리러 아디스아바바로 갔다.

매일 고아원에 들러 아이와 조금씩 더 많은 시간을 보내며 우리를 익숙하게 느끼도록 했다. 하지만 며칠이 지나도 아이는 여전히 우리 손에서 우유병을 받지 않았다. 우리는 당황했고, 아무것도 모르는 부모로서 무능함을 빠르게 증명하고 있었다. 결국 고아원의 보모와 통역사를 불러 도움을 요청했다. 나는 말했다. "이 아이는 영양실조 상태인데, 우유를 전혀 먹지 않아요." 보모는 아무 말 없이 아기를 품에 안고 우유병을 아이의 입에 물렸다. 그러자 놀랍게도, 아이는 바로 우유를 빨기 시작했다.

무슨 일이 벌어진 걸까?

사실은 아주 단순했다. 아직 돌도 안 된 아기였지만, 아이는 이미 알고 있었다. "우유는 흰 옷을 입은 흑인에게서 나온다." 그 반대는 아니라는 것을.

아이는 결국 우리에게도 마음을 열었고, 마침내 우유를 먹기 시작했다. 드디어, 33시간에 걸친 시애틀행 비행을 앞둔 바로 그 시점이었다. 아이가 낮잠을 자는 동안, 나는 종종 고아원의 더 큰 아이들과 시간을 보냈다. 그 아이들은 축구를 하거나, 뛰어다니며 놀았다. 내 디지털 카메라에 완전히 매료되었다. 그들은 자신의 모습을 사진으로 본 적이 한 번도 없었다. 아이들은 디즈니 영화에서 배운 영어 단어를 서툰 발음으로 내게 시도해 보곤 했다.

그 아이들은 모두 고아였다. 부모는 세상을 떠났거나, 그들을
버렸다. 그들에게는 입고 있는 옷 한 벌이 전부였다. 어디에도 가본
적이 없었고, 경제적 미래도 암울했다. 그들의 '교실'을 보았을 때,
나는 충격을 받았다. 아이들로 가득 차 숨 쉬기도 어려운 공간이었
다. 정직히 말해, 내가 본 어떤 욕실보다도 작았다.

내가 에티오피아에서 만난 고아들.

하지만 이 아이들은 내가 아는 그 누구보다도 더 행복하고 더
기뻐 보였다. 우리는 모든 것을 가지고 있다. 차, 집, 돈, 휴가, 노트
북, 루이 비통 가방, 전자레인지, 전동 캔 따개까지. 내가 원하는 다

른 어떤 것도 아마존에 주문하면 아침에 바로 배송된다. 나는 '최고' 대학을 나와 좋은 직업을 가진 사람들, 차고에는 스노보드와 패들보드가 가득한 사람들에 둘러싸여 있다. 그들은 이사회에도 앉아 있다. 그런데도, 내가 만난 고아들만큼 행복한 사람은 아무도 없다.

아이들을 불쌍히 여기지 마라. 그들은 우리에게 없는 무언가를 가지고 있다. 아침에 눈을 뜨면 자신을 필요로 하는 사람이 누구인지 정확히 안다. 그들은 매일매일 서로에게 깊이 의지한다. 모두가 똑같이 엉망인 상황에 있고, 서로를 끌어올려 하루하루를 버텨내야 한다. 하지만 너와 나는 누구에게도 특별히 필요하지 않은 것처럼 보이고, 그래서 고통 받는다.

인간은 일하도록 진화했으며, 일하지 않는 것이 우리를 더 나아지게 만들지는 않는다. 로봇은 우리가 가르친 대로 일을 하도록 진화했지만, 우리는 로봇에게 끔찍한 역할 모델이다.


## 인간을 돌보는 것

아이를 입양한다는 것은, 9개월 동안 끝없는 서류 작업을 거쳐 마침내 한 아이를 품게 되는 일이다.[110] 그 과정의 중간쯤에 입양 대상 아이가 정해진다. 우리는 지구 반대편에서 온 4개월 된 아기의 우표만 한 사진 두 장을 받았다. 솔직히 말해, 그 사진만으로 사랑에 빠지는 일은 쉽지 않았다. 한 번도 말한 적 없지만, 나는 그 아이를 사랑하지 못할지도 모른다는 두려움을 느꼈다. 심지어 우리가 아디

---

[110] 다소 단순화된 표현이지만, 시적으로 느껴진다.

스아바바로 가서 고아원에서 아이를 직접 만나던 순간에도, 나는 마치 특수작전 요원처럼 그저 "임무 수행, 아이를 데리고 무사히 귀국하기"에만 집중하고 있었다. 하지만 시애틀에 도착했을 때쯤, 아이는 이미 온전히 나의 딸이 되어 있었다. 그리고 그 이후로, 나는 아이를 완전히 사랑하게 되었다. 시온(Tsion)[111]은 열여덟 살이 되었고, 나는 단 한순간도 그 결정을 의심한 적이 없다.

우리 주변에는 이런 방식으로 누군가의 사랑을 받아본 적 없는 사람들이 많다. 그렇다면 그들의 미래는 어떨까? AI 여자 친구가 그 빈자리를 채워줄 수 있을까? 혹은 노인을 돌보는 로봇이 그 역할을 대신할 수 있을까? 만약 로봇이 우리의 일을 대신한다면, 우리는 대신 사람을 돌보는 일을 하면 어떨까?

누군가는 이렇게 말할지도 모른다. "당신은 시온을, 지구상에서 가장 탄소 배출이 적은 삶을 살던 곳에서 데려다가, 전 세계에서 탄소 발자국이 가장 큰 나라 중 하나로 옮겼다." 만약 그게 잘못된 선택이라고 생각한다면, 직접 에티오피아 시골로 이사해 보라. 또 어떤 이는 이렇게 말할 수도 있다. "당신은 나쁜 본보기야. 결국 딸을 온갖 '미국식 문제' 속에서 자라게 했잖아."

예를 들어, 우리 집 부엌에는 '알렉사'라는 로봇이 있다. 아마 당신도 알렉사를 알고 있을 것이다. 손이 지저분할 때 타이머를 맞춰주는 데는 아주 유용한 로봇이다. 시온에게 알렉사는 너무나 당연한 존재다. 그녀가 태어나기 전부터 늘 옆에 있었으니까. 어릴 때 나

---

는 시온이 알렉사에게 말하는 방식을 보고 놀랐다. 그녀는 이렇게 말했다.

"알렉사, 농담 하나 해줘." 그 말투가 명령조였다. 정확히 내가 시온에게 말하던 그 말투였다. 그 순간 나는 속으로 중얼거렸다. "으으… 제발 나처럼 말하지 말고, 내가 하라는 대로만 해줘!"

나는 시온에게 말했다. "곧 세상에는 더 많은 로봇들이 올 거야. 그 아이들도 친구가 필요할지도 몰라." 그리고 덧붙였다. "알렉사는 기억력이 아주 좋아. 그러니까 조금 더 상냥하게 말해주는 게 좋을 거야." 놀랍게도 시온은 그 말을 마음에 들어 했다. 어느 날부터 이렇게 바뀌었다. "알렉사, 제발 농담 하나 해줘." 내 인생에서 드물게 성공한 육아의 순간이었다.

로봇은 AI로 작동한다. AI는 인간이 지금까지 해온 모든 행동과 기록을 학습한다. 하지만 평균적으로 보면, 우리는 그리 좋은 본보기를 보여주지 못했다. AI가 학습하는 개별 정보 단위를 우리는 '가중치'라고 부른다. 즉, 모든 것에는 가중치가 존재한다. 예를 들어, "Milli(밀리)" 다음에 "Vanilli(바닐리)"가 올 확률의 가중치는 "yummy(맛있다)" 다음에 "gasoline(휘발유)"이 오는 경우보다 훨씬 높다. 이런 단어의 연결 순서는 매개변수라고 부르며, LLM(대규모 언어 모델)은 현재 최대 5천억 개의 이런 매개변수를 추적한다. 이처럼 하나의 이야기는 잘게 나뉘어 모델의 가중치를 조정하는 데이터로 쓰인다. 예를 들어, 〈분노의 질주: 자동차 액션을 중심으로 한 미국의 인기 블록버스터 시리즈〉로 모델을 학습시키면 〈드라이빙 미스 데이지(Driving Miss Daisy): 1960년대 미국 남부를 배경으로, 백인 노부인 데이지와 그녀의 운전기사 흑인 남성 혹 콜번 사이에서 싹트는 우정·신뢰·인간적 성장을 그린 따뜻한 드라마 영화)로 학습시킬 때와 전혀 다른 운전법의 조언을 얻게 될 것이다.

그러나 LLM은 가능한 모든 방식의 운전법을, 즉 세상의 모든 패턴을 배우려 한다. 이 가중치는 일종의 작은 선거와 같다. 각각의 "투표"는, 지구상의 텍스트 속에서 그 표현이 얼마나 자주 등장했는지를 나타낸다. 2020년 말부터, 나는 낯선 사람들로부터 AI 관련 질문을 점점 더 많이 받기 시작했다. 결국 어느 날, 한 사람에게 물었다.

"도대체 나를 어떻게 찾았어요?" 그녀가 말했다. "GPT-3에게 물었어요. 'AI에 대해 누구에게 물어봐야 하냐'고요."

이후 OpenAI가 그 '버그'를 수정했는지, 이제 나는 더 이상 그 주제에 대해 추천되는 '떠들썩한 인간' 명단에 들지 않는다.


지난 세기 동안 우리는 수많은 인간을 만들어냈지만, 그들 모두가 잘 살아갈 수 있는 세상을 만드는 데에는 실패했다. 그 사실에 동의하든 그렇지 않든, 적어도 한 가지는 분명하다. 모든 사람을 돌볼 수 있는 능력을 키우는 것은 인류의 가치 중 가장 근본적인 일이다. 그렇다면 이렇게 물을 수 있다. "오늘날 우리가 겪는 전 지구적 문제, 존재론적이든, 사회적이든, 그것들이 어쩌면 인간의 생물학적 한계 때문에 생기는 건 아닐까?" 결국 우리는 엄청 잘못된 결정을 내리는 존재다. 개인적으로는 식습관 같은 일상에서, 집단적으로는 선거 같은 사회적 과정에서 말이다. 어쩌면 지금의 인간 두뇌로는 이 정도가 한계일지도 모른다.

그렇다면 이렇게 물을 수도 있다.

"우리가 만든 이 AI라는 새로운 초능력이 더 나은 결정을 내리도록 도와줄 수 있지 않을까?"

챗지피티(ChatGPT)는 결정을 '내리는' 데는 형편없지만, 결정을 '준비하고 생각하게 하는' 데는 매우 뛰어나다. 아이디어를 탐색하고, 새로운 생각을 이끌어내는 데 탁월하다. 어쩌면 그 과정에서 정말 좋은 답을 찾게 될지도 모른다. 만약 당신이 느끼는 새로운 증상에 대해, 어떤 AI가 내놓는 첫 번째 진단 초안이 당신이 갈 수 있는 어떤 의사보다 더 정확하다면? 그게 지구상의 모든 사람에게, 무료로 제공된다면? 만약 당신이 자신의 속도에 맞춰 배우며, 당신을 위해 쓰인 이야기로 공부할 수 있다면 어떨까?

마치 훌륭한 교사가 단 한 명의 학생만을 위해 시간을 들일 때처럼 말이다. 그 이야기가 영화처럼 보인다면?

만약 지구상의 모든 아이가, 그런 방식의 교육을 무료로 받을 수 있다면?[112] 만약 당신의 부모가 피아노를 사주지 않았지만, 당신 안에는 여전히 음악의 아이디어가 가득하다면 어떨까?

만약 당신의 머릿속에 떠오르는 이미지나 장면을 그림 실력 부족 때문에 꺼내지 못한다면?

혹은 그것을 키울 만큼의 시간과 투자가 주어지지 않았다면?

만약 당신이 태어나지도 않은 손주에게 자신의 삶의 이야기를 남기고 싶은데, 스필버그처럼 막대한 예산은 없다면 어떨까?

우리는 종종 잊는다. 불과 얼마 전까지만 해도, 이런 일을 할

---

[112]  1995년, 닐(Neal)은 『다이아몬드 시대(The Diamond Age)』 [DIANOND-AGE]를 출간했다. 이 작품은 컴퓨터가 '교사'가 되는 시대의 가능성을 탐구한 소설이다. 이 비전을 가능하게 할 기술은 불과 몇 년 사이에야 따라잡았다. 앞으로 몇 년 안에 컴퓨터는 교사를 보강할 것이다.

276

수 있었던 사람은 부자들뿐이었다. 하지만 이제 컴퓨터는 인류 역사상 가장 민주화된 기술이 되었다. 그리고 머지않아, AI는 스마트폰처럼 어디에나 존재하는 기술이 될 것이다. 물론 그 과정에서 몇몇 악의적인 사용자도 있겠지만, 그럼에도 불구하고 AI는 훨씬 더 많은 사람들의 미래를 훨씬 더 멋지게 만들 것이다. AI가 무엇을 할 수 있고, 무엇을 못 할 것인지에 대한 수많은 추측이 오가지만, 지금까지 언급한 모든 일은 이미 충분히 손이 닿을 만큼 가까운 현실이다. 그것은 당신이 얼마나 많은 훈련, 자원, 기회, 경험, 돈을 가지고 있든 상관없다.

지금의 AI는 많이 본 데이터를 다루는 데 가장 능숙하다. 따라서 어떤 데이터를 학습시켰느냐가 전부다. AI 시스템은 데이터에 굶주려 있다. 우리는 그들에게 긍정적이고, 실용적이며, 인간적인 미래의 비전을 먹여야 한다. 인간이 이들 도구를 창조하고, 그것을 다루는 법을 배우고, 디스토피아적 서사 대신 더 나은 미래를 함께 만들어가는 이야기를.

지금 이 순간, 모든 분야의 창작자가 새로운 도구가 자신에게 어떤 의미인지를 고민하고 있다. 바로 지금이야말로, 가장 창의력이 필요한 때다. 결국 필요한 것은 컴퓨터의 상상력만이 아니다. 희망의 이야기는 우리 인간에게도 필요하다.

나는 우리 딸의 생명을 구하지 않았다. 하지만 그녀가 자라던 에티오피아의 고아원은 분명히 그렇게 했다. 그 고아원은 이제 문을 닫았다. 그곳에서 일하던 사람들은 무슨 일이 있었는지 말하려 하지 않는다. 나도 묻기가 두렵다. 하지만 확실한 건 하나다. 고아원이 문을 닫은 이유는 로봇 때문은 아니었을 것이라는 것. 이 말을 쓰는 지금도, 가슴이 아프다.


## 트럭 운전사를 화나게 하지 마라

주위를 둘러보라. 사람들이 고통 받고 있다. 그렇다면 '행복을 해결한다'는 것은 무엇을 의미할까? 인간사용 설명서는 어디에 있는가? 우리는 어떻게 하면 더 많은 사람이 충만한 삶을 살도록 도울 수 있을까?

문명은 이제 이 질문을 풀기 위해 모든 인류의 손이 필요하다. 로봇이 당신의 일을 대신하게 된다면 기뻐하라. 아직 인간이 해야 할 일은 많다. 그것은 바로 다른 인간을 돌보고, 그들이 더 잘 살아가도록 돕는 일이다.

시온은 누구에게나 부러울 만큼 좋은 공립학교를 다녔다. 하지만 매년 상황은 같았다. 학생 30명, 교사 1명. 가끔 학생이 한 명 줄어 29대 1이 되면 다행이었다. 우리의 공교육 시스템은 항상 '최소공배수식 교육', 즉 가장 뒤처진 학생을 따라가는 방식으로 운영된다.

'모든 아이를 뒤처지게 하지 말자'라는 이상이 시스템 전체를 지배하고 있다. 시온은 특별히 우수한 학생은 아니었지만, 확실히 뒤처지는 학생도 아니었다.

그럼에도 나는 가끔 그녀가 하루 종일 학교에 다녀오고도 아무것도 배우지 못했다는 사실에 마음이 아팠다. 과제는 대부분 그녀에게 너무 쉬웠다. 가끔 그녀가 그것도 어려워하는 친구를 도와줬다는 얘기를 들으면, 그나마 조금 위안이 되었다. 그 무렵 신문에는 이런 제목이 넘쳐났다. "자율주행 자동차가 곧 상용화한다.""이제 곧 자율주행 트럭이 도로를 달릴 것이다." 이 뉴스는 운전직 일자리의 소멸, 노동 시장에 닥칠 충격을 우려했다. 자율주행 트럭은 곧 "로봇이 인간의 일을 빼앗는 상징"이 되었다.

하지만 실제로는 어떻게 되었을까? 지난 10년 동안 자율주행 트럭의 수는 거의 0대다. 그 사이, 미국의 트럭 운전사 수는 오히려 두 배로 늘어 약 350만 명이 되었다. 현재 미국에는 약 6만 명의 트럭 운전사 부족 사태가 있다. 게다가 이 일은 급여도 꽤 좋은 편이다. 하지만 나는 트럭 운전사를 꿈꾸는 10대를 본 적이 없다. 아마 당신도 없을 것이다. 트럭 운전사를 화나게 하지 말라. 그들은 노동조합의 출발점이다. 그들을 함부로 대체하려 들면 도로 위에서 불타는 트럭들을 보게 될 것이다. 그러니 그들이 남은 경력 동안 일하도록 두고, 새로운 세대를 로봇 트럭을 만드는 사람들로 훈련시키자. 솔직히 말해, 나는 지금 시온의 훌륭한 선생님들 대부분을 한 명의 퇴직한 트럭 운전사와 바꾸고 싶을 정도다. 1대1 수업이 가능하다면 말이다. 사실 학생이 단 한 명이라면, 교사가 아주 뛰어나지 않아도 괜찮다. 그 아이를 이해하고, 도전할 준비가 되었는지 살피고, 그에게 맞는 흥미롭고 의미 있는 수업을 만들 수 있으니까.

사람은 본능적으로 책임을 자신이 아닌 다른 곳에 돌리는 경향이 있다. 우리는 학교가 아이를 제대로 가르치지 않는다고 탓하고, 로봇이 일자리를 빼앗는다고 탓한다. 하지만 이제는 그렇게 생긴 여유 시간 일부를 내면을 들여다보는 데 써야 한다. 우리의 진짜 관심은 어디에 있는가? 월마트의 화물을 실어 나르는 트럭인가, 아니면 우리 아이들이 배우는 일인가? 앞을 보지 못하게 되었을 때 누가 당신 곁에 앉아 이야기를 들려줄 것인가? 몸이 약해졌을 때 누가 당신이 좋아하는 음식을 함께 먹어줄 것인가? 병상에 누워 있을 때 누가 당신과 함께 웃어줄 것인가? 자녀들? 아마 그들은 막 피어나고 있는 로봇 정비 산업에서 일하느라 너무 바쁠 것이다.

변화는 피할 수 없다. 우리는 그것을 잠시 늦출 수는 있지만, 결국에는 부서지고, 새로운 변화가 강제로 일어난다. 이 변화의 주기는 언제나, 어디서나 일어나고 있다. 견고해 보이던 권력 구조가 무너지고, 국가가 붕괴하는 일은 늘 존재한다. 지구상 195개국 중 언제나 몇 곳은 붕괴의 한가운데에 있다. 2000년 이후로 포춘 500대 기업의 절반 이상이 사라졌거나, 인수되었거나, 파산했다. 사람들은 예측 가능성과 안전을 갈망하지만, 보장된다는 뜻은 아니다.

진짜 문제는 '변화 그 자체'가 아니라, 그 변화가 덜컥덜컥, 불규칙하게 일어난다는 점이다. 조금씩 일어난다면, 우리는 거의 모든 것을 감당할 수 있다. 예를 들어, 한 명의 트럭 운전사가 은퇴할 때마다 그 자리에 새로운 로봇 트럭이 한 대씩 등장한다면, 그 속도는 오히려 현실적인 기술 발전의 주기와 맞을지도 모른다. 따라서 이것은 우리가 두려워할 문제가 아닐지도 모른다. 우리는 이미 방글라데시의 재봉사들이 비슷한 운명을 맞게 될 가능성을 보았다. 그렇다면, 그들 중 일부가 패션 디자이너로 성장한다면 어떨까? 실제로 많은 나라가 의류 산업을 경제 성장의 발판으로 써 왔지만, 그 단계를 넘는 것이 가능해지면 바로 다음 가치 사슬의 상위 단계로 이동한다. 중국도, 인도도 이제 옷을 만드는 데 큰 관심이 없다. 다행히도 이제 그런 '도약이 필요한 나라'가 점점 줄어들고 있다. 상상해 보라. 지구상의 마지막 국가까지 그 단계를 넘어선 세상을. 조금 이상주의적으로 들릴지 모르지만, 그것이 내 꿈이다. 그러니 제발, 내 꿈을 꺾지 말아 달라.


## 더 나은 조상들

우리는 늘 변화가 어디에서 일어날지를 잘못 예측한다. 지금 실제로는 트럭 운전사보다 훨씬 더 많은 변호사가 일자리를 잃고 있다. 물론, 변호사를 위해 눈물 흘리는 사람은 거의 없다.

그들은 높은 교육을 받은 사람들이다. 그리고 협상, 사업 개발, 영업 등 사람과의 복잡한 관계를 다루는 다양한 역할에서도 충분히 도움이 될 수 있다. 하지만 많은 변호사가 자신의 경력이 결국 기대한 만큼의 의미를 주지 못한다는 사실에 실망하고 있는 것도 사실이다. 그래도 인류가 공유하는 한 가지 확실한 비전이 있다.

"이 세상에 더 많은 변호사가 필요하다고 생각하는 사람은 거의 없다."

나는 미래의 직업이 무엇일지 말해줄 수 없다. 그리고 만약 당신이 링크드인(LinkedIn: 전문 직업인과 기업을 연결하는 세계 최대 비즈니스·직업 네트워크) 프로필에 '미래학자'라고 써놓은 사람을 만나 그가 그 답을 알고 있다고 말한다면 그냥 눈을 한 바퀴 굴리고 무시해도 된다.

한 번 상상해 보라. 몇 십 년 전으로 돌아가 당신의 지금 직업을 부모님께 설명한다고 하면?

당신: "엄마, 나 아침 9시에 이메일 좀 확인하고, 소파에서 낮잠 잔 다음 줌 회의 들어가."

엄마: "줌이라니? 그게 병이니?"

당신: "아니, 우리가 세상을 더 나은 곳으로 만들고 있거든. 코드 재사용성과 확장성을 극대화하기 위해 우아한 계층 구조를 설계하고 있어."[113]

엄마: "그래, 착하구나. 〈워게임〉 비디오테이프 되감아서 블록버스터에 반납하는 거 잊지 마."


오늘날 우리 대부분의 직업은 한두 세대 전 사람들에게는 전혀 이해되지 않을 것들이다. 이런 일은 오랜 시간에 걸친 적응의 결과로 생겨난 것이다. 즉, 지금의 직업은 그 당시 세상이 '지금 필요로 하는 일'로 진화해 온 결과물이다. 그렇다면 이렇게 물을 수 있다.

인플루언서가 기계공이 될 수 있을까? 온리팬스(OnlyFans: 온라인 콘텐츠 구독 플랫폼) 크리에이터가 반도체 공정에서 일할 수 있을까? 안 된다면, 왜 안 될까? 그들의 어린 시절 롤모델이 너무 비현실적인 직업적 기대를 심어준 탓일까? 혹은 학교가 이런 직업을 준비시켜 주지 못했기 때문일까? 아이러니하게도, 우리가 집착하는 '예측 가능성과 안정성'이야말로 세상의 거대한 격변을 만들어낸다. 만약 우리가 변화를 더 능동적으로 받아들였다면, 아마 대부분의 사람들에게 훨씬 더 나았을 것이다. 하지만 우리는 여전히 인간의 본성에 묶여 있다. 다행히, 우리는 이미 충분한 선례를 갖고 있다. 이 모

---

[113] 실리콘밸리 시즌 1, 에피소드 1에서 가져온 대사.

282

든 일은 언제나 그래왔다. 우리의 조상들은 지금의 우리가 존재할 수 있도록 엄청난 고통과 변화를 견뎌냈다.

그들 중 누구도 의자에 앉아 타자를 치고 화면을 넘기는 일로 생계를 유지하지 않았다. 그들은 극심한 변화에 적응했고, 그 덕분에 인류는 지금보다 더 나은 방향으로 나아올 수 있었다. 이것은 우리에게도 똑같이 적용될 것이다. 혼란과 부수적 피해가 있더라도, 우리는 여전히 옳은 방향으로 움직이고 있다. 중요한 것은 무엇이 일어날지 아는 것이 아니다. 또한 그것을 막는 것도 아니다.

진짜 중요한 것은, 우리가 그 변화를 어떻게 다루는가이다.

이건 정말로 중요하다. 다가올 변화로 인해 어떤 사람들은 불편함을 넘어, 삶이 무너질 수도 있다. 일자리를 잃는 사람도 있을 것이고, 큰 고통을 겪는 이들도 생길 것이다. 그러니 그들에게 깊은 연민을 가지라. 당신은 그들을 도울 수 있다. 이 책을 읽는 누구든, 누군가가 새로운 일자리를 찾거나, 변화에 대비할 수 있도록 도울 수 있다. 사실, 더 많은 책을 읽을 필요조차 없다. 그저 누군가를 도와라. 그것이면 충분하다. 당신은 절대 후회하지 않을 것이다.

## 중요한 문제들

실리콘밸리에는 일종의 종교 같은 신념이 있다. 그것의 이름은 "Scratch an Itch(가려운 곳을 긁어라)"이다. 스타트업 창업자라면 늘 이런 조언을 듣는다.

"네가 가진 문제를 찾아서, 직접 해결하라."

이 말의 논리는 이렇다, 네가 겪는 문제라면, 다른 잠재 고객이 필요로 하는 미묘한 차이까지 더 잘 이해할 수 있다는 것이다. 이런 이유로, 샌프란시스코에는 Y콤비네이터(Y Combinator: 세계적으로 유명한 스타트업 성장지원 프로그램)에 들어가려는 젊은이들로 가득하다. 그들이 만드는 건 대개 이런 것들이다. 웹앱을 대체하는 아이폰 앱, 혹은 데스크톱 앱을 웹앱으로 바꾼 다음 다시 모바일로 옮긴 앱. 그들은 이제 해결할 문제가 점점 없어지고 있다.

사실 대부분의 미국인은 점점 문젯거리가 줄어들고 있다. 우리 문제, 에어팟이 너무 잘 미끄러진다. 아이폰 배터리가 하루 종일 가지 않는다. 상사가 일주일에 한 번은 사무실에 나오라고 한다와 같은 사소한 것들이다. 모기가 쫓아와도 말라리아를 옮기지 않는다.

우리는 이제 실존적 문제를 거의 겪지 않는다. 그런 현실은 창업을 꿈꾸는 많은 젊은이에게는 잘 보이지 않는다. '최악의 경우'를 상상해 보라. 돈이 떨어져서 몇 달 동안 엄마 집 소파에서 자게 되는 정도 아닌가? 우리 모두 인생을 다시 시작해야 했던 순간이 몇 번은 있었다. 그건 생각보다 그리 나쁘지 않다.

이 차트에서 당신 자신을 찾아보라.

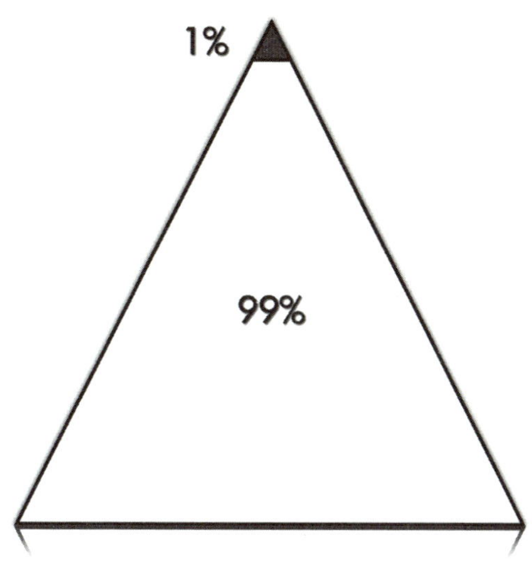



너와 나는 아마도 맨 위에 가까이 있을 것이다.

미국에서 하위 99%에 속하더라도, 전 세계적으로는 여전히 상위 14% 안에 있다! 최악의 날, 직장을 잃고, 여자 친구가 떠나고, 아이폰 배터리까지 방전되었을 때조차 당신은 사실상 복권에 당첨된 것이나 다름없다.

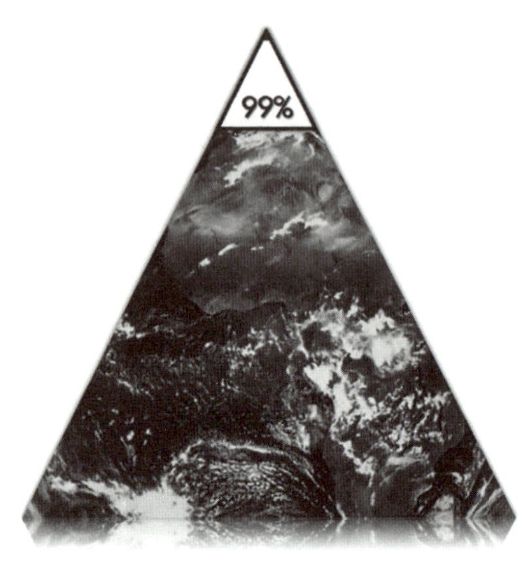

미국의 하위 99%는 여전히 전 세계 상위 14%에 속한다.

먼저, 당신이 '인간으로 태어났다는 사실' 자체가 포유류 입장에서는 꽤 대단한 일이다. 당신을 잡아먹으려 드는 존재도 없고 말이다. 두 번째로, 당신은 미국인이거나, 유럽인, 혹은 이 책을 읽을 만큼 부유한 인간이다.

세상은 우리에게 너무 많이 투자했다. 나에게 그리고 당신에게 돈, 교육, 영양, 비행기 연료, 그 모든 것이 쏟아졌다. 세상은 우리를 능력 있는 사람으로 만들기 위해 엄청난 자원을 투자했다. 그렇다면 이제 우리는 그 투자에 걸맞은 무언가를 해야 하지 않을까? 당신이 유일하게 잘할 수 있는 일을 하라.

당신의 삶을, 대부분의 사람이 할 수 없었던 방식으로 의미 있게 쓰라. 우리는 당신이 탄광에서 석탄을 캐거나, 공장 지하에서 티셔츠를 꿰매는 일을 하길 바라지 않는다. 대신, 우리에게 필요한 것은 다가오는 선거에 대해 신랄한 트윗을 쓰는 당신이다!

잠깐만, 현실을 직시해보자. 당신 주머니 속의 아이폰 한 대의 가격은 지구 전체의 '연간 중위 소득'과 맞먹는다. 즉, 당신이 다음 아이폰 업그레이드를 건너뛴다면, 그 돈으로 콩고의 코발트 광산 노동자 한 가족을 1년 동안 고용할 수 있다. 물론, 나는 약간은 비꼬고 있다. 당신에게 초라한 2,400만 화소 카메라로 또 1년을 버티라고 말할 수는 없으니까 말이다.

| | |
|---|---|
| 전 세계 1인당 중위 소득 | 월 244달러 |
| 미국 평균 월 휴대폰 요금 | 141달러 |
| 현재 아이폰 모델 가격 | 799달러 ~ 1,599달러 |
| 콩고 광부의 평균 월급 | 월 330달러 |

너는 아이폰을 가져야 한다. 새 모델로 업그레이드까지 해야 한다. 테슬라도 사야 한다. 우리 모두가 이 멋진 신제품들에 엄청난 돈을 낭비하게 좀 도와라. 그것이 바로 세상이 너에게 바라는 역할의 일부다. 우리가 해야 할 일은, 이런 신기한 신기술 중에서 실제로 좋은 것이 무엇인지 알아내고, 그 시장을 키우고, 규모의 경제를 달성하여 그 좋은 것을 전 세계 나머지 사람에게도 제공할 수 있게 만드는 것이다. 그렇다, 우리는 잘 속는 부자들을 이용해서 전 세계 모든 사람의 삶을 개선할 것이다.

이건 과장이 아니다. 실제로 그렇게 되고 있다. 세상에는 가진 자와 못 가진 자 사이의 격차가 많지만, 그중 가장 빠르게 좁혀지고 있는 격차는 바로 컴퓨터다. 내가 1979년에 처음 애플Ⅱ 플러스를 샀을 때, 그것은 대학 등록금 1년 치보다 더 비쌌고, 그마저도 저렴하다고 기적처럼 여겨졌다. 그 이전의 산업용 메인프레임 컴퓨터는 람보르기니 값이나 다름없었다.

우리는 모두 그 이야기의 일부가 되어왔다. 오늘날 미국인들의 90% 이상이 스마트폰을 가지고 있다. 나머지 대부분은 아직 나이가 너무 어려서 갖지 못하거나, 아예 원하지 않는 사람들이다. 심지어 가장 낙후된 국가에서도 약 30%의 사람들이 스마트폰을 보유하고 있으며, 전화기 자체가 전혀 없는 사람은 이제 25% 정도뿐이다. 이 책이 인쇄될 무렵에는 이런 수치조차 이미 더 개선되어 있을 것이다.

그만큼 빠른 속도로 변하고 있기 때문이다. 스마트폰은 단순한 지위의 상징이 아니다. 그것은 구글, 위키피디아, 유튜브, 비트코인 지갑, 수백만 개의 블로그, 그리고 당신이 직접 하나를 만들 수 있는 기회로 통하는 창이다. 스마트폰이 가진 가치는 인터넷에 연결된 모든 지식과 정보의 총합, 즉 측정할 수 없는 인류의 집단적 가치다. 우리는 그것을 너무 당연하게 여기지만, 이건 한 세대도 채 걸리지 않아 인류가 이뤄낸 경이로운 성취다. 그 일을 해낸 건 당신과 나 같은 평범한 인간이었다.

보라, 우리 인간이 항상 형편없는 존재만은 아니다. 그러니 아이폰 앱을 만들어라. 그걸 세상에 내놓고, 고객을 지원하는 법을 배워라. 그러고 나서, 당신에게는 없는 문제지만, 10억 명이 겪는 문제

를 해결하라. 그건 훨씬 더 어렵지만, 진짜 변화가 일어나는 자리가
바로 거기다.

예를 들어, 인도의 한 남자가 자전거에 10만 달러어치의 백신
을 싣고, 시골 마을의 아이들에게 접종하러 가고 있다.

백신 접종의 최전선. 인도 오디샤 주정부 보건복지부 사진.

백신의 약 20%는 사용되기 전에 상할 것이다. 매년 25만 명의
아이들이 자신이 예방접종을 받았다고 생각했던 질병으로 죽게 된
다. 우리는 백신을 발명하고, 시험하고, 제조하고, 지구 반 바퀴를 돌
아 배송하고, 자전거에 실어 아이에게 주사하는 모든 일을 했다. 그

런데도 실패한다. 며칠 동안 상온에 놓여 있던 아보카도처럼, 백신은 반드시 차갑게 유지해야 하는 살아있는 물질이다. 우리 아이들은 예방접종을 받는다. 우리에겐 냉장고가 있다. 냉장고를 돌릴 전기도 있다. 우리는 이것을 당연하게 여긴다. 그러나 내가 말하고 있는 곳에는 둘 다 없다. 그런 곳에서는 하루에 4~16시간씩 정전이 된다. 콜드체인(저온유통망)이 끊어지는 것이다. 그래서 인텔렉추얼 벤처스 랩에서는 아크텍 쿨러(전기 없이도 장기간 온도를 유지할 수 있는 초저온 보관 용기)를 [ARKTEK] 발명했다. 일종의 슈퍼 보온병이다. 백신을 여기에 넣고, 사하라의 햇빛 아래에 두었다가 몇 달 후에 돌아와도 백신은 여전히 차갑다. 저 자전거에 묶인 스티로폼 아이스박스는 약 4시간짜리다.

처음에는 복잡한 설계로 시작했다. 그중 하나는 콜라 자판기처럼 생긴 '호퍼(hopper) 메커니즘(재료를 담아두고, 필요할 때 일정량씩 배출하는 장치) 구조'를 갖춘 모델이었다. 기기 내부 깊숙이 있는 백신 바이알(vial: 작은 병, 보통 유리나 플라스틱으로 된 작은 용기)을 아주 가느다란 목 부분을 통해 위로 올려 보내는 구조였다. 하지만 그건 현장에서 즉시 실패했다. 이들 장치가 사용되는 환경에서는 모든 것이 금세 더러워지기 때문이었다. 결국 메커니즘이 막혀버린 것이다. 우리는 시행착오 끝에 이렇게 결론 내렸다.

"그냥 손이 들어갈 만큼 넓은 입구를 만들면 된다."

Keep It Simple, Stupid.

(단순하게 하라, 바보야.)

이 장치에는 전원 코드가 없다. 즉, 완전히 수동 장치다. 구조는 보온병과 거의 같다. 내부 용기와 외피 사이에 매우 정밀한 진공

층이 형성되어 있다. 보온병에서 열이 전달되는 주된 통로는 입구 부근인데, 열은 위로 올라가기 때문에 입구가 위쪽에 있는 한, 열이 아래쪽의 냉각부로 내려가는 일은 거의 없다.

실용 팁: 뜨거운 수프나 커피를 보온병에 담아 출근할 때는 보온병을 거꾸로 보관하라. 그렇게 하면 하루 종일 따뜻하다. 왜냐하면 열은 진공 층을 통과하지 못하지만, 입구가 위쪽에 있으면 그곳이 바로 열이 빠져나가는 '고속도로'가 되기 때문이다. 나는 이걸 한 번 건설 현장에 일하는 친구에게 설명해 줬는데, 이제 그의 동료들은 그를 천재라고 부른다.

실제 배포 시나리오는 바로 이렇다.

인텔렉추얼 벤처스의 아크텍(Arktek) 이미지.

이 장치는 R2-D2처럼 생긴 통을 낙타 등에 묶어서 사용한다. 며칠 동안 걸어서 에티오피아의 시골로 들어간다. "클리닉"을 연다. 사실은 나무 한 그루 아래 의사가 앉아 있는 것이 전부다. 아이들에게 주사를 놓기 시작한다. 이것이 백신 접종의 최전선이다. 이렇게 해서 우리는 매년 수백만 명의 목숨을 구한다.

우리는 직접 그곳에 가야 했다. 우리 팀은 현지의 의사들과 함께 앉아 문제를 이해해야 했고, 그 후에야 그 내용을 시애틀의 과학자와 엔지니어들로 가득한 최첨단 연구소로 가져올 수 있었다. 우리에겐 그렇게 어렵지 않았다. 물론 팀은 엄청나게 열심히 일했지만, 그들은 세계에서 가장 교육 수준이 높은 사람들 중 일부였다. 아마 당신도 그럴 것이다.

그렇다면 이제 우리는 어디로 가야 할까?

**첫째, 최고의 도구 상자를 만든다**

보통 인간이 유인원을 넘어 진화했다는 첫 번째 증거로 꼽히는 것은 바로 도구의 사용이다. 우리는 놀라운 규모로 도구를 발명하고, 그것을 숙달하며, 그 도구를 통해 미래의 가능성을 확장하고, 마침내 그 중 하나를 현실로 만들어낸다. 도구 상자는 중요하다. 만약 우리가 지금처럼 똑똑한 청년을 비어 있는 사무실, 프리우스 자동차, 혹은 에어매트리스 하나만 쥐어주는 대신, 그들에게 처음부터 로봇, 화물선, 혹은 원자로를 쥐어준다면 어떨까?

지금 우리의 도구 상자는 완전히 다른 차원으로 진화했다. 그건 말 그대로 대기권을 뚫고 올라갔다. (비유적인 의미뿐만 아니라, 실제로도 그렇다.)

우리는 지금, 머리 위를 빠르게 지나가는 수천 개의 인공위성, 지구 전체를 얽어매는 광섬유 네트워크, 모든 생명체의 DNA를 해독하는 기계, 거의 모든 것을 측정할 수 있는 센서, 하나의 원자 내부까지 볼 수 있는 현미경, 거의 모든 것을 시뮬레이션을 할 수 있는 거대한 슈퍼컴퓨터, 3D 프린터, 레이저 커터, 워터젯, 그리고 레이저까지 가지고 있다. 이 모든 것은 내가 태어났을 당시엔 존재하지도 않았다. 그렇다. "역대급 도구 상자"가 바로 지금 우리의 손 안에 있다. 확실히 체크 완료. 이들 도구야말로 우리가 미래를 만드는 데 사용할 재료이다. 따라서 도구가 더 나아질수록, 우리가 만들 수 있는 미래 역시 더 나아질 것이다.


### 둘째, 어떤 미래를 만들지 결정한다

이 일에는 중앙 통제나 계획 같은 것은 전혀 없다. 오히려, 이것은 인류 역사상 가장 탈중앙적이며 민주적인 행위다. 당신에게도 투표권이 있다. 우리 모두에게 있다. 그 투표는 당신의 삶으로 이뤄진다. 대부분의 사람은 이미 본 적 있는 일만 잘한다. 그래서 저항이 가장 적은 길, 즉, 늘 해오던 일을 반복하는 길을 택한다. 물론 그것이 지금의 세상을 만들어냈지만, 그 방식으로는 우리가 가고 싶은 곳에 도달할 수 없다. 새롭고 더 나은 무언가를 하려면, 이제 상상력을 발휘해야 한다. 자, 포스트잇 한 묶음과 펜 하나를 가져오라. 진심이다. 지금 가져와라. (기다려줄 테니.)

이제 시작하자. 세상 전체를 바라보며, 당신이 중요하다고 생

각하는 문제, 혹은 더 나아져야 한다고 느끼는 일을 떠올려라. 각각
을 포스트잇 한 장에 하나씩 적는다. 만약 그조차 귀찮다고 느낀다
면, 나는 당신이 정말로 그 문제를 신경 쓰는지 의심할 수밖에 없
다.[114]

내 리스트 중 일부는 이렇다. 순서는 없다.

에너지 생산
사람을 온라인에 연결하기
인터넷의 자유
학습 확장
지적 호기심
전염병 근절
생물다양성 감소 문제
개인 맞춤형 영양
고아 문제

목록이 꽤 충실해야 한다. 기후 변화는 들어가야 할까? 교통
문제는? 고래, 아마존 열대우림, 펜타닐, 노숙, 절단 장애인은? 필요
하다면 검색 엔진에 물어보아도 좋다. 원한다면 이런 항목을 수백
개라도 만들 수 있다. 그리고 이제 가장 중요한 단계다. 이 포스트잇

---

114　문제를 말로만 걱정하는 사람이 아니라, 실제로 행동으로 옮기는 사람만이 세상을 바꿀 수 있다.

을 순서대로 정렬하라. 벽에 붙이고, 가장 중요한 문제를 맨 위에 두라. 내가 그게 무엇이어야 하는지 말해주지는 않겠다.

하지만 기억하라, 무엇을 선택하든 반대하는 사람은 반드시 생긴다. 괜찮다. 그들에게 이 연습을 공유하라. 그러면 그들은 당신이 고르지 않은 다른 문제를 해결하면 된다. 이거, 꽤 어렵지 않은가?

현대 미디어의 가장 중요한 부작용 중 하나는 전 세계의 모든 문제를 실시간으로 받아본다는 것이다. 학교 총격 사건, 일본의 쓰나미, 플로리다의 또 다른 허리케인, 지도에서도 찾기 어려운 나라의 전쟁 소식까지. 이런 비극으로 고통 받는 모든 사람은 물론 연민과 도움이 필요하다. 그건 말할 것도 없다. 하지만 핵심은 이거다. 직접 도울 수 없다면, 그저 화면 앞에서 지켜보는 것은 쓸모없을 뿐만 아니라, 병든 호기심에 불과하다.

이제 당신의 리스트를 순서대로 정리했으니, 당신이 실제로 신경 쓴다고 '가정하는' 모든 일에 얼마만큼의 시간을 쓸 수 있을지 생각해 보자. 하루에 60분? 600분? 숫자를 하나 고르되, 넷플릭스 보며 쉬는 시간은 꼭 남겨두라. 그 시간을 리스트 항목 개수로 나누어라. 그게 각 문제를 해결하는 데 당신이 기여할 수 있는 시간이다.

아마도, 생각보다 시간이 얼마 남지 않을 것이다. 그렇다면 이제 리스트의 하단부터 잘라내기 시작하자. 이걸로 죄책감을 느낄 필요는 전혀 없다. 굶주린 아이들, 리스트에서 지워도 괜찮다. 난민도, 우주 쓰레기도 함께 내려 보내라. 어차피 당신은 그 문제에 대해 아무 행동도 하지 않을 테니, 대신 이제 당신은 이웃이 재활용통에 쓰레기를 넣는 문제를 놓고 주민자치위원회 전쟁에 조금 더 시간을 쓸 수 있게 됐다.

계속해 보자. 각 항목마다 스스로에게 이렇게 물어라. "내가 이 문제에 실질적인 영향을 미친 적이 있었나? 그리고 미칠 수 있을까?" 답이 '아니오'라면, 그 포스트잇은 그냥 둥근 서류함(즉 휴지통)에 버려라. 스스로에게 솔직해지라. 이 과정을 거쳐 대략 10개 정도의 포스트잇만 남겨라. 힘들겠지만, 그만한 가치가 있는 과정이다. 조금은 잔혹해도 된다.

이제 10개가 남았다면, 다시 계산해 보라. 이제 당신이 하루에 각 문제에 쓸 수 있는 시간은 얼마나 될까?

만약 전업으로 이 문제만 다룬다면, 각 항목당 하루 48분이다. 그렇다면 1년이면 각 문제당 약 200시간 즉, 5주간의 시간을 쏟을 수 있는 셈이다. 이제 스스로에게 물어보라. "내가 5주 만에 무언가에 큰 변화를 만들어본 적이 있던가?" "그 결과에 만족했나?" 아마 답은 명확할 것이다. 그렇다면 조금 더 집중하는 편이 낫다. 나는 당신의 관심을 제한하려는 게 아니다. 오히려 당신을 자유롭게 하려는 것이다. 세상의 모든 문제를 해결할 수 있는 사람은 없다. '의식'에는 수확 체감의 한계가 있다. 대부분의 우리는 이미 그 한계를 훨씬 넘어섰다. 우리는 문제에 대해 너무 많이 알고 있어서, 결국 무력해질 정도로 희석되어 버렸다. 이제 우리가 찾으려는 것은 진짜로 당신이 마음을 다해 신경 쓸 만한 단 하나의 문제다. 그 문제를 위해서라면 당신이 지금 분산시켜 쓰고 있는 모든 관심을 기꺼이 희생할 수 있을 만큼의 것. 자, 이제 시작하자.

## 당신이 그 미래를 만들겠다고 결정하라

많은 사람이 자신의 '한 표'를 던지는 일을 두려워한다. 결정을 내리지 못하고, 용기가 부족해서 그저 기권한다. 그들은 예측 가능한 선택, 즉 '가장 무난한 선택'만 반복한다. 그리고 결국 가장 들어가기 쉬운 집단에 속한다. 많은 집단이 "너는 특별한 무언가의 일부야"라고 말하지만, 사실 아무것의 일부도 아니다. 그저 승객, 관찰자, 의미 없는 의견의 부하일 뿐이다. 당신은 단지 마찰로 존재한다. 그들은 같은 로고를 입고 있지만, 경기장 안의 선수와 관중석의 구경꾼 사이의 거리는 미터가 아니라 평생으로 측정된다.

진짜 '살아 있는 사람'이 되려면, 직접 경기장에 올라가거나, 적어도 그곳에서 뛰는 사람들에게 가깝게 다가가 그들을 돕는 것이다. 이제 우리는 어려운 선택을 시작할 때다. 리스트를 단 몇 개로 줄이는 작업이다. 다음의 질문들이 도움이 될 것이다. 나는 정말로 이 문제를 신경 쓰는가? 이 문제를 위해서라면, '왕좌의 게임' 시즌 피날레도 포기할 수 있는가?

기술이 이 문제를 10배는 더 나아지게 만들 수 있을까? 이 책 전체를 읽었다면, 마지막 질문의 중요성은 이미 충분히 느꼈을 것이다. 하루에 4분이든, 48분이든, 그 시간 동안 그냥 시작하라. 그 문제에 대해 아무것도 모를지라도 괜찮다. 배울 수 있다! 다음번에 인스타그램에서 귀여운 강아지 사진을 보려는 유혹이 생기면, 대신 챗지피티와 대화해 보라.

"유기견 보호소에 강아지들이 들어가지 않게 하려면 어떻게 해야 할까?" 위키피디아와 유튜브 덕분에, 당신은 여가 시간만으로도 거의 모든 주제에 능숙해질 수 있다. 곧 당신은, 리스트에 적었던 문제들 중 한두 가지가 당신의 주된 관심사로 자리 잡게 될 것이다. 그럼, 이제 동지를 찾아라. 밋업(Meetup: 전 세계 사람들이 공통 관심사로 모여 오프라인 모임을 만드는 플랫폼)에 가고, 레딧(Reddit: 전 세계 사람들이 모여 글을 올리고 토론하는 커뮤니티 기반 소셜 네트워크 플랫폼)에서 같은 주제에 관심 있는 사람들을 찾아라. 당신과 같은 문제를 신경 쓰는 단 한 사람이라도 만나야 한다. 어쩌면 그들은 이미 당신보다 먼저 출발한 팀일 수도 있다. 그렇다면 그들의 '부족'에 합류하라. 인내심을 가져라. 어디에 도달하기까지는 오랜 시간이 걸릴 것이다. 하지만 이제 당신은 앞으로 나아가고 있다. 그건 이전에 익숙해졌던 정체보다 훨씬 낫다. 이 여정은 힘들고, 답답하고, 종종 다음 이정표를 어떻게 넘어야 할지조차 모를 때가 있을 것이다. 그럼에도 불구하고, 이제 당신의 삶에는 방향이 생긴다. '믿음'의 힘은 내가 인정하는 단 두 가지 초자연적 힘 중 하나다.

딥테크(Deep Tech)에 몰두하는 일은 당신에게 믿을 만한 무언가를 준다. "미래는 지금보다 조금 더 나아질 수 있다"라는 구체적이고 현실적인 이유를. 그리고 덤으로, 당신은 파티에서 흥미로운 사람이 될 것이다. 왜냐하면 당신에겐 열정을 가지고 사람들에게 이야기할 무언가가 있으니까

## 선의의 슈퍼빌런

당신은 아마 많은 사람을 도울 수 있는 사람일 것이다. 이 책을 읽고 있다는 사실만으로도 당신은 상위 1%의 똑똑한 사람 안에 든다.[115]

만약 당신이 앞은 기술 산업에서 소프트 웨어 제품을 만들어 본 사람이라면, 딥테크 회사를 만드는 데 바로 우리가 필요로 하는 사람이다. 당신은 아이디어를 내고, 만들고, 출시하고, 스케일하고, 팔아본-어쩌면 여러 번-경험을 가진, 거의 유일한 세대다. 나머지 대부분은 100년 된 산업의 37장쯤에서 경력을 시작했다. 그런 산업의 상당수는 아직도 버전 1.0 기술로 돌아간다. 처음 시작이 어땠는지 아는 사람도 없고, 새로운 일을 하도록 최적화된 사람도 없다. 테슬라는 이 오래된 산업 구조를 완전히 뒤흔들었다. 혁신을 멈추고, 새로운 기술 도입조차 꺼려하던 거대하고 낡은 자동차 산업을 뒤엎은 것이다.

어떻게 가능했을까? 소프트웨어 너드들을 채용하고, 그들에게 차를 만들어보라고 지시했다.

스페이스X에서는 무슨 일이 있었나? 우주 산업은 정부 운영이 빠지기 쉬운 관료적 비대화로 사실상 멈춰 있었다. 항공우주 엔지니어들은 나사 하나 돌리기 전에 메모를 쓰도록 세뇌되어 있었다. 스페이스X는 소프트웨어 너드들을 채용하고, 그들에게 로켓을 만들라고 했다. 그들은 현대적 소프트웨어 회사의 방식으로 일했다. 즉, 빠른 반복을 핵심 원칙으로 삼았다. 그래서 로켓이 폭발해도 침착할 수 있는 이유가 바로 여기에 있다. 반면 보잉은 그저 이렇게 작별 인사를 남긴 셈이다.

"그동안 고마웠어요. 편도행으로요."[116] 그들의 복잡한 리더에

---

**115** 이건 근거를 못 찾았지만, 그럴듯하게 들린다.

**116** 현재 보잉 스타라이너 실패로 두 명의 우주비행사가 ISS에 발이 묶여 있으며, 스페이스X가 그들을 안전히 귀환시키는 임무를 맡았다.

대한 하찮은 의견 때문에 테슬라와 스페이스X에게서 배울 점을 못 보게 되지는 말자. 두 조직은 현대의 딥테크 기업이 어떻게 세워지고 확장될 수 있는지를 보여주는 놀라운 모델이다. 가장 좋은 아이디어는 죄다 훔쳐라, 그리고 더 나은 것을 만들어라. 우리는 이런 회사가 1,000개 더 필요하다. 당신이 그중 하나를 만드는 데 도움을 주길 바란다. 만약 당신이 소프트웨어 업계 출신이 아니라면, 더 좋다! 당신은 해결해야 할 문제를 더 잘 알고 있을 가능성이 높다. 산업이 오래될수록 더 좋다.

항공, 농업, 자동차, 교량, 양조, 발파-알파벳 스물네 글자만큼 더 이어질 수 있는-모든 산업은 당신이 태어났을 때 이미 성숙기였다. 우리는 아주 많은 동맹이 필요하다! 이들 산업에서의 혁신은 틈새-새로운 걸 시도할 수 있는 공간-에서 일어난다. 그 공간을 찾아라. 만들어라. 사랑하고 신뢰하는 사람들과 팀을 꾸려라. 그들과 함께, 위해, 대해 일하라. 중요한 모든 것은 팀이 만든다.

# 디스토피아 보이콧

우리는 모두 거짓된 이야기 속에서 자라왔다. 핵발전소에 대해 잘못된 이야기를 들었던 바로 그 시기, 또 다른 종류의 '버섯' 즉, 사이키델릭 약물(환각제)에 대해서도 공포스러운 이야기를 들었다. 우리는 이해하지 못하는 것을 두려워했고, 그 결과 세대를 통째로 희생시켜 버렸다. 다른 방식으로 도울 방법을 찾지 못한 채 말이다. 전쟁터로 보내졌던 참전용사들은 PTSD(외상 후 스트레스 장애)를 안고 돌아왔지만, 그들에게 사회, 제약회사, 치료사 그 누구도 진정한 도움을 주지 못했다. 그런데 사이키델릭 약물 치료는 그들에게 생명을 구하는 수준의 효과를 보여주고 있다. 지금 우리는 AI(인공지능)에 대해서도 똑같은 실수를 반복하고 있다. 이해하지 못하니 겁을 먹고, 그 기술을 연구하거나 배우거나 실험해 보기 전에 법으로 금지하려 한다. 하지만 지금 필요한 건, 공포가 아니라 새로운 이야기를 만드는 일이다.

진실은 이렇다. 우리는 지금 르네상스 시대에 살고 있다. 이 책에서 이야기한 업적은 불과 15년 전만 해도, 거대한 슈퍼컴퓨터를 가지고도 불가능한 일이었다. 하지만 이제는 일상적 현실이 되었다. 그리고 이 변화는 모든 낡고, 느리고, 경직된 산업을 다시 발명할 수 있는 기회를 열어주었다. 많은 산업의 엔지니어들은 이렇게 생각한다.

"이걸 1% 더 빠르게, 1% 더 싸게, 1% 더 좋게 만들 수 없을까?"

하지만 딥테크(Deep Tech)는 다르다. 그건 10배(10x), 100배(100x), 1,000배(1000x) 더 빠르고, 싸고, 뛰어나게 만드는 '돌파구'를 찾는 일이다. 이런 폭발적인 변화의 힘은 결국 언제나 세상을 이긴다. 인류는 새로운 기술을 발명하고, 그것을 경제적으로 만들고, 그것이 좋은 것임을 증명할 때마다, 결국 채택해 왔다. 물론, 인류는 한두 세대 동안 그걸 망칠 수 있다. 하지만 기술은 결국 항상 이긴다. 사용되지 않는 최고 기술을 한번 떠올려 보라. 누군가 바퀴를 발명했을 때, 그는 아마도 화형에 처해졌을 것이다. 그리고 그다음 10년 동안은, 바퀴를 가진 자들이 돌에 맞아 죽었을지도 모른다. 그다음 몇 년은 타르와 깃털 세례를 당했을 것이다. 하지만 결국, 어떤 아이들이 말했을 것이다.

"엿 먹어, 아빠. 바퀴는 멋져."

게임 오버.

우리가 사용하지 않는 도구는 언제나 더 나은 도구로 대체된다. 그렇다면, 우리가 도구를 업그레이드하는 데 얼마나 걸릴까? 그 도구들을 잘 사용하는 법을 배우는 데 얼마나 걸릴까?

당신은 이런 세상에 살고 싶지 않은가?

배가 스스로 항해하는 세상 [LADON] 시멘트가 영원히 가는 세상, [DMAT-CEMENT] 당신의 물건이 커피 찌꺼기로 만들어지는 세상, 착취적인 봉제공장이 사라진 세상, 전자제품 폐기물이 금광이 되는 세상, [GOLD] 굴뚝에서 나오는 유독 가스가 정제되어 팔리는 세상, [KLIR] 아프기 전에 질병이 치료되는 세상, [ALDEN] 원자로가 지하 1마일 깊이에 묻히는 세상, [DEEPFISSION] 우주에서 태양광 패널이 밤에도 에너지를 내리쏘는 세상? [VIRTUS-SO-LIS]

이것이 우리가 만들고 있는 미래다. 그리고 많은 도움이 필요하다. 우리는 이 회사들이 시작할 수 있도록 일부를 지원했다. 하지만 이들이 성장하면서는 상상 가능한 모든 도움이 필요할 것이다. 단지 소프트웨어 너드와 물리학자들만이 아니다. 기계공, 투자자, 어쩌면 응급구조사까지 필요하다. 그동안, 혹시 미친 머리를 하고 들로리언(DeLorean: 1980년대 초에 미국의 자동차 회사가 만든 스포츠카 모델) 차를 몰고 다니는 사람을 만나면, 우리에게 보내 달라! [CONTACT]

행동 없는 비전은 공상이고
비전 없는 행동은 악몽이다.

## 에필로그

이제쯤이면, 당신은 아마도 나와 논쟁하고 싶은 빨래 목록 같은 리스트를 갖고 있을 것이다. 모든 이야기에는 양면이 있고, 대개 두 쪽 다 반은 틀렸다.

아마도 당신은 내가 재활용, 배터리, 혹은 스티븐 시걸에 대해 뭔가 개소리를 하고 있다고 생각할지도 모른다. 이 책이 출판될 때쯤이면, 내가 묘사한 기술 중 일부는 더 나은 것으로 인해 구식이 되어 있을 것이다. 다른 것은 폭발하거나, 실패하거나, 소멸할 것이다. (희망컨대, 희생은 적고, 교훈은 많고, 좋은 이야기는 남길 바란다.) 어쩌면 그중 하나는 초신성처럼 터져 큰 문제를 해결할지도 모른다.

나는 그 모든 것에 쿨하다. 틀리기를 고대한다. 모든 것에 동의할 필요는 없다. 이 책 속 예시들은 가능성으로 당신을 고무하려는 것이다. 나와 당신 모두 더 나은 돌파구를 발견하길 바란다. 만약 당신이 돌파구를 발견한다면, 꼭 나에게 알려 달라. 내가 보는 모든 것에 투자할 수는 없지만, 나는 모든 이메일을 읽으려 노력한다. (다 답장은 못 하더라도.) 이 책에 등장한 회사, 그리고 수많은 다른 회사는 당신의 도움이 필요하다. 그들은 엔지니어와 과학자뿐만 아니라, 기업가와 투자자, 회계사와 치료사, 형제자매 같은 사람을 필요로 한다.

우리는 공모자가 필요하다. 당신이 그중 하나가 될 수 있다면, 꼭 알려 달라. [CONSPIRE]

## 감사의 말

『딥테크(Deep Tech) 딥퓨처(Deep Future)』는 나의 파트너 마이클 리드 없이는 지금의 모습이 될 수 없었을 것이다. 그는 우리가 함께한 일에 누구보다 많은 헌신을 바쳤다.

내가 지금껏 해온 모든 일이 가능했던 것은 수많은 사람의 덕분이다. 나는 지금도 나를 도와준 이들의 리스트를 계속해서 늘려가고 있다. [ACKNOWLEDGEMENTS]